सर्जक मन का पाठ

सर्जक मन का पाठ

साहित्यकारों के पत्र
गोविन्द मिश्र के नाम

चयन एवं भूमिका

नन्दकिशोर आचार्य

वाणी प्रकाशन

प्रकाशन के उत्कृष्टतम 62 वर्ष

vaniprakashan.com

सजिल्द प्रथम संस्करण : 2025

वाणी प्रकाशन

4695, 21-ए, दरियागंज, नयी दिल्ली-110 002

फ़ोन : + 91 11 23273167, 23275710

शाखाएँ

अशोक राजपथ, पटना-800 004, बिहार

कॉफ़ी हाउस कैम्पस, महात्मा गांधी मार्ग, प्रयागराज-211 001, उत्तर प्रदेश

महात्मा गांधी अन्तरराष्ट्रीय हिन्दी विश्वविद्यालय, वर्धा-442 001, महाराष्ट्र

sales@vaniprakashan.in
vaniprakashan@gmail.com

Sarjak Man Ka Path
Sahitykaron ke Patra Govind Mishra Ke Naam
Selection & Preface : Nand Kishore Acharya

ISBN : 978-93-6944-077-1
Letter

मूल्य : ₹ 695

आर. टेक ऑफ़सेट, दिल्ली-110 093 में मुद्रित

वाणी प्रकाशन का लोगो मक़बूल फ़िदा हुसैन की कूची से

अनुक्रम

नन्दकिशोर आचार्य

सर्जक मन को पढ़ने का अहसास

किसी पत्र-संग्रह की भूमिका लिखना एक कठिन काम है क्योंकि सभी पत्रों को किसी एक सूत्र में पिरो पाना बहुत उलझन भरा होता है—पर उसके बिना भूमिका की कोई अर्थवत्ता नहीं बनती और वह केवल परिचयात्मक विवरण मात्र होकर रह जाती है। यह समस्या और भी विकट हो जाती है यदि संकलित पत्र विभिन्न लेखकों द्वारा किसी एक लेखक को लिखे गये हैं और उन लेखकों के बीच पीढ़ियों का अन्तराल भी हो। गोविन्द मिश्र को लिखे गये इन पत्रों में मोटे तौर पर लेखकों की तीन पीढ़ियाँ शामिल हैं। इनमें जैनेन्द्र और अज्ञेय जैसे गोविन्द मिश्र से वरिष्ठ पीढ़ी के लेखक हैं, तो निर्मल वर्मा, गिरिराज किशोर, धर्मवीर भारती, राजी सेठ आदि गोविन्द मिश्र के लगभग समवयसी लेखक भी हैं तथा, साथ ही, उनसे युवतर पीढ़ी के प्रियंवद और मधु कांकरिया आदि भी। इन सभी पत्रों में गोविन्द मिश्र के लेखन और लेखकीय व्यक्तित्व के प्रति गहरी आत्मीयता तो झलकती है, पर व्यक्तिगत चर्चा बहुत कम है—अधिकांशतः वे गोविन्द मिश्र की विभिन्न कृतियों से ही सम्बन्धित हैं। शैलेश मटियानी और बल्लभ सिद्धार्थ के पत्रों में कुछ व्यक्तिगत चर्चा अवश्य है, पर वहाँ भी उस व्यक्तिगत चर्चा का सम्बन्ध अधिकांशतः उनकी अपनी लेखकीय समस्याओं से ही जुड़ता है। परोक्ष रूप से इसका यह लाभ भी है कि संग्रह में कितने ऐसे विचार उठे हैं जो साहित्य के मूलभूत प्रश्नों से सम्बन्धित हैं और जिन पर विमर्श हर पीढ़ी में चलता है, चलता रहेगा।

इन पत्रों को एक साथ पढ़ते हुए इस बात की ओर ध्यान जाये बिना नहीं रह सकता कि किसी एक कृति को लेकर विभिन्न लेखकों के बीच कितना मत-वैभिन्न्य हो सकता है। उल्लेखनीय है कि ये सभी ऐसे प्रतिष्ठित लेखक हैं जो स्वयं अपनी-अपनी सृजन-यात्रा में समान रचनात्मक उलझनों में मुब्तिला रहे हैं।

इन पत्रों में गोविन्द मिश्र की जिन कृतियों पर टिप्पणी की गयी है, उनमें 'तुम्हारी रोशनी में', 'फूल, इमारतें और बन्दर', 'कोहरे में कैद रंग', 'पाँच आँगनों वाला घर', 'लाल पीली ज़मीन', 'धीर-समीरे' जैसे उपन्यासों तथा 'पगला बाबा', 'एक बूँद उलझी', 'माइकल लोबो', 'फाँस', 'युद्ध' तथा 'वरणांजलि' जैसी कहानियों का अधिक ज़िक्र किया गया है। उल्लेखनीय यह भी है कि कहानियों की उत्कृष्टता पर लगभग मतैक्य-सा है, किन्तु उपन्यासों पर मत-वैभिन्न्य अधिक झलकता है।

उपन्यासों में 'तुम्हारी रोशनी में' के बारे में जैनेन्द्र और अज्ञेय जैसे वरिष्ठ उपन्यासकारों का मत बिल्कुल भिन्न है। जैनेन्द्र उसे एक 'खरी गहरी रचना' मानते हुए टिप्पणी करते हैं कि 'प्रेम पवित्र करता है, वह उठाता है आदमी को' और इस उपन्यास में गोविन्द मिश्र 'घटना की यथार्थता से उसके आशय में' उतर रहे हैं जिसे वह उनके लेखन के लिए शुभ मानते हैं।

इस टिप्पणी से साहित्यिक उत्कृष्टता का जैनेन्द्रीय प्रतिमान भी झलक जाता है–'घटना के यथार्थ से उसके आशय में उतरना।' लेकिन इसी उपन्यास के बारे में अज्ञेय की राय भिन्न है। उन्हें यह उपन्यास पढ़कर 'कुल मिलाकर निराशा होती है, क्योंकि 'मुख्य चरित्र इकहरे हैं' और 'लेखक के मन में पहले से बन गये ढाँचे में फिट किये गये हैं' और इस कारण गोविन्द मिश्र इस उपन्यास में 'अपने पिछले उपन्यासों से आगे नहीं बढ़े हैं।' स्पष्ट है कि अज्ञेय के लिए श्रेष्ठ कृति में एक 'अपूर्वानुमेय' खोज होती है और वही किसी लेखक की यात्रा को उसकी पिछली कृतियों से आगे ले जा सकती है

अमृतलाल नागर 'तुम्हारी रोशनी में' सुवर्णा के चरित्र को 'रोचक' होने के साथ 'सामाजिक अध्ययन की दृष्टि से भी रोचक पाते हैं'। विष्णु प्रभाकर 'कुल मिलाकर सन्तुष्ट होते हुए भी तृप्त नहीं हो पाते, लेकिन साथ ही, यह भी जोड़ देते हैं कि शायद लेखक ही तृप्त करना नहीं चाहता, 'अतृप्ति ही तो अन्दर को कुरेदती है। एन.के. देवराज इस उपन्यास को 'श्रेष्ठ उपलब्धि' कहते हुए भी उपसंहार भाग को पूर्णतया 'विश्वनसनीय' नहीं पाते। ऐसा लगता है कि डॉ. देवराज, और विष्णु प्रभाकर भी, उपन्यास में कहीं संरचनात्मक अन्विति का कुछ अभाव पाते हैं। इस तरह देखा जाये तो इन दोनों के औपन्यासिक प्रतिमानों में संरचनात्मक अन्विति एक महत्त्वपूर्ण बिन्दु बन जाती है, जिस ओर अज्ञेय ने भी संकेत किया है।

श्रीलाल शुक्ल का मन्तव्य भी अज्ञेय से मिलता-जुलता है, जब वह कहते हैं कि 'लाल-पीली ज़मीन' और 'हुज़ूर दरबार' के बाद 'तुम्हारी रोशनी में' 'उतना

उत्साहित नहीं कर पाया, जितना उसकी नयी कृति को करना चाहिए।' अर्थात् लेखक इस उपन्यास में आगे नहीं बढ़ा है। गिरिराज किशोर की आपत्ति है कि सुवर्णा का चरित्र 'हिन्दी साहित्य का एक महत्त्वपूर्ण चरित्र होते-होते रह गया है' और इसका कारण उनकी राय में है 'इस पात्र के साथ लेखकीय संवेदना का भावनात्मक रूप से जुड़ जाना।' यहाँ गिरिराज किशोर रचना-प्रक्रिया के उस सूत्र जैसी बात कर रहे है, जिसे टी.एस. एलियट ने रचनाकार और भोक्ता के बीच अलगाव की अनिवार्यता कहा है। प्रियंवद इस उपन्यास में 'प्रेम को मूल्यों और आध्यात्मिकता से जोड़ने की कोशिश' की तो प्रशंसा करते हैं, लेकिन अन्त को अधिक 'पॉज़िटिव' चाहते हैं तथा यह भी बताते है कि 'कहीं-कहीं भाषा की बनावट कथ्य को दबा लेती है।' लेकिन, इन सबसे अलग प्रतिक्रिया वल्लभ सिद्धार्थ की है। वह कहते हैं कि इस उपन्यास में सब कुछ है, लेकिन औपन्यासिक संरचना की दृष्टि से वह भी कुछ असहमतियाँ प्रकट करते हैं। यदि इन सभी प्रतिक्रियाओं को मिलाकर पढ़ा जाये तो दो कसौटियाँ स्पष्ट रूप से उभर कर आती हैं: यथार्थ के पीछे के आशय को जानने की कोशिश तथा उपन्यास की संरचनात्मक अन्विति की अनिवार्यता। गोविन्द मिश्र के पाठक जानते होंगे कि कई साक्षात्कारों मं उन्होंने यह स्वीकार किया है कि उपन्यास का अन्त वे किसी तरह की अन्विति में करना नहीं चाहते थे, उल्टे उलझाव में ही ठहरा देना उनका अभिप्रेत था, जो पक्षी की ऊपर-नीचे जाती चीख के बिम्ब से संकेतित है। यह उपन्यास' 80 के पहले प्रकाशित हुआ था जब नारी-विमर्श की गूँज नहीं थी, तो कह सकते हैं कि 'तुम्हारी रोशनी में' उस विमर्श की बँधी पोटली लिये हिन्दी साहित्य में उतरा।

'तुम्हारी रोशनी में' के अतिरिक्त जिन उपन्यासों की चर्चा पत्रों में की गयी है, उनमें पाँच 'आँगनों वाला घर', 'फूल, इमारतें और बन्दर' तथा 'कोहरे में कैद रंग', 'धीर-समीरे' तथा 'धूल पौधों पर' प्रमुख हैं। रवीन्द्रनाथ त्यागी 'पाँच आँगनों वाला घर' को पसन्द करते तथा मानते हैं कि उसे "कम-से-कम साहित्य अकादमी अवार्ड तो मिलना ही चाहिए था" पर साथ ही तंज कसते हुए कहते हैं: "मगर अवार्ड सिर्फ़ उसे मिलेंगे जिसे डॉ. नामवर सिंह चाहेंगे।" लेकिन प्रियंवद की सम्मति है कि इस उपन्यास की थीम एक बड़े उपन्यास की अपेक्षा करती है। लघुकाय होने के कारण सघनता पैदा नहीं हो पाती क्योंकि कोई भी चरित्र पूरी तरह प्रभावित नहीं कर पाता : "एक बहुत गहरी और नयी समस्या से जुड़ा उपन्यास बहुत छोटे में सिमट गया।" वह मानते हैं कि यह थीम एक वृहद् उपन्यास में होने पर वह 'झूठा सच', 'उदास-

नस्लें' या 'बूँद और समुद्र' जैसा हो पाता। यहाँ भी सवाल अन्ततः औपन्यासिक संरचना का हो जाता है। लेकिन, साथ ही, वह यह अवश्य मानते हैं कि इन बातों के बावजूद "उपन्यास रोचक है...घटनाओं की गतिशीलता पकड़े रहती है" तथा "टुकड़ों में भी चरित्र दिलचस्पी पैदा करते हैं।"

यहाँ यह दृष्टव्य है कि गोविन्द मिश्र की पीढ़ी तक आते-आते 'झूठा सच' और 'बूँद और समुद्र' जैसे फैलाव में रुचि क्षीण हो चली थी, लेखक और पाठक दोनों ही उसके लिए उदासीन थे और शिल्पगत प्रयोगों द्वारा समय के विस्तार को लक्षित कर आगे बढ़ जाना बेहतर आधुनिक विकल्प के रूप में उपस्थित था।

'फूल इमारतें और बन्दर' पर अपनी विस्तृत प्रतिक्रिया में भी प्रियंवद यह तो मानते हैं कि "उपन्यास आराम से पढ़ा जाता है। अपनी बात धीरे-धीरे सलीके से कहता जाता है और अन्त तक आते-आते एक निष्कर्ष-सा भी दे जाता है, या देने की कोशिश करता-सा लगता है।' लेकिन यहाँ भी उनकी आपत्ति यही है उपन्यास में केन्द्रीय पात्र मोहन्ती का चरित्र पूर्णता में नहीं खुलता, इकहरा रह जाता है, क्योंकि अन्य सब चरित्र 'आते-जाते एक से दिखते आदि-आदि की श्रेणी के हैं।' उनका मानना है कि 'उपन्यास बड़े जीवन अनुभवों और सन्दर्भों से नहीं जुड़ता' यदि उपन्यास में ऐसा हो पाता तो पाठक उसी तरह किन्हीं ज़्यादा व्यापक और संवेदनशील सन्दर्भों से जुड़ पाता, जिस तरह वह 'गोदान' पढ़कर पूरे किसान वर्ग से, या 'आधा गाँव' और 'उदास-नस्लें' पढ़कर बँटवारे की त्रासदी से या 'एन्नीक फ्रेंक की डायरी' पढ़ कर यहूदियों की यातना से जुड़ पाता है। गिरिराज किशोर का भी यही मानना है कि 'फूल, इमारतें और बन्दर' की पृष्ठभूमि बहुत समृद्ध है, पर "इसके साथ जो ट्रीटमेंट हुआ, वह या तो जल्दी में हुआ, या उसे और पकना चाहिए था।" यद्यपि, वह यह तो मानते हैं कि यह उपन्यास 'ऊपर की ढँकी हुई मंज़िल को खोलने का महत्त्वपूर्ण प्रयत्न है। जाहिर है, यहाँ भी सवाल अन्ततः औपन्यासिक संरचना का ही है। ब्रदर्स कोरोमोजोव जैसे कितने क्लासिक्स में कितने चरित्र आते और चले जाते हैं। अगर लेखक का अभिप्रेत ही लालफीताशाही की दुनिया पर फोकस करना रहा हो तो...?

श्रीलाल शुक्ल मानते हैं कि "यथार्थ का ऐसा भयावह इतिवृत्त भारतीय साहित्य में पहला है" और यह उपन्यास संरचना की दृष्टि से भी 'आत्मकथा, संस्मरण, कथा और अख़बारियत- इन सबसे मिलकर सबको अतिक्रमित कर गया है।" शैलेश मटियानी भी इसे 'कुछ सीमाओं के बावजूद बहुत अच्छा मानते हैं। रवीन्द्रनाथ त्यागी शीर्षक से असहमत होते हुए भी इसे एक 'अद्वितीय' रचना मानते हैं।

'कोहरे में कैद रंग को लेकर भी इन पत्रों में मिली-जुली प्रतिक्रियाएँ हैं। विश्वनाथ प्रसाद तिवारी इस उपन्यास में 'आत्मकथा जैसी आत्मीयता' अनुभव करते हैं तथा भाषा और भाव के अनुशासन की प्रशंसा करते हुए जब वह इस उपन्यास की उत्कृष्टता का कारण "दृश्य यथार्थ से परे जाकर अदृश्य यथार्थ को पकड़ने की गहराई" मानते है तो वह एक प्रकार से जैनेन्द्रीय प्रतिमान को ही समर्थन दे रहे होते हैं। लेकिन, श्रीलाल शुक्ल इस उपन्यास को 'अवश्य पठनीय' मानते हुए भी कहते है कि लेखक ने जल्दी के कारण 'उम्दा उपन्यास बनाते-बनाते एक बहुत उम्दा उपन्यास की सामग्री भर बनाकर छोड़ दिया है।' वह चाहते हैं कि इस उपन्यास का विस्तार तीन सौ-चार सौ पृष्ठों का होता तो कहीं ज़्यादा 'सेंसिटिव ट्रीटमेंट' मिल सकता था। लेकिन, तब भी वह यह अवश्य मानते हैं कि 'आपने जो भी और जितना भी दिया है, वह बहुत मूल्यवान है। कुछ अर्थों में प्रचलित नारीवादी लेखन से भिन्न होते हुए भी वह उस समाज की बहुत गहरी समझ व्यक्त करता है।" वह अनुशंसा भी करते हैं कि इस उपन्यास की प्रति मैत्रेयी पुष्पा और चित्रा मुद्‌गल को भी मिलनी चाहिए। जितेन्द्र भाटिया इस उपन्यास को एक 'उम्दा रचना' तथा इसके प्रारम्भिक हिस्से को 'विलक्षण' तो मानते हैं, पर इसके उत्तरार्ध से निराश होते हैं। इस उपन्यास पर अपनी प्रतिक्रिया लिखते हुए प्रियंवद इधर हो रहे औपन्यासिक लेखन पर टिप्पणी करते हैं : "हैरानी की बात मुझे यह लगी कि सारी पुस्तकें लगभग आत्मकथात्मक रूप में, अपनी स्मृतियों में वापस लौटने की है। कोई भी रचनाकार आज के जीवन में धँसा नहीं है।" वह प्रश्न उठाते हैं : "क्या वरिष्ठं लेखक अपने परिवेश, जीवन से कट गये हैं?" और स्वीकार करते हैं कि "मेरी अपनी दशा भी यही है। मैं भी एक नॉस्टेलजिया में पहुँच जाता हूँ जब लिखता हूँ।" 'कोहरे में कैद रंग' को गोविन्द्र मिश्र के अन्य उपन्यासों के बीच 'सम्भवतः कमजोर' मानते हुए भी वह स्वीकार करते हैं कि "उपन्यास की भाषा, ब्योरे, चरित्रों के शेड्स सब बहुत प्रभावी हैं। अपनी तरह से एक तरह का प्रभाव भी छोड़ता है। एक सामान्य पाठक इसे अवश्य पसन्द करेगा। अपनी लघुता में उपन्यास में पूरा कसाव है। जीवन की व्याख्याएँ भी सरल और प्रभावी हैं।" इसी प्रकार 'धूल पौधों पर' का विस्तृत विवेचन करते हुए बसन्त त्रिपाठी उसमें 'गहराई' और मनुष्य के भीतर के तल को छूने की कोशिश पाते हैं।

यह कुछ अजीब लगता है कि विभिन्न लेखको के इन पत्रों में 'धीर-समीरे' का ज़िक्र जिन दो लेखकों ने किया है, वे हैं निर्मल वर्मा और केशवचन्द्र वर्मा।

प्रसंगातर ही सही, लेकिन प्रस्तुत भूमिका-लेखक को भी यह गोविन्द मिश्र का ऐसा उपन्यास लगता है, जिसमें अदृश्य यथार्थ को पकड़ने की सार्थक कोशिश के साथ संरचनात्मक अन्विति भी है–और वह भी एक क़िस्म की प्रायोगिक संरचना के पूर्ण निर्वाह के साथ। निर्मल वर्मा को यह उपन्यास 'लाल पीली ज़मीन' के बाद एक 'नयी ज़मीन की यात्रा' लगता है, जिसमें लेखक "छद्म बौद्धिक भारतीयता से बचकर सहज रूप से भारतीय मन के टैक्सचर के ताने-बाने के रेखांकन में सफल हुआ है। केशवचन्द्र वर्मा तो 'धीर समीरे' से 'अभिभूत' हैं और श्रीलाल शुक्ल का आभार स्वीकार करते हैं, जिन्होंने उनसे यह उपन्यास पढ़ने का 'जोरदार आग्रह' किया। इससे लगता है कि श्रीलाल शुक्ल को भी यह उपन्यास अत्यन्त पसन्द आया होगा- तभी उन्होंने केशवचन्द्र वर्मा से इसे पढ़ने का आग्रह किया होगा। लेकिन, श्रीलाल जी के अपने पत्रों में उनकी इस पसन्दगी का संकेत नहीं मिलता, इस पर आश्चर्य होता है। केशवचन्द्र वर्मा के अभिभूत होने का कारण है : "इतनी गहराई से जीवन और मृत्यु के बीच बीत रहे जाने की व्याख्या" तथा 'उसे इतने सरस और सार्थक ढंग से पाठक तक सम्प्रेषित कर देना।" दृष्टव्य है कि उस वक़्त लेखकों में किसी पुस्तक का इस तरह अनुशंसित कर एक से दूसरे लेखक तक पहुँचाने का रिवाज़ था, जो धीरे-धीरे विलुप्त होता चला गया।

इन पत्रों में गोविन्द मिश्र की कहानियों की उत्कृष्टता पर लगभग सर्वानुमति है, जबकि उपन्यासों को लेकर मत-वैभिन्न्य स्पष्ट दिखायी देता है। विद्यानिवास मिश्र उनकी कहानियों को इसलिए महत्त्वपूर्ण मानते हैं कि उनमें 'इधर की प्राय: आरोपित बौद्धिक तटस्थता के बरक्स् 'संवेदनशीलता जी उठी है।' वह विशेष रूप से 'पगला बाबा', 'माइकल लोबो' तथा 'एक बूँद उलझी' में 'बड़ी सूक्ष्म और सुषुप्ता मानवीयता की जागृत अवस्था का नाटकीय दिग्दर्शन' पाते हैं। चन्द्रगुप्त विद्यालंकार 'फाँस' कहानी को उसमें आये 'आँचलिक स्पर्श' के कारण सजीव मानते हैं; लेकिन एक सवाल भी विचारार्थ प्रस्तुत करते हैं कि आँचलिकता के स्पर्श से कई बार रसभंग का शिकायत भी की जाती है। उपेन्द्रनाथ अश्क 'अर्ध-ओझल' कहानी के प्रशंसक हैं। राजी सेठ 'युद्ध' कहानी को 'यातनादेह' कहती हैं क्योंकि कहानी का 'मैं' दो पीड़ा बिन्दुओं के बीच अवस्थित है' और इस 'पीड़ा की निरन्तरता पीढ़ियों से पीढ़ियों तक है, पर वह यह उल्लेख भी करती है कि 'बोधों की गठरियाँ जहाँ-तहाँ बँधी रह गयी है–अनलाइक योर अदर स्टोरीज'। प्रियंवद गोविन्द मिश्र की उस आकांक्षा का ज़िक्र करते हैं कि वे पोर-पोर दर्द से रिसती एक प्रेम

कहानी लिखना चाहते हैं, ऐसा दर्द जिसे आदमी अपनी धरोहर बना ले और जब चाहे उसे अपने सीने से लगाकर रो सके।" शैलेश मटियानी के पत्रों में 'वरणांजलि का जिक्र एकाधिक बार हुआ है और वह उसे 'एक पवित्र प्रार्थना' का दर्जा देते हैं और इस कहानी को 'कफन' की कोटि में बिठाते हैं। बल्लभ सिद्धार्थ 'माइकल लोबो' के बारे में भी वही लिखते हैं, जो उन्होंने 'तुम्हारी रोशनी में' के बारे में लिखा था: "यू हैव एराइव्ड"।

शैलेश मटियानी और बल्लभ सिद्धार्थ के पत्र अलग से कुछ उल्लेख की अपेक्षा करते हैं। इन पत्रों में केवल गोविन्द मिश्र की रचनाओं का ही जिक्र नहीं है, बल्कि उनके अपने रचनाकार के समुख उठने वाली आन्तरिक सवालों-अड़चनों के बहाने साहित्य-विचार के सन्दर्भ में कई ऐसे सवाल भी उठाये गये हैं, जिन पर प्रत्येक सृजनधर्मी को विचार करना श्रेयस्कर होगा। शैलेश मटियानी मानते हैं कि "सहित्य की गुणवत्ता यदि काल के निकष पर भी कसी जाती हो, तो उसे संवेदन के स्तर पर ही देखना होगा, अवधि के नहीं।" साहित्य के मूल्यांकन की पद्धति में यह एक महत्त्वपूर्ण विचारणीय बिन्दु होना चाहिए। वह अपनी बात के समर्थन में प्रेमचन्द के 'गोदान' का उल्लेख करते हुए कहते हैं, "होरी इसलिए महान नहीं है कि वह सामन्ती शोषण के युग का एक प्रतिनिधि मात्र है, बल्कि इसलिए भी कि वह प्रेमचन्द्र की संवेदना का प्रतिनिधित्व करता है। "रचना के 'वास्तविक अन्तःस्रोत' किन्हीं, बौद्धिक जानकारियों और वैचारिक प्रतिबद्धताओं में नहीं बल्कि लेखक की उस संवेदना की व्याप्ति में हैं, जिसमें 'आदमी की हैसियत से वास्तविक सरोकार' व्यंजित होता है। वह स्वयं को भी अपनी ही कसौटी पर सार्थक नहीं अनुभव करते।

शैलेश मटियानी यह सवाल भी उठाते हैं कि जब हम साहित्य को किसी वाद या विचारधारा का माध्यम मान लेते हैं तो क्या साहित्य की अपनी स्थिति 'दोयम' दर्जे की नहीं हो जाती और उसे ऐसा मानने का परिणाम यही होगा कि "साहित्य का स्थान दूसरा होने पर 'दोयम श्रेणी का साहित्य' ही सम्भव होगा। वह यह भी मानते हैं कि 'लेखक के लेखक पर लिखने और आलोचक के लिखने में फ़र्क़ होना चाहिए।' वह ऐसी आलोचना पर व्यंग करते हैं जिसमें कृति के सारे सार-तत्त्वों को चुटकियों में बजाकर दिखा दिया जाता है, जबकि उन्हें "प्रत्येक श्रेष्ठ कृति एक अरण्य जान पड़ती है, जहाँ प्रवेश और विचरण आसान नहीं।"

बल्लभ सिद्धार्थ भी अपने पत्रों में अपनी रचनात्मक छटपटाहट को बार-बार व्यक्त करते हैं क्योंकि साहित्य से उनकी आकांक्षा बहुत बड़ी है, जिस तक न

पहुँच पाने की यातना उनकी निजी ही नहीं, रचनाकार मात्र की नियति हो जाती है। सार्थक लेखन के बारे में अपना मत व्यक्त करते हुए लिखते हैं : "इसमें हमारे अपने अनुभवों को मानवीय टर्म्स में स्पेस-टाइम के परिप्रेक्ष्य में कह देना इससे भी आगे के ऋत (कॉस्मिक लॉ) के परिप्रेक्ष्य में कह देना।" एक अन्य पत्र में वह लिखते हैं : "मुझे लगता है लिखने के लिए ज़रूरी होता है कि संसार, मनुष्य और पूरी गहराई के साथ तमाम एब्सर्ड-सी दिखने वाली स्थितियों के बीच अपने होने के अर्थ को समझा जाये।" इसीलिए वह साहित्य का कार्य मानते हैं : "क्रॉस ढोते हुए भी आस्था बनाये रखना-मानवीय मूल्यों में।" इन दोनों ही लेखकों के पत्रों में निजी समस्याएँ भी हैं, लेकिन उल्लेखनीय यह है कि वे निजी समस्याएँ भी रचना के अन्त:स्रोतों की पहचान की ही प्रक्रिया हो जाती हैं। मधु कांकरिया के पत्र अत्यन्त भावपूर्ण हैं, लेकिन उनमें उनकी निजी मन:स्थिति की ही चर्चा अधिक है।

इन पत्रों में जो साहित्यिक प्रतिमान उभर कर आते हैं, उन पर भी कुछ चर्चा वाँछनीय है। मोटे तौर पर उन्हें दो वर्गों में देखा जा सकता है, जो जैनेन्द्र और अज्ञेय दो वरिष्ठ उपन्यासकारों द्वारा प्रस्तावित हैं :

(1) घटना की यथार्थता से उसके आशय में उतरना अर्थात् दृश्य यथार्थ की पृष्ठभूमि में उपस्थित अदृश्य यथार्थ को व्यंजित करना तथा

(2) किसी एक लेखक की प्रत्येक कृति में उसका अपनी पिछली कृतियों से आगे बढ़ पाना।

मुझे लगता है कि इन दोनों प्रतिमानों में कोई आत्यन्तिक वैपरीत्य नहीं है। सारभूत प्रतिमान तो यथार्थता के आशय में उतरना ही है। लेकिन, जब हम दूसरे प्रतिमान के आधार पर गोविन्द मिश्र की सृजन-यात्रा का जायजा लेते हैं तो यह देखा जा सकता हैं कि उस प्रतिमान के आधार पर भी गोविन्द मिश्र की अधिकांश कृतियाँ खरी उतरती हैं। लेकिन, तब हमें 'आगे बढ़ने' के आशय और रूपों को भी समझना होगा। यह 'आगे बढ़ना' मुख्यत: दो स्तरों पर हो सकता है–संरचनात्मक दृष्टि से तथा कथा-वस्तु की दृष्टि से। गोविन्द मिश्र की कई कृतियों में संरचनात्मक नवता भी दिखायी दे जाती है, जैसे 'धीर समीरे' तथा 'शाम की झिलमिल' में; कथा-वस्तु की दृष्टि से तो अधिकांश उपन्यासों में नवता दृष्टिगोचर हो जाती है। 'तुम्हारी रोशनी में' को लेकर अज्ञेय की आपत्ति का निराकरण हो जाता है, यदि हम कथा-वस्तु की दृष्टि से विचार करें। 'लाल-पीली ज़मीन' और 'तुम्हारी रोशनी में' कथा-वस्तु की दृष्टि से बिल्कुल भिन्न हैं। इसी प्रकार 'कोहरे में कैद रंग', 'धूल पौधों पर' तथा

'फूल, इमारतें और बन्दर', 'पाँच आँगनों वाला घर'; 'धीर समीरे' और 'शाम की झिलमिल' में भी कथा-वस्तु की दृष्टि से भिन्नता मिलती है। सृजन-यात्रा में आगे बढ़ना एकरेखीय नहीं होता। बाह्य जगत से आन्तरिक जगत में तथा आन्तरिक जगत से बाह्य जगत में आते-जाते रहना भी एकरेखीय नहीं होता। उसमें यह देखा जाता है कि इस आते-जाते रहने में दोनों संसारों के कुछ नये आयाम उद्घाटित होते हैं या नहीं। गोविन्द मिश्र की कहानियाँ भी इस कसौटी पर खरी उतरती हैं। 'पगला बाबा', 'माइकल लोबो', 'युद्ध', 'फाँस', 'एक बूँद उलझी', 'वरणांजलि' आदि कहानियाँ भी इस दृष्टि से अपने में विशिष्ट लगती हैं तथा कहानी दृश्य यथार्थता के पीछे के अदृश्य यथार्थ की व्यंजना करने तथा यथार्थता के आशय में उतरने में पूर्ण सफल हुई है।

इस पत्र-संग्रह का वास्तविक महत्त्व इसलिए इसी बात में है कि उनमें गोविन्द मिश्र के रचना-संसार को समझने-परखने के सूत्रों के साथ साहित्य-मात्र से जुड़े सवालों और प्रतिमानों पर भी गहरी विचारणा मिलती है। लेखकों के ये पत्र अधिकांशत: औपचारिकतावश नहीं लिखे गये हैं, बल्कि गोविन्द मिश्र की कृतियों के विश्लेषण के बहाने एक लेखक द्वारा कृति मात्र के ऐसे विश्लेषण की प्रक्रिया भी उजागर होती है, जिसे एक रचनाधर्मी लेखक ही सम्भव कर सकता है। ये पत्र इस बात के भी प्रमाण हैं कि आत्मीयता और पूर्ण सम्मान के साथ अपनी असहमति भी कैसे व्यक्त की जा सकती है। बहुत-सी बातों पर मत-वैभिन्नय के बावजूद इन पत्रों को पढ़ते हुए एक सर्जक मन को पढ़ने का-सा एहसास होता है।

अन्त में, मैं गोविन्द मिश्र का आभार स्वीकार करता हूँ कि उन्होंने मुझे इन पत्रों के चयन और प्रकाशन की अनुमति सहर्ष दे दी।

(ग्वालियर, 28 फरवरी 2024)

जैनेन्द्र कुमार

I

7.4.83

प्रिय गोविन्द,

'तुम्हारी रोशनी में' प्रकाशक ने समय से भेज दी थी। मुझे तो किताब ने पकड़ लिया था। खरी गहरी रचना है। कोई कुछ कहे, मैं सहमत हूँ कि प्रेम पवित्र करता है, वह उठाता है आदमी को। बाहर जितना कर्म दीखता है, मूल्य उसका भीतर के प्रेम के हिसाब से ही लगना चाहिए, नहीं तो कर्म कोरी चंचलता ही नहीं है? आप उतर रहे हैं घटना की यथार्थता से उसके आशय के संधान में और मेरी दृष्टि से यह बहुत शुभ है।

तुम्हारा

जैनेन्द्र कुमार

(सन्दर्भ : गो.मि. का उपन्यास 'तुम्हारी रोशनी में')

2

23.6.83

प्रिय भाई गोविन्द,

चन्द्रकान्त का पत्र प्रदीप के नाम आया था और उसमें दारुण दुर्घटना की सूचना थी। तुम लोग तब शायद बम्बई में नहीं थे। पत्र पाकर बच्चों के चित्र मन पर ताज़ा हो गए। गया वह कितना प्यारा बच्चा था। तुम्हारी भाभी उसे याद कर एकदम रो आईं। अब तुम्हें दिलासा कैसे और क्या दिया जाय। जो गया वह याद तो छोड़ ही जाता है। अब तो उस स्मृति को ही सँजोकर साथ रख लेने का एक उपाय हम लोगों के पास शेष है। और- ये दुःखद स्मृतियाँ भी कुछ संस्कार देती हैं। किसी प्रकार के दर्प को, अहंकार को उभरने नहीं देतीं। चन्द्रकान्त के पत्र पर तत्काल अपने उद्‌गारों को दबाकर मुझे इसलिए रह जाना पड़ा कि तुम बंबई हो नहीं; और राह देखता था कि तुम्हारी ओर से कुछ सुनने को मिलेगा। संवेदना तुम्हें क्या लिखूँ। परमेश्वर तुम दोनों को यह असहय दुःख सहने और उसे शक्ति में परिणत कर लेने का सामर्थ्य और वर दे। बच्चे की माता को मेरी ओर से भी ढाँढ़स देना।

तुम्हारा स्नेहाधीन

जैनेन्द्र

(सन्दर्भ : गो.मि. के कनिष्ठ पुत्र मनीष का आकस्मिक निधन)

अमृतलाल नागर

1

9.5.83

परम प्रिय गोविन्द,

तुम्हारा उपन्यास पढ़ गया। सुवर्णा का चरित्र चित्रण की दृष्टि से भी रोचक है, और सामाजिक अध्ययन की दृष्टि से भी। आज की अमर्यादित नवस्वातन्त्र्य चेतना तथा सांस्कृतिक ग़ुलामी के दोहरे, तंग और कसे हुए, जाल में जकड़ी हुई उच्चवर्गीय शिषित भारतीय नारी का तुमने अच्छा चित्रण किया है। एक जगह तो वह अपनी नारी प्रकृति के अनुसार एक ही पुरुष के प्रति समर्पित होना चाहती है अर्थात् मोनोगेमस है। किन्तु उसकी वह एक पुरुष वाली चेतना में कितने स्वरूप समाये हैं कि वह यह निर्णय ही नहीं कर पाती कि उसे किस पुरुष से क्या चाहिए। अपने मन की सुनहली चाहतों में वह इतनी बिखरी हुई है कि अपनी स्वतन्त्रता को न तो ठीक तरह से समझ पाती है और न उसे मर्यादित ही कर सकती है–'मेरो मन अनत कहाँ सुख पावे।'

दूसरी ओर वह अपने पति रमेश के (परपुरुष ईर्ष्यावश) दबाव में आ जाती है। पति उसे दबाता ही नहीं मार भी बैठता है। वह दबती है और दूसरी ओर अपनी नवस्वातन्त्र्य चेतना वश विद्रोह भी करती है–फिर भी करुण, विवश है।

नौकर-पेशा, अफ़सर समाज का चित्रण तुमने अच्छा किया है। इसमें ऐसे बहुत से लोग हैं जो आर्थिक दृष्टि से हीन परिवारों के लड़के होते हुए भी भाग्य और प्रतिभा से अफ़सर बनकर अभिजात रंग में रंगने लगते हैं। सुवर्णा सेक्स की अधिक भूखी नहीं; वहाँ वह अपेक्षाकृत नार्मल लगती है : लेकिन ख़ूबसूरत और जवान होने के कारण वह दूसरों की सेक्स चाहतों का साधन ना-ना करते हुए भी बन ही जाती है। सब मिलाकर चरित्र मज़ेदार है।

अभी कुछ दिन पहले ही पढ़ा था कि अमरीकी समाज में खूब स्वतन्त्र होकर भी स्त्री खूब ही ग़ुलाम है। लगता है पूँजीवादी चेतना के साथ औरत की यह आदिम ग़ुलामी एक गुल गाँठ की तरह से इतनी कस गयी है कि जब तक दोनों बीमारियाँ

एक साथ जड़-मूल से न जाएँ, तब तक वह अपनापन- स्वरूप- नहीं पा सकती।

तुम्हारी चरित्र-चित्रण शैली में काव्य की भाषा भी अच्छे रंग भर देती है। तुम्हें बधाई देता हूँ।

आशा है सपरिवार सानन्द सकुशल होगे।

सप्रेम,
तुम्हारा
अमृतलाल नागर
(सन्दर्भ : गो.मि. का उपन्यास 'तुम्हारी रोशनी में')

2

6.8.83
प्रिय गोविन्द,

सौ. अचला के पत्र से तुम्हारे ऊपर हुए आकस्मिक वज्र प्रहार का दु:समाचार मिला। ऐसे कठिन क्षणों में दर्शन, ज्ञान, सांत्वना के शब्द सब निरर्थक लगते हैं। काल के मारे मन को महाकालेश्वर ही धैर्य प्रदान करते हैं।

तुम्हारे और सौ. बहूरानी के इस अपार दु:ख के अवसर पर अपनी मूक समवेदना के साथ मन से तुम लोगों के पास हूँ।

श्रीराम बेटे के जीवात्मा को शान्ति प्रदान करें।

तुम्हारा,
अमृतलाल नागर
(सन्दर्भ : मनीष का आकस्मिक निधन)

3

2.6.85
प्रिय गोविन्द,

तुम्हारा 18.05 का पत्र यथासमय मिल गया था। तुम्हारी 'हुज़ूर दरबार' तो मैंने पढ़ी थी, उसकी रानी साहिबा की याद भी है किन्तु 'लाल पीली ज़मीन' पुस्तक

मैंने नहीं देखी। अच्छा लिखते हो, स्वान्त: सुखाय लिखते हो, इसलिए बादशाह हो। अलग-अलग मठों के आलोचकों की परवाह तनिक भी न करना।

28 मई को मेरी पत्नी अपनी आयु के 67 वर्ष और 68वें के कुछ महीने बिताकर मेरा साथ छोड़ गयीं। यह सब इतना अचानक हुआ कि मन एक जगह स्तब्ध सा हो गया है। फिर भी जितने दिन जीना है काम तो करूँगा ही, हाँ कुछ दिनों की ढील-ढाल अवश्य रहेगी। अचला 28, गिरिकुंज सोसायटी, लिकिंग रोड, सांताक्रुज में रहती हैं। चूँकि उसकी माँ का देहान्त हुआ है, इसलिए शायद जून के पहले सप्ताह में तीन-चार रोज के लिए आए।

आशा है सपत्नीक, सपरिवार सकुशल, सानन्द होगे।

शुभाकांक्षी

अमृतलाल नागर

4

25.10.88

परम-प्रिय गोविन्द,

'धीरसमीरे' मिल गया। यमुनातीरे न सही गोमतीतीरे ही तुम्हारी गोपाल संस्कृति की छटा निहारूँगा। मेरी आँखें अब खासी माशेअल्ला हो गयीं हैं, धीरे-धीरे ही पढ़ पाऊँगा इसलिए बुरा न मानना।

आशा है सपरिवार सानन्द होगे।

शुभाकांक्षी

अमृतलाल नागर

(सन्दर्भ : गो.मि. का उपन्यास 'धीर समीरे')

विष्णु प्रभाकर

नागपुर-440010
16.7.85

आशा करता हूँ कि सानन्द होंगे।

मैं कल रात यहाँ पहुँचा। आपका उपन्यास साथ में था। 5-6 घण्टे लगे पढ़ने में।

आपने एक शाष्वत समस्या को नये रूप में प्रस्तुत किया है। आपने प्रकृति को जो प्रतीकों के रूप में इस्तेमाल किया है, वह बहुत अच्छा लगा। यद्यपि कहीं-कहीं सायासता आ गयी है और इसी कारण पन्ने पलट जाने का मन हुआ, पर ऐसा बहुत ही कम है। कुल मिलाकर एक कुरेदना पैदा कर दी आपके उपन्यास ने। बड़ी कुशलता से आपने सुवर्णा की वेदना को सहेजा है। खुले आकाश में उड़ने वाली यह जानती ही नहीं कि उसका गन्तव्य कहाँ है इसीलिए भटकती है। कुछ बंधन हैं जो उसे खींचते हैं, वह सच्ची है उनके प्रति। पति के प्रति समर्पित है लेकिन दासी बनकर नहीं सहचर बनकर, लेकिन मुझे लगता है वह स्वयं नहीं जानती वह क्या चाहती है।

खैर, यह व्यक्ति की कहानी नहीं है। यह नर-नारी की कहानी है। पुरुष प्रधान समाज है, उसने अपने लिए छूट ले रखी है पत्नी के रहते प्रेमिकाएँ रखने की। नारी का वह अधिकार नहीं है। सुवर्णा अनकहे वह अधिकार चाहती है। अनचाहे इसलिए कि उसे पता नहीं है कि उसके पति की कहाँ उर्वशी है। वह तो बस सहज भाव से मुक्त होकर मिलना चाहती है उनसे जिन्हें वह पसन्द करती है। वहाँ भी सजग है वह, सीमा बाँधती है, लेकिन ऐसी स्थितियों में सीमा टिकती है क्या! अनजाने, अनचाहे सब कुछ टूट-फूट जाता है, तब...?

यहीं सुवर्णा भी टूट गयी। रमेश तो ख़ैर संवेदनहीन पुरुष है, उससे सुवर्णा कैसे जुड़ी रही इतने दिन यही आश्चर्य है।

आपने भटकन का सुन्दर और हृदयग्राही सहज चित्रण किया है पर सुवर्णा की मंजिल तो अनन्त भी नहीं हो सकता। कहाँ है वह मंजिल-यही तो समस्या है, इसका समाधान कहाँ है? आप भी उसकी ज़रूरत बताकर मुक्त हो गये।

सुवर्णा अभी मुक्ति की तलाश में है। वह मुक्ति क्या है और कैसा रूप है उसका, वह नहीं जानती। यह यथार्थ है पर मन को आश्वस्त नहीं करता, आप शायद आश्वस्त करना ही नहीं चाहते।

मुझे यह उपन्यास विशेष रूप से आकर्षित कर सका, क्योंकि मेरे उपन्यास का भी यही विषय है पर वहाँ वह समस्या बलात्कार से उपजी है, दूसरे के लिए अपनी बलि चढ़ाकर भी 'यौन शुचिता' के उपासक नर को नारी सन्तुष्ट नहीं कर पाती। मैं नर-नारी के सम्बन्धों के सही आधार की तलाश में भटक रहा हूँ। आपके उपन्यास में निदान तो नहीं सुझाया पर समस्या को और स्पष्ट और सघन रूप में प्रस्तुत कर दिया है। सुवर्णा से मुझे पूरी सहानुभूति है पर वह अभिशप्त ही है, प्रौढ़ नहीं हो पायी। तलाश है पर मंजिल नहीं, और मंजिल होती कहाँ हैं...

न मंजिल है, न मंजिल का पता है
मोहब्बत रास्ता ही रास्ता है

पर मुझे लगता है कि आपकी सुवर्णा को अभी सही रास्ता भी नहीं दिखा है पर वह हारी नहीं है, यही शुभ है। कुरेदना है उसके अन्तर में, यही उसकी शक्ति बनेगी। आर्थिक रूप से स्वतन्त्र होकर नारी हार ही नहीं सकती, लेकिन तब खतरे भी बहुत हैं। सुवर्णा उन खतरों को पहचानती है–यह आपने बहुत अच्छी तरह स्पष्ट किया है।

पढ़ने के बाद सहज भाव से बिना सोचे लिखता चला गया, कुल मिलाकर मैं सन्तुष्ट ही हुआ। तृप्त नहीं हुआ, होना भी नहीं चाहिए था। अतृप्ति हो तो अन्तर को कुरेदती है। मेरा उपन्यास आधे से अधिक लिखा पड़ा है। सितम्बर में आगे बढ़ाऊँगा। शेष फिर कभी।

सबको मेरा स्नेह-स्मरण।

स्नेही

विष्णु प्रभाकर

(सन्दर्भ : गो.मि. का उपन्यास 'तुम्हारी रोशनी में')

2

1.11.87

प्रिय बन्धु,

आशा करता हूँ आप सानन्द हो। आपका लेख मिला। लीक से हटकर आपने जैनेन्द्र जी को देखने की सफल चेष्टा की है। व्यक्ति का जीवन पहचानने की आपने जो दृष्टि अपनायी है, वह व्यक्तिगत रूप से मुझे अच्छी लगी। पुराणिक रूपक का आपने अच्छा उपयोग किया है।

और सब पूर्ववत। मैं भी इधर अधिक कार्यभार और तनाव के कारण उच्च रक्तचाप से ग्रसित हो गया। अब सब ठीक है। काम कम करना होगा। यात्राएँ भी कम करनी होंगी। सबको स्नेह स्मरण।

स्नेही

विष्णु प्रभाकर

(सन्दर्भ : गो.मि. का जैनेन्द्र जी पर लेख 'मुझमें बहते जैनेन्द्र कुमार')

3

31.1.95

प्रिय बन्धु,

आशा करता हूँ आप सानन्द हैं।

इस बार की उत्कल यात्रा में 'खाक इतिहास' पढ़ गया। अपनी विशिष्ट भाषा, शैली, मनोवैज्ञानिक चित्रण और मनुष्य के दर्द को स्वर देती ये कहानियाँ मुझे कहीं गहरे छू गयीं। विशेष रूप से मैं 'आल्ह खण्ड', 'मुझे घर ले चलो', और 'खाक इतिहास' का उल्लेख करना चाहूँगा। कितनी व्यथा, कितनी पीड़ा, कितना दर्द है इन कहानियों में और कितनी निस्संगता। 'आल्ह खण्ड' की अन्तिम पंक्तियाँ- 'भैया,

तुम वापस जाकर उन्हें ज़रूर ढूँढ़ निकालना और मेरी राम-राम कहना।'- सारी निस्संगता के बावजूद कितनी व्यथा-ममता वहन किये है।

'सड़ांध' का आत्मविश्वास, अन्दर से उभरा भरोसा सचमुच पाठक को दर्द के साथ एक भरोसा दे जाता है जीने का। पिछले दिनों मैंने एक लम्बी कहानी लिखी थी। 19 टंकित पृष्ठों की विभाजन की व्यथा को झेलती एक नारी की व्यथा-कथा पर। उसका अन्त इसी अपने अन्दर से आए भरोसे से हुआ है।

'मुझे घर ले चलो' बड़ी करुण कथा है एक गरीब मजदूर की। अन्तिम पंक्तियाँ तो झिंझोड़ देती हैं। लेकिन 'ख़ाक इतिहास' तो प्यार और उसकी पीड़ा की एक विरल अनुभूति है– 'लौटते में वह इधर से फिर गुज़रेगी... अकेले। जो जगहें हमारे कीमती क्षणों से जुड़ी हो, वहीं उजड़ कर फिर से खड़े होना... मैं सिहर उठा।"

मैं भी सिहर उठा था।

और भी कहानियाँ सुन्दर हैं। अपना-अपना मनोविज्ञान है उनका। चरित्र चित्रण प्राय: सभी में सुन्दर बन पड़ा है पर मुझे सब कुछ के बावजूद 'आने वाली सुबह' और 'फाँस' में यह सहजता नहीं जान पड़ी जो अन्य कहानियों में है। ठीक है पर कुछ सायसता है इसलिए प्रामाणिकता उतनी नहीं है।

गाड़ी में ही पढ़ते-पढ़ते अपनी प्रथम प्रतिक्रिया लिखता चला गया था। वही आपको बता रहा हूँ। हो सकता है फिर से पढ़ूँ तो शायद अपनी राय बदलनी पड़े। लेकिन कहते हैं प्रथम प्रतिक्रिया अधिक प्रामाणिक होती है।

और सब पूर्ववत। अभी दिल्ली में ही हूँ। कुछ महीने रहकर अपने काग़ज़ पन्नों को व्यवस्थित कर लेना चाहता हूँ।

सबको स्नेह स्मरण।

स्नेही

विष्णु प्रभाकर

(सन्दर्भ : गो.मि. का कहानी संग्रह 'ख़ाक इतिहास')

4

1.7.03

प्रिय भाई,

आशा है आप स्वस्थ और प्रसन्न हैं।

7 जुलाई के 'आउट-लुक' में आपके उपन्यास 'राजा-बेटी' का एक अंश पढ़ा। यह अद्‌भुत संयोग है कि इससे पहले मैंने अभी एक छोटी सी पुस्तक 'आलो-आँधारि' पढ़ी। उसे उपन्यास भी कह सकते हैं और संस्मरण भी। लेकिन कैसा अजीब संयोग है कि आपके उपन्यास की जो कथा-वस्तु है वही इस पुस्तक की भी है। आप तो सर्वोच्च शिक्षा प्राप्त अधिकारी रह चुके हैं और सिद्धहस्त कथाकार भी हैं लेकिन जिस विषय या कथा-वस्तु को लेकर आप चले हैं, वह 'आलो-आँधारि' के केन्द्र में है। लेकिन उसकी लेखिका बेबी हालदार मात्र सातवी क्लास तक पढ़ी हैं लेकिन उसने वह जीवन जिया है जिसको आप अपने उपन्यास में शब्द देंगे। इस पुस्तक के कवर के अन्तिम पृष्ठ पर इस कहानी का सार संक्षेप में दिया है। 'तेरह की होते-होते सातवीं की पढ़ाई पूरी किये बिना एक अनपढ़ मन्दबुद्धि से तुम बाँध दिए जाओ, एक बच्चे के दूध पीते दूसरा पेट में आ जाए और देखते-देखते तुम तीन बच्चों की माँ बन जाओ...' और उसके बाद पति से तुम्हें बार-बार बुरी तरह पिटना पड़े। कोई स्वतन्त्रता नहीं, कोई इच्छा पूर्ति का साधन नहीं, तब यदि वह नारी जीवन के 23वें वर्ष में दु:खी होकर घर छोड़ दे और बच्चों समेत दूर कहीं अनजानी जगह मजदूरी करनी पड़े, अपमान सहना पड़े। तब वह कौन-सी आशा है जो इस नारी को जिलाये रखती है। संयोग देखिए, आख़िर में वह जिस व्यक्ति के पास काम करने जाती है वह अत्यंत संवेदनशील है। वह उसे समझता है। वह उसके घर काम करने लगती है। बच्चे बड़े होने लगते हैं तब वह व्यक्ति उसे प्रोत्साहित करता है अपनी कहानी लिखने के लिए। तब वही अपनी टूटी-फूटी भाषा में जीवन की व्यथा को व्यक्त करती है, वह आपके अन्तर्तम को त्रस्त कर देती है। यह है आज की हमारी समाज की कहानी।

आपकी रचना से उसकी तुलना करने में कोई अर्थ नहीं है। आप तो मंजे हुए खिलाड़ी हैं पर वह तो लगभग अनपढ़ नारी है, लेकिन जीवन की पाठषाला में वह जो कुछ पढ़ती है वह अपने अनुभवों के माध्यम से, वही उसकी शक्ति है और प्राण भी। यह पुस्तक रोशनाई प्रकाशन 212 सी एल/ए, अशोक मित्र रोड, काँचरा पारा, उत्तर 24 परगना, पश्चिमी बंगाल से प्रकाशित हुई है। आप तो अपना उपन्यास लिख चुके हैं। चाहें तो उसे पढ़ सकते हैं। कथा में कोई साम्य नहीं है। लेकिन कथा के पीछे जो संस्कृति है वह एक ही है, उसे संस्कृति कहना भी अन्याय है, वह तो दूषित विकृति है आज के मानव समाज के अन्तर मन की विकृति।

मेरा तो बस ऐसा ही चल रहा है। अपने संस्मरणों को ठीक करके प्रेस में देना चाहता हूँ। देखिए अगले साल तक दे सकूँ तो अच्छा है। स्वास्थ्य अब परेशान करने लगा है। ऐसे में यदि 'देवी मृत्यु' को मुझ पर दया आ जाये तो अस्वाभाविक नहीं है पर उसकी चिन्ता क्यों? वहाँ सबको मेरा यथायोग्य कहिए।

हार्दिक शुभ कामनाओं सहित,

स्नेही

विष्णु प्रभाकर

अमृता प्रीतम

1

6/4/85

Dear Govind ji,

I have just read your novel 'Tumhari Roshni mein' and I am glad that your character, after passing through many phases of life, begins search from within.

I tried to contact you last year, then came to know that you have left for Bombay, today I got your address form the bank.

I am passing through strange phase of life for the last one and half years. May be you know that Krishan Sobati has filed a case against me in the High Court, claiming that the word 'Zindginama' was invented by her and I had no right to use that word. Title of my book is 'Hardat Da Zindginama' I asked many friends to approach Krishna ji, not to go to the court, and I thought perhaps you could do that. That is the reason- I wanted to contact you. The word Zindginama is Persian word and is very common for biography, any body can use that. Any how I have to go through all. I can not understand this role of writers. Write me some time.

Amrata

सच्चिदानन्द हीरानन्द वात्स्यायन अज्ञेय

1

नया प्रतीक,
223, साउथ एवेन्यू,
नई दिल्ली-110001
9-12-1974

प्रियवर,

पिछले दिनों दो एक बार फ़ोन करने के बाद पता चला कि आप बाहर गये थे। जिन दो कहानियों की चर्चा मैंने की थी वे मिल गयी थीं–आपके लिए रखी हैं।

'नया प्रतीक' में आपके लेख पर अच्छी प्रतिक्रियाएँ हुईं–पर मौखिक ही। खैर। अब अगले लेख/लेखमाला की प्रतीक्षा रहेगी। नवम्बर-दिसम्बर के अंक तो जल्दी में प्रेस में दिये कि किसी तरह कैच-अप कर लें : जनवरी का अंक अगले सप्ताह देना होगा। उसी के लिए लेख मिल जाए तो उत्तम होगा। कहानी भी मिले तो क्या कहना! वह अंक प्रेस में देकर कुछ दिन के लिए बाहर जाना चाहता हूँ: उससे पहले तो निकल नहीं सकता।

साथ में 'नया प्रतीक' की ओर से चैक है। मैं जानता हूँ कि बहुत ही नगण्य है, पर अभी तक जो स्थिति है उसमें कुछ भी सम्भव होता है तो हठ के कारण अधिक, साधनों की प्रलभता के कारण कम! यों तो प्रतीक निकालना ही हठधर्मी है!

आपके फ़ोन/पत्र की प्रतीक्षा रहेगी।

सस्नेह,

सच्चिदानन्द वात्स्यायन

(सन्दर्भ : गो.मि. का लेख–'नई कहानी से आज की कहानी तक : एक सर्वेक्षण')

2

कैवेंटर्स ईस्ट, कैवेंटर लेन,
सरदार पटेल मार्ग,
नई दिल्ली-110021
अगस्त 16, 1982

प्रियवर,

आपको याद होगा कि वत्सल निधि की ओर से एक लेखकीय यात्रा शिविर का भी आयोजन था जिसके सहभागी होना आपने भी स्वीकार किया था। यह यात्रा अगर इस वर्ष होती है तो 15 सितम्बर के बाद आरम्भ होगी और 28 अक्टूबर से पहले समाप्त हो जाएगी। यह अवधि तो छः सप्ताह से कुछ अधिक ही है, लेकिन यात्रा अधिक से अधिक 33 दिन की होगी और कोशिश होगी कि अबाधित 28 दिन में भी पूरी की जा सके।

यात्रा के लिए दो प्रस्ताव है: एक तो संगम (प्रयाग) से आरम्भ करके यमुना की यात्रा यमुनोत्री तक; और दूसरा जनकपुर से प्रारम्भ करके चित्रकूट तक सीता और राम का अनुगमन। इस समय दूसरे विकल्प की ही सम्भावना अधिक जान पड़ती है और उसी के लिए वाहन और विश्राम-स्थलों के आरक्षण की कार्यवाही हो रही है। लेकिन साथ ही यमुना यात्रा के लिए भी आवश्यक जानकारी और बुनियादी संगठन की व्यवस्था की जा रही है। दूसरी यात्रा तो एक-आध जगह के नौका-विहार को छोड़कर सारी मोटर से ही होगी। पहली यात्रा कुछ नदी मार्ग से, कुछ मोटर से कुछ घोड़े पर तथा पैदल होगी।

विदेश जाने से पहले मैंने आपसे विस्तार से एक योजना की चर्चा की थी और आपसे यह आष्वासन पाया था कि आप उसमें भाग लेंगे और उस पुस्तक की रचना में पूरा योग देंगे जिसकी इस यात्रा के फल के रूप में कल्पना की गयी है, लेकिन अब आवश्यक है कि स्थानीय प्रबन्ध और गाड़ियों की व्यवस्था करने से पहले आपसे इसकी पुष्टि कर ली जाए। इस अवधि में यात्रा होगी और जितनी अवधि की होगी, उसका संकेत तो मैंने दे दिया है; बाकी पक्की तारीखें तय करने के लिए

बहुत-सी स्थानीय बातों पर भी विचार करना होगा। यात्रा-मार्ग सुरक्षित हो, पड़ाव निश्चित हो जाए और वहाँ ठहरने की व्यवस्था पक्की हो, कहीं स्थानीय मेला या लोकोत्सव होने वाला हो तो उसका भी विचार कर लिया जाय इत्यादि।

मुझे आशा तो है कि यात्रा आरम्भ होने से पहले एक बार आपसे व्यक्तिगत रूप से बात भी हो जाएगी, लेकिन व्यवस्था आगे बढ़ने से पहले आपकी स्वीकृति की पुष्टि अवश्य चाहता हूँ।

आशा है आप प्रसन्न हैं।

आपका

(सच्चिदानन्द वात्स्यायन)

श्री गोविन्द मिश्र

पुनश्च :

अब प्रस्तावित तारीखें ये हैं:

(1) रामानुगमन यात्रा के लिए 12 जनवरी 1983 और 17 फरवरी 1983 के बीच कुल 31/32 दिन

(2) यमुनोत्री यात्रा के लिए 20 सितम्बर और 28 अक्टूबर के बीच अथवा 1983 के ग्रीष्म में (तारीखें अनिश्चित)

3

वत्सल निधि,

कैवेंटर्स ईस्ट, कैवेंटर लेन,

सरदार पटेल मार्ग,

नई दिल्ली-110021

नवम्बर 8, 1982

प्रिय,

वत्सल निधि की ओर से आयोजित तीसरे लेखक शिविर की योजना पक्की हो गई है। शिविर का विधिवत कार्य 26 दिसम्बर 1982 को वृन्दावन में प्रातःकाल साढ़े 8 बजे से आरम्भ हो जाएगा। दिल्ली की ओर से जाने वाला दल एक साथ एक बस में 25 दिसम्बर को तीसरे पहर दिल्ली से प्रस्थान करेगा और सूर्यास्त से

पहले वृन्दावन पहुँच जाएगा। दूसरी दिशाओं से आने वाले सज्जन रेल से मथुरा पहुँचेंगे जहाँ उनके स्वागत की व्यवस्था रहेगी। मथुरा से उन्हें वृन्दावन शिविर में पहुँचाया जायेगा।

आपसे इस सम्बन्ध में बात तय हो चुकी है। अब निवेदन है कि हमारे निमंत्रण की स्वीकृति की पुष्टि करते हुए हमें पक्की सूचना दें कि आप सीधे मथुरा पहुँचेंगे अथवा दिल्ली से वृन्दावन के लिए साथ चलना पसन्द करेंगे जिससे उसके अनुकूल व्यवस्था की जा सके। और कब कहाँ पहुँचेंगे!

शिविर के लिए प्रस्तावित सामान्य विषय है- 'साहित्य और समाज परिवर्तन की प्रक्रिया'। इसके किस पहलू पर आप आलेख प्रस्तुत करेंगे और वह कब तक हमें मिल जायेगा, यह भी सूचित करने की कृपा करें जिससे हम एक सुव्यवस्थित कार्यक्रम बना सकें। आलेख समय पर मिल जाने से हम उसकी प्रतिलिपियाँ भी बनवा सकेंगे जो शिविर के सदस्यों को वितरित की जाएँगी। अनन्तर ये पुस्तकाकार भी प्रकाशित होगा।

हमारा विश्वास है कि आपके सहयोग और सहभाग से वत्सल निधि का तीसरा लेखक शिविर एक स्मरणीय अवसर बन जायेगा और नये लेखकों के लिए आगे की प्रेरणा का स्रोत बनेगा।

साभिवादन,

आपका

(सच्चिदानन्द वात्स्यायन)

4

कैवेंटर्स ईस्ट, कैवेंटर लेन,
सरदार पटेल मार्ग,
नई दिल्ली-110021
नवम्बर 28, 1982

प्रिय गोविन्द जी,

आपका भेजा हुआ लेख मिल गया है, ठीक है, उसका शेषांष भी जितनी जल्दी हो सके भिजवा दीजिएगा। आशा है आपकी अंडमान यात्रा सुखद रहेगी। पता नहीं आप कैमरा ले कर जाते हैं या नहीं, लेकिन मैं मानता हूँ कि वह अत्यन्त सुन्दर प्रदेश है और कभी उसकी यात्रा स्वयं भी करना चाहता हूँ। आप लौट आएँ तब आपसे ब्यौरा सुनूँगा।

इला जी लौट आई हैं और प्रसन्न हैं। आप को नमस्कार करती हैं।

सस्नेह
आपका
(सच्चिदानन्द वात्स्यायन)

5

वत्सल निधि
कैवेंटर्स ईस्ट, कैवेंटर लेन,
सरदार पटेल मार्ग,
नई दिल्ली-110021
जनवरी 21, 1984
प्रियवर गोविन्द जी,

यह पत्र आपको एक बार फिर वत्सल निधि के एक आयोजन में आमंत्रित करने के लिए लिख रहा हूँ। निधि के कामों से और उसके लेखक शिविरों से आप भलीभाँति परिचित हैं इसलिए उसके बारे में विस्तार से कुछ कहना अनावश्यक मानता हूँ।

वत्सल निधि के पाँचवें लेखक शिविर का आयोजन अक्टूबर महीने के उत्तरार्द्ध में करना निश्चित हुआ है। पक्की तारीखें आमंत्रित लेखकों की सुविधा जान लेने के बाद तय होंगी। स्थान जबलपुर क्षेत्र का कोई शान्त भाग होगा। नर्मदा के किनारे का कोई यात्री निवास आरक्षित करने का प्रयत्न है।

यह तो आप जानते ही हैं कि स्थानीय आवास और भोजन आदि की व्यवस्था वत्सल निधि की ओर से होती है और पहले दर्जे के रेल-भाड़े की भी व्यवस्था उसकी ओर से होती है। बम्बई से जबलपुर सीधी गाड़ियाँ आती हैं इसलिए आशा है कि आपको कोई असुविधा न होगी। जबलपुर स्टेषन से शिविर तक अतिथियों को ले जाने की व्यवस्था हमारी ओर से होगी।

हर लेखक शिविर के लिए कोई सामान्य विषय भी हम रखते हैं। पाँचवें शिविर के लिए दो सामान्य विषय प्रस्तावित हैं: (1) सामाजिक यथार्थ का सम्प्रेषण और कथा भाषा की समस्याएँ और (2) समकालीन कविता और छन्द। आपसे निवेदन है कि पहले विषय पर एक लिखित भाषण भी साथ लाएँ; यह शिविर में पढ़ा नहीं जाएगा लेकिन आपके व्याख्यान का आधार रहेगा और इसके लिखित रूप को हम शिविर से सम्बद्ध अपनी पुस्तक में सम्मिलित कर सकेंगे।

वास्तव में यही दोनों विषय बोधगया के शिविर के लिए रखे गये थे, लेकिन कई कारणों से (जिनमें विश्व हिन्दी सम्मेलन भी एक था) प्रौढ़तर साहित्यकारों में से कई जिन्होंने आना और बोलना स्वीकार किया था बोधगया नहीं पहुँचे और इन विषयों की जैसी चर्चा हुई उससे यह और भी स्पष्ट हो गया कि दोनों विषय आज के लेखक के लिए बहुत महत्त्व के हैं और साथ ही यह भी कि इन पर चिन्तन कम हुआ है अथवा जो हुआ है उसमें भी भ्रान्तियाँ काफ़ी हैं। इसीलिए अनुभव किया गया कि अगले शिविर के लिए भी यही विषय रखे जाएँ। बोधगया में दो-एक अच्छे वक्तव्य आ गये थे; इनको हम जबलपुर वाले शिविर से पहले सबको उपलब्ध करा देंगे। भाषा वाले विषय पर बोलने के लिए सर्वश्री अमृतराय, गिरिराज किशोर, मन्नू भंडारी और परमानन्द श्रीवास्तव को भी आमंत्रित किया गया है।

शिविर में एक दिन तो सैर के लिए सुरक्षित होता ही है; वृन्दावन में दिये गये आपके सुझाव को ध्यान में रखते हुए कुछ और खुला समय भी रखा जाएगा।

आशा है आपकी स्वीकृति हमें लौटती डाक से मिल जाएगी और शिविर के लिए समय निकाल रखने की पेशबन्दी आप कर रखेंगे। पक्की तारीखों की सूचना आपको शीघ्र दूँगा; आप भी अपनी सुविधा सूचित कर दें तो हमें मदद मिलेगी। अभी तो मेरा अनुमान यही है कि 7.10.84 और 21.10.84 के बीच की कोई तारीखें सबके लिए सुविधा की होंगी।

साभिवादन,

आपका

(सच्चिदानन्द वात्स्यायन)

पुनश्च : अपने बम्बई आने के बारे में शीघ्र सूचना दूँगा- शायद फरवरी में ही आना हो, मार्च में नहीं।

(सन्दर्भ : अज्ञेय जी द्वारा आयोजित 'बरगीनगर लेखक-शिविर')

6

कैवेंटर्स ईस्ट, कैवेंटर लेन,
सरदार पटेल मार्ग,
नई दिल्ली-110021
मार्च २८, १९८४

प्रिय गोविन्द जी,

आपके दोनों पत्र मिल गये। धन्यवाद।

मेरा स्वास्थ्य अब ठीक है और काम कर रहा हूँ, यात्राओं का क्रम भी फिर चालू हो गया है। बम्बई फरवरी में तो चिकित्सा के सिलसिले में ही आने वाला था, लेकिन यहाँ यही राय हुई कि वह अनावश्यक है। दवा यहाँ चल ही रही है। भोपाल तो गया था, लेकिन कवि-कुम्भ के लिए नहीं'; उसके सप्ताह भर बाद गया था।

अब अप्रैल में बम्बई आऊँगा। 21 अप्रैल को एक गुजराती आयोजन है जिसमें बुलाया गया हूँ। चाहता हूँ कि उसके बाद भी दो-चार दिन बम्बई रह जाऊँ, लेकिन कहाँ रहूँगा यह अभी कुछ ठीक नहीं है। कुछ न कुछ व्यवस्था हो ही जाएगी। आशा है उन दिनों आप बम्बई ही होंगे।

श्री प्रियंवद का नाम मैंने नोट कर लिया है और यथासमय उन्हें पत्र लिखूँगा। इस बीच पुस्तक भी मँगा कर देख लेता हूँ।

आशा है आप प्रसन्न हैं।

आपका

(सच्चिदानन्द वात्स्यायन)

7

कैवेंटर्स ईस्ट, कैवेंटर लेन,
सरदार पटेल मार्ग,
नई दिल्ली-110021
अक्टूबर २२, १९८४

प्रिय गोविन्द जी,

नमस्कार। बरगी नगर शिविर से लौटकर आशा है आप अब तक व्यवस्थित हो गये होंगे और बरगी नगर के शिविर के अनुभवों से स्फूर्ति पा रहे होंगे।

शिविर में आपने जो परचा पढ़ा था उसे मैं जैसे-तैसे पढ़ तो गया हूँ, लेकिन उसमें काट-पाट इतनी अधिक है कि उससे टंकित प्रति बनाना कठिन काम है और अगर बनेगी भी तो उसे फिर आपके पास संषोधन के लिए भेजना पड़ेगा। लेकिन लेख अच्छा है और उसे हम शिविर की पुस्तक में अवश्य देना चाहते हैं। इतना ही नहीं, यहाँ आकर दोनों शिविरों की सामग्री क्रम से लगाकर देखता हूँ कि कथा भाषा वाली पुस्तक एक आपके लेख को छोड़कर बिल्कुल तैयार है। आपका लेख आ जाय तो पुस्तक नवम्बर में ही प्रेस में दी जा सकेगी।

लेख इस पत्र के साथ भेज रहा हूँ इस अनुरोध के साथ कि आप जल्दी से जल्दी उसका सम्पादन करके उसकी दो टंकित प्रतियाँ हमें भिजवा दें। अगर 11-12 नवम्बर तक यह दिल्ली पहुँच जाय तो सुविधा होगी। मैं 26 तारीख को चीन जा रहा हूँ और 11 नवम्बर को लौट आऊँगा।

आशा है आप प्रसन्न हैं। दीपावली की शुभकामनाएँ ग्रहण करें।

साभिवादन,
आपका
(सच्चिदानन्द वात्स्यायन)

8

कैवेंटर्स ईस्ट, कैवेंटर लेन,
सरदार पटेल मार्ग,
नई दिल्ली-110021
21.11.84

प्रियवर,

नमस्कार।

चीन से सकुशल लौट आया। लौटकर आपका पत्र और लेख पाया। लेख समय से मिल गया- धन्यवाद।

स्वास्थ्य तो ठीक ही है: थोड़ी थकान अवश्य है और चाहता हूँ कि आलतू-फालतू कार्यों से किसी तरह छुटकारा पा सकूँ- पर अभी तो काम बढ़ते ही जाते हैं... सोचता हूँ कि मध्य दिसम्बर के बाद एकदम बन्द कर दूँ: फिर थोड़ा विश्राम करके लिखना आरम्भ करूँ... देखूँ कहाँ तक यह कर पाता हूँ।

इस बीच तो यहाँ भारी विराट हो गया: और अभी लगता है कि इसकी प्रतिक्रियाओं का अनुक्रम और चलेगा- हिंसा की भावनाएँ अभी पनप रही हैं, वैसे फ़िलहाल तो दिल्ली में 'शान्ति' है...

आशा है आप प्रसन्न हैं-

सस्नेह

वात्स्यायन

(सन्दर्भ : इन्दिरा गांधी की मृत्यु के बाद सिक्खों पर प्रतिहिंसा)

9

कैवेंटर्स ईस्ट, कैवेंटर लेन,
सरदार पटेल मार्ग,
नई दिल्ली-110021
दिनांक: अगस्त 19, 1985

प्रियवर गोविन्द जी,

आपका पोस्टकार्ड अर्सा हुआ मिला था। फिर 'राजकमल' से पुस्तक भी मिल गयी थी और मैंने तभी पढ़ भी डाली। सुना था कि आप दिल्ली आने वाले हैं इसलिए पत्र नहीं लिखा। अब सुनता हूँ कि आप दिल्ली आए भी-आए थे और लौट गये। पता नहीं शिमला में जो कहानी लेखक संगोष्ठी आयोजित हो रही है उसके लिए आप दिल्ली होते हुए जाएँगे या नहीं, लेकिन यह भी सम्भव है कि तब मैं स्वयं दिल्ली में न रहूँ और मिलना न हो सके। शायद मैं बम्बई आऊँगा तभी भेंट होगी।

उपन्यास मैं पढ़ तो गया और पढ़ा तो रुचि से ही पढ़ा; इस अनुभव के लिए आपका ऋणी हूँ। लेकिन कुल मिलाकर मुझे उससे निराशा ही हुई। ऐसा नहीं लगा कि उपन्यासकार के नाते आप पिछले उपन्यासों से आगे बढ़े हैं। मुख्य चरित्र इकहरे हैं और जैसे कि लेखक के मन में पहले से बन गये एक ढाँचे में फ़िट किये गये हैं। विशेष रूप से मुझे लगा कि स्त्री के साथ तो न्याय नहीं हुआ है। पुरुष चरित्र को एक तो यह सुविधा है कि कथा कहने वाला भी वही है- अपना पक्ष तो वह प्रस्तुत कर ही सकता है, दूसरे के पक्ष को भी वह अपनी ओर से प्रस्तुत करता है 'तुम्हारी रोशनी में' शीर्षक से अपेक्षा बनती है कि घटनाओं को दूसरे पक्ष से देखने की भी कोशिश की गयी होगी और सफल कोशिश की गयी होगी, लेकिन ऐसा नहीं हुआ है। वास्तव में कथा कहने वाला बराबर अपनी ही नज़र के घेरे में बँधा रहता है। 'तुम्हारी रोशनी में' के 'तुम' का आत्मसात कर नहीं पाता।

लेकिन मेरे लिए- यानी एक कथा-लेखक के लिए- एक और कठिनाई थी और वह बड़ी कठिनाई थी। किसी कथा के घटना वृत्तान्त का एक पात्र ही जब प्रस्तोता

बन जाता है तब पूरा वृत्तान्त एक आत्मकथा बन जाता है। इससे सुविधाएँ भी होती हैं तो कठिनाइयाँ भी। कठिनाइयों में मुख्य कठिनाई केवल इतनी नहीं है कि वह दूसरे चरित्रों की कर्म-प्रेरणाओं को एक पूर्वाग्रह के साथ रखेगा। असाधारण प्रतिभा वाला व्यक्ति दूसरों की मानसिकता में काफ़ी तटस्थ भाव से प्रवेश कर सकता है या प्रवेश करता दिखाया जा सकता है। लेकिन ऐसी 'सिम्पैथी' स्वीकार भी कर लें तो भी स्थूल घटना की तो सीमा बनी रहती है। आत्मकथा लेखक पूरी जानकारी के साथ उतनी ही जानकारी प्रस्तुत कर सकता है जितनी का वह प्रत्यक्ष ज्ञाता हो सकता था और जितनी के ज्ञाता होने की बात पाठक के गले से उतारी जा सकती है। उससे आगे की घटना की प्रत्यक्ष जानकारी उसे नहीं हो सकती। कल्पना के सहारे ही वह उस तक पहुँच सकता है। यानी ऐसी घटना को या तो वह प्रस्तुत ही नहीं करेगा या करेगा तो अनुमान की हुई घटना के रूप में ही। इससे अधिक का दावा वह करेगा तो वहीं प्रतीति की इमारत भरभरा कर गिर जायेगी। 'तुम्हारी रोशनी में' में ठीक यही भूल एकाधिक बार हुई है। दूसरे की नज़र से देख सकने का दावा तो संदिग्ध था ही, दूसरे और तीसरे के बीच घटित घटना को ऐसे 'आँखों देखे' रूप में प्रस्तुत किया गया है कि विश्वास टूट जाता है।

मैं डरते-डरते इतना सब लिख गया हूँ क्योंकि आपने मेरी प्रतिक्रिया जाननी चाही थी। इतनी खरी प्रतिक्रिया के बिना भी काम चल सकता था, मैं जानता हूँ। लेकिन लेखक-लेखक के बीच वैसा 'शिष्ट' व्यवहार ज़रूरी नहीं है और उस स्थिति में तो और भी नहीं जिसमें कला के प्रति आस्था बनी हुई है। आपकी रचना का प्रशंसक न होता तो शायद ऐसी दो टूक बात न कह पाता। इधर कई यात्राएँ करता रहा हूँ और लिखता भी रहा हूँ। कभी मिलेंगे तो बात होगी।

आपका

(सच्चिदानन्द वात्स्यायन)

(सन्दर्भ : 'तुम्हारी रोशनी में')

डॉ. देवराज

52, बादशाह नगर,
लखनऊ-225006
इंडियन इंस्टीट्यूट ऑफ एडवांस्ड स्टडी,
.... निवास, शिमला-5
25.2.88

मान्यवर गोविन्द मिश्र जी,

आपके नाम के साथ 'मिश्र' शब्द जमता नहीं।

यह पत्र आपको 'तुम्हारी रोशनी में' उपन्यास के सिलसिले में बधाई देने के लिए है। ('लाल-पीली ज़मीन' विशेष पसन्द नहीं पडा था।) इस उपन्यास में भाषा और कथ्य दोनों दृष्टियों से आप विशेष सफल हुए हैं। सुवर्णा का चरित्र संश्लिष्ट, यथार्थ एवं रोचक बन पड़ा है। बिल्कुल अन्त के उपसंहार भाग को छोड़कर पूरा उपन्यास पूर्णतया विश्वसनीय है–हिन्दी साहित्य की श्रेष्ठ उपलब्धि है।...

मुझे कल शिमला जाना है, आठ मास के लिए और दुर्भाग्यवश आपके उपन्यास पर जो आलोचना लेख आया था वह और कुछ अन्य ज़रूरी काग़ज़ कहीं ऐसी जगह पड़ गये हैं कि मिल नहीं रहे। यदि लेखिका के पास दूसरी प्रति हो तो लखनऊ भेजने का कष्ट करें। 15 मार्च तक। वे शायद 'युगसाक्षी' की सदस्या नहीं है, इसलिए उनका नाम-पता हमारे पास नहीं है।

पता नहीं आपने मेरा 'न भेजे गए पत्र' उपन्यास पढ़ा है या नहीं। आपके उपन्यास की तुलना में उसकी नायिका प्रायः आधुनिका नहीं कही जा सकती- यद्यपि वो भी नौकरी करती है- वह उस वर्ग की नारी की प्रतिनिधि भी नहीं बनती। किन्तु वहाँ नायक एवं दो नायिकाओं के सम्बन्ध अनेक नैतिक उतार-चढ़ावों में गुज़रते और दूसरी क़िस्म की जटिलताओं और शायद गहराइयों-तीव्रताओं को छूते हैं। मैं चाहूँगा कहीं दोनों पर तुलनात्मक विचार हो। प्रसन्न होंगे।

सप्रेम

देवराज

(सन्दर्भ : 'तुम्हारी रोशनी में')

विद्यानिवास मिश्र

कुलपति
काशी विद्यापीठ,
वाराणसी-221002
3.2.88
व्यक्तिगत
।। श्रीः ।।
प्रियवर,

'पगला बाबा' प्रकाशक ने भेज दी थी, पढ़ डाली। शुरू की ही कहानियों में लगा कि कहानी में संवेदनशीलता जी उठी है, इधर के कथा साहित्य की निर्भय बौद्धिक तटस्थता से कुछ ऊब होने लगी थी, विशेष रूप से इस कारण कि वह तटस्थता भी सहज या निजी नहीं थी, थी प्रायः आरोपित। मुझे 'पगला बाबा', एक बूँद उलझी और 'माक्कल लोबो' में बड़ी सूक्ष्म और सुषुप्त मानवीयता की जाग्रत अवस्था के नाटकीय दिग्दर्शन से बड़ी तृप्ति मिली। आपको हार्दिक बधाई। हृदय से आषीर्वाद कि आप कहानी के क्षेत्र में गुलेरी से जो शुरुआत हुई थी, उसके उत्कर्ष-शिखर बनें।

सस्नेह
विद्यानिवास मिश्र
श्री गोविन्द मिश्र,
22, बेलवेडियर, मुलाभाई देसाई मार्ग,
बम्बई-36।

चन्द्रगुप्त विद्यालंकार

ए-69, श्रीरंग सोसायटी,
थाणे-400601
3 जून 1983
प्रिय भाई गोविन्द मिश्र,

'सारिका' का 333वाँ मुझे कल ही मिला। उसमें आपकी 'फांस' शीर्षक कहानी पढ़ कर तबीयत खुश हो गई। इतनी अच्छी, सशक्त और मन पर स्थायी प्रभाव डालने वाली हिन्दी कहानी मैंने बहुत समय के बाद पढ़ी है। मेरी हार्दिक बधाई।

एक बात मुझे भाषा के सन्दर्भ में कहनी है। आंचलिक स्पर्श इस कहानी को निस्संदेह और भी सजीव बनाता है, विशेषतः पल्टू की माँ के मुख से।

पर इस तथ्य की ओर भी मैं आपका ध्यान खींचना चाहता हूँ कि हिन्दी के बहुत से पाठकों के लिए ये आंचलिक प्रयोग दूभर सिद्ध होते हैं। वे पूरी बात समझ नहीं पाते, विशेषतः दक्षिण भारतवासी। अपने लम्बे सम्पादकत्व कार्यकाल में मुझे इस सम्बन्ध में सैंकड़ों पत्र प्राप्त हुए हैं, रेणु तथा अन्य लेखकों की रचनाओं के सम्बन्ध में। पंजाब, हरियाणा, यहाँ तक दिल्ली के पाठक भी यह शिकायत करते रहे हैं कि आंचलिक प्रयोग उनके लिए रस-भंग का कारण सिद्ध होते हैं।

मैं सिर्फ़ आपका ध्यान इस पहलू की ओर भी खींचना चाहता हूँ।

जून के अन्त में विदेश जा रहा हूँ। उससे पहले हम लोग कभी मिल सकें, तो मुझे बहुत ख़ुशी होगी।

सस्नेह आपका,
चन्द्रगुप्त

अमृत राय

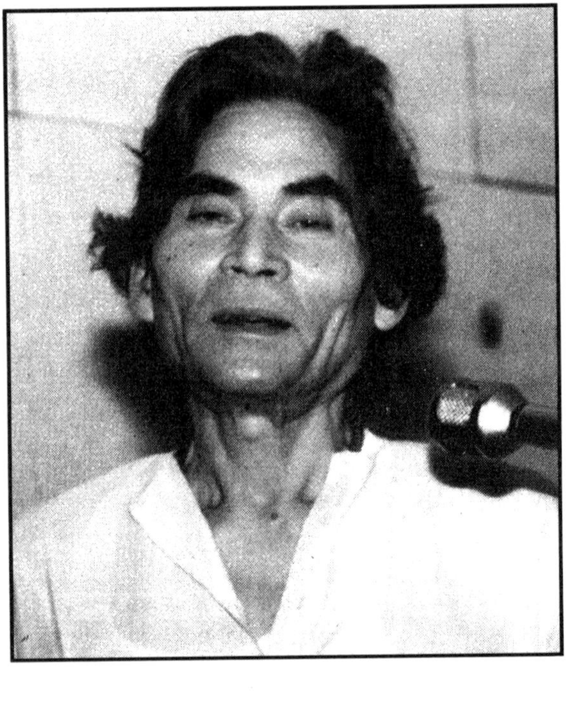

1

18, न्याय मार्ग,
इलाहाबाद
30.9.84

प्रिय भाई,

पत्र मिला। उपन्यास तो अभी मिला नहीं। मिलते ही बहुत शौक़ से पढ़ूँगा। उपन्यास के नाम की बधाई तो तत्काल दे सकता हूँ। बहुत ख़ूबसूरत नाम है।

बाहर जाने की बात आपने उस रोज़ हमारी पिछली भेंट में अपने घर पर भी कही थी। मुझे भी उसका बुलौआ आ गया!

सस्नेह,
अमृत राय

2

18, न्याय मार्ग,
इलाहाबाद
6.5.85

प्रिय भाई,

'तुम्हारी रोशनी में' की प्रति दिल्ली से आ गयी थी। फिर आपका 15/4 का पत्र मिला। सोचा, पुस्तक पढ़ लूँ तो आपको जवाब दूँ। वो अब पढ़ ली है, और बड़े चाव से पढ़ी। सुवर्णा के रूप में अपने आधुनिका नारी के मन की करवटें बहुत बारीकी से पकड़ी है। आनन्द आया। कथासूत्र अच्छा बाँधे रहता है। अनन्त, रमेश और सुवर्णा के मन के सूक्ष्म तंतुओं को टटोलने और उकेरने में आपकी संवदेनसम्पन्न भाषा का भी विशेष योग है। बधाई।

आशा है आप स्वस्थ और प्रसन्न होंगे। एक ज़माने से मुलाक़ात नहीं हुई। दिल्ली की किसी प्रेमचन्द जन्मशती संगोष्ठी में एक तो उड़ती-उड़ती सी मुलाक़ात हुई थी, उसके बाद तो शायद भेंट हुई नहीं।

यहाँ सब ठीक है।

शुभकामनाओं के साथ,

आपका

(अमृत राय)

उपेन्द्रनाथ अश्क

5, खुसरो बाग रोड,
इलाहाबाद-211001
11.10.86

प्रिय गोविन्द,

'हंस' के दूसरे अंक में तुम्हारी कहानी 'अर्थ ओझल' पढ़ी। तुम्हारी कहानी इतनी अच्छी लगी कि उसे दोबारा पढ़ गया और अनायास तुम्हें बधाई देने को मन हो आया।

यह ठीक है कि समाज बेहद भ्रष्ट हो गया है, पुराने मूल्य टूट गये हैं, लोग बेपतवार की किश्ती से बहे जा रहे हैं, लेकिन अपवादस्वरूप ही क्यों न हो, कुछ लोग हैं जो मूल्यों और आदर्शों से चिपके हैं और हमें बल देते हैं। वे ही धरती का नमक हैं और प्रणम्य हैं।

ऐसे एक अध्यापक का चित्रण करने के लिए- सधे हाथों से- मेरे अनेकों साधुवाद स्वीकार करेंगे।

ऐसे लोगों पर सिनिसिज़्म से हँस देना, आसान है उनके आदर्शों का ऐसे चित्रण करना कि वे हमें प्रेरणा दे, मुश्किल है। तुमने अपनी इस कहानी पर मुश्किल काम कर दिखाया है।

पुनः बधाई।
सस्नेह
उपेन्द्रनाथ 'अश्क'

पुनश्च : कहानी का नाम भी यदि बोधगम्य रखते तो शायद बेहतर होता।

नरेश मेहता

1

निदेशक
प्रेमचन्द सृजनपीठ
विक्रम विश्वविद्यालय परिसर
उज्जैन-456010
606/89
1.12.89
प्रियवर,

'धीर-समीरे' के बारे में थोड़ी-बहुत चर्चा आपसे हुई थी। इस सप्ताह 'मुझे घर ले चलो' पढ़ सका। आप कहेंगे यह पुस्तक तो आपने दो वर्ष पूर्व दी थी और उसे मैंने अब जाकर पढ़ा। वस्तुतः जिस प्रकार लिखने में कोई जल्दी नहीं करता, उसी प्रकार कम से कम अच्छी किताबों के पढ़ने के मामले में भी जल्दबाजी नहीं करता।

शायद यह कहना ठीक होगा कि आपके विविध लेखन के आस्वाद को ठीक तरह से पहली बार जाना। आपने अपने आधारभूत निसर्ग-व्यक्तित्व को अपनी सर्जनात्मकता में जितने सहज रूप में अभिव्यक्त किया है वह स्पृहणीय है। प्रायः तो अधिकांश लेखकों की सर्जनात्मकता पर शहरातीपन तथा आधुनिकता का इतना ज़्यादा रंग-रोगन चढ़ा मिलता है कि खोदने पर भी आदमी कहीं नहीं मिलता। इसके अलावा लेखन को कहन के स्तर पर खड़ा कर देने से व्यक्तियों, स्थितियों और परिवेश का खांटीपन ऐसी विश्वसनीय सुगन्ध देता है कि रचना प्रतिसृष्टि न रहकर स्वयं सृष्टि बन जाती है। सच, पढ़कर आपसे कुछ अधिक ही आत्मीयता अनुभव होती है। मेरा साधुवाद स्वीकारें।

श्रीमती मिश्र और परिवार में सबको यथायोग्य कहें।

सस्नेह, आपका
नरेश मेहता

(सन्दर्भ : 'धीर समीरे', गो.मि. का उपन्यास;
'मुझे घर ले चलो'- गो.मि. का पहला समवेती संकलन)

नागार्जुन

I

10.3.81

प्रिय मित्र

हापुड़ तो गया नहीं। हाँ, 12 को जाकर 15 की शाम तक लौट आना है।

आपसे मिलने के लिए 'ऐवाने-ग़ालिब' तब 16-17-18-19 इन चार दिनों में किसी भी दिन आ सकूँगा। अवश्य। 12-13 अप्रैल को होने वाली परिचर्चा में शामिल हो सकूँ, एतदर्थ अपनी 'समय-सारिणी' ठीक-ठाक कर रहा हूँ...

आशा है, 10.4 तक पटना से दिल्ली आ जाऊँगा, और, 'हुज़ूर-दरबार' वाली उस 'चर्चा-गोष्ठी' में शामिल होकर अपने को आन्तरिक आल्हाद हासिल होगा...

शेष, मिलकर जब बातें करेंगे, तब...

नागार्जुन

आपका

यानि तुम्हारा

2

20.4.81

प्रिय भाई,

'परिचर्चा गोष्ठी' वाला कार्ड मुझ तक 17.4 को पहुँचा। यों, मैं 27.3 को ही नागपुर से पटना आ चुका था... मुझे इस बात का मलाल रहा और आगे भी यह बना रहेगा...। अब मैं 22.4 को 'शोणभद्र एक्सप्रेस' से दिल्ली पहुँच रहा हूँ। क्या 'ऐशोन-ग़ालिब' वाले अपने दफ़्तर में आप 23 या 24 को मौजूद रहेंगे? या फिर कब हमारा मिलना सम्भव होगा, यह सूचित करें।

हमारा दिल्लीवाला पता आपके पास है न?

वही :- 131, टैगोर पार्क, दिल्ली-9

नागार्जुन

आपका

3

20.4.88

प्रियवर मिश्र जी,

आपका पत्र मिले डेढ़-दो महीने हुए। दिल्ली लौट रहा हूँ 7 मई तक। इस अवधि में 'धुंधभरी सुर्खी' और 'तुम्हारी रोशनी में' अंशत: देख सका हूँ, वान्दिवड़ेकर जी वाली 'बातचीत' में साथ था मैं... विस्तृत पत्र लिखने का इरादा है-

फिलहाल, यहाँ 'अन्त:पुर' भी हाथ लगा है... पुष्पलता को धन्यवाद कि आपसे सम्पर्क हुआ...

दिल्ली 7 मई तक पहुँच रहे हैं...

बी-131, सादतपुर, दिल्ली-94

कैम्प : जहरीखाल, पौड़ी गढ़वाल

नागार्जुन

आपका

4

2.8.88

प्रियवर,

अभी हम अपने ग्रामांचलीय परिवेश में रहने आए... 20.8 के बाद दिल्ली लौटेंगे...। आशा है आप सपरिवार स्वस्थ-प्रसन्न होंगे।

यहाँ से मेरा गाँव (तरौनी) लगभग 50 किलोमीटर दूर पड़ता है- इधर अपने बड़े पुत्र (शोभाकान्त-45) के साथ हूँ।

नागार्जुन

द्वारा : श्री शोभाकान्त मिश्र, लहेरिया सराय, दरभंगा, बिहार

लक्ष्मीनारायण लाल

54 ए, एम.आई.जी. फ्लैट,
ए-2, पश्चिम विहार,
नई दिल्ली-110063
26 जून 85

प्रिय गोविन्द भाई,

अब तक आपकी वे सभी रचनाएँ पढ़ लीं, जिन्हें कृपाकर आपने मुझे बम्बई में भेंट स्वरूप दी थीं। वाह भाई वाह, आप समर्थ कृतिकार हैं–यह निश्चित है। आपके पास अनुभूति है, भाषा है और ईश्वर कृपा से उससे प्राप्त दृष्टिहै। फिर और क्या चाहिए? निर्भय हैं। पुत्र-हादसे का इतना बड़ा कष्ट और आपने बम्बई में उसको हमारे बीच नहीं आने दिया। आपकी पत्नी भी चुप रहीं। सहना और मौन रहना, यही तो मुनि का लक्षण है।

उपन्यास 'तुम्हारी रोशनी में' सुन्दर है–अज्ञेय और जैनेन्द्र को पढ़ना चाहिए। आप जो चाहते हैं, कह लेते हैं–मिट्टी के मिसिर बाबा हैं आप-चरण छूता हूँ। ईश्वर खूब लम्बी उमर दे और तपते रहने का सामर्थ्य- मैं लिखने जा रहा हूँ–आशीष दें- सदा आपका,

सप्रेम,

लक्ष्मीनारायण

नोट: इतनी विविधाओं में एक के बाद एक आपकी रचनाएँ पढ़कर मैं आश्वस्त हुआ- इस अँधेरे में भी आप रहेंगे- दिखेगे लोगों को। बधाई।

प्यार
लाल

धर्मवीर भारती

1

धर्मयुग,
पो.आ. बॉक्स नं.-213,
दादाभाई नौरोजी मार्ग,
टाइम्स ऑफ इण्डिया बिल्डिंग, बम्बई-1
25 मार्च, 74
प्रिय भाई,

आपका पत्र मिला। आप सही कहते हैं कि छद्म क्रान्तिकारियों पर इस प्रहार को लेकर मुझे काफ़ी गालियाँ मिली हैं लेकिन उसके लिए तो सदा तैयार रहता हूँ।

जहाँ तक सृजनात्मक दौर का सवाल है, मुझे ज़रूर लग रहा है कि अब बहुत क्षीण अंश में ही सही लेकिन यहाँ वहाँ अच्छा लेखन नज़र आने लगा है। उसे हम आप थोड़ा-सा सहारा दें तो शायद वह 'विशफुल थिंकिंग' मात्र न रह जाय। या खुदा जाने आपकी ही बात सही हो- मन सचमुच चाहता है कि यह गतिरोध ख़त्म हो।

पुष्पा जी आपको नमस्कार कहती हैं।

आपका
धर्मवीर भारती

2

बम्बई
30 दिसम्बर, 1974
प्रिय भाई,

आपकी कहानी मिली। कहानी बहुत अच्छी है और इस विशिष्ट वर्ग का चित्रण बड़ी बारीकी से आपने किया है। चूँकि कहानी बहुत बड़ी और ऐसी नहीं है कि उसे दो अंकों में बाँटकर छापा जा सके। इसलिए हम इन्तजार करेंगे और जिस अंक में

कुछ अधिक पृष्ठ निकाल पायेंगे इसका उपयोग करेंगे। जनवरी के आख़िरी हफ़्ते में मैं बम्बई ही रहूँगा। (यथासम्भव कहानी 9 मार्च के अंक में ले सकेंगे।)

आपका

भारती

(सन्दर्भ : गो.मि. की कहानी 'अन्तःपुर')

3

बम्बई

20 जनवरी, 1975

प्रिय भाई,

आप गोवा से लौटते हुए बम्बई रुकते तो अच्छा होता। नागपुर में अन्तिम दिन हम लोगों ने अकस्मात् रामटेक जाने का कार्यक्रम बनाया था। कार्यक्रम सहसा बन गया और उस समय आपको हम लोग बहुत ढूँढ़ते रहे लेकिन आप नहीं मिले। अमृत, जगदीश गुप्त, कमलेश्वर, श्रीकान्त जोशी, वैरागी, महावीर अधिकारी तथा कई अन्य मित्र थे। पिकनिक बहुत दिलचस्प रही और लगातार आठ घण्टे हँसते-हँसते बीते। आपकी कमी खलती रही।

धारावाहिक प्रकाशन के लिए तीन उपन्यास स्वीकृत रखे हुए हैं जिनका प्रकाशन सम्भवतः इस वर्ष के अन्त तक पूरा होगा। चार उपन्यास विचारार्थ रखे हुए हैं जिन पर जून-जुलाई तक विचार करेंगे। क्या आप इतनी देर तक ठहरना पसन्द करेंगे। यदि जल्दी न हो तो फिर पाण्डुलिपि अवश्य भेज दीजिए।

आपका

धर्मवीर

(सन्दर्भ : गो.मि. का उपन्यास 'लाल पीली ज़मीन')

4

11.8.75

प्रिय भाई,

यह पत्र मुझे पिछले महीने के पहले सप्ताह में ही आपको लिखना चाहिए था। उन्हीं दिनों आपका उपन्यास (लाल पीली ज़मीन) ख़त्म किया था और उसी के प्रभाव में था। लेकिन उसी के बाद घटनाचक्र तेजी से घूमा और सभी पत्र उसके भँवर में आ गये। 'धर्मयुग' का तो एक अंक (छः जुलाई) रोक ही दिया गया। बाद के भी सभी अंकों की 50 प्रतिशत साजगदीषमग्री विरोध के कारण बदलना पड़ी। कभी प्रतिबंध की चिन्ता, कभी अंक की ही। पूरे जुलाई के महीने मानसिक रूप से बेहद अस्वस्थ रहा।

बहरहाल। उपन्यास मैंने पढ़ना शुरू किया और तीन दिनों लगातार पढ़े बिना छोड़ा नहीं गया। पढ़ चुका तो दो स्मृति-बिम्ब बार-बार लहाराते रहे। एक तो बुन्देलखण्ड के उस छोटे से कस्बे में पहले अध्याय का वह छोटा लड़का, शाम और सूने घर में से अँधेरे में वह डूंगर, वह शिला और उसका बढ़ता हुआ अकेलापन और भय। दूसरा बिम्ब था श्रीपत के घर की जाड़ों वाली शाम जब आपसे पहली भेंट हुई थी। आपकी बेबाक बातें मुझे बहुत अच्छी लगी थीं। आप बेतक्ल्लुफ़ दोस्त आदमी लगे थे-ऐसे जो अब कम मिलते हैं। उस दिन आपके लिए स्नेह जागा था, उपन्यास पढ़कर आदर...

दिल्ली में रहकर-ऐसी मुखौटा-अनिवार्य लाइन अपनाकर भी आपने अपने जीवन अनुभवों को इतना टटका, सुरक्षित रखा है और उन्हें आज की प्रासंगिक तीखी दृष्टि से जाँच सकते हैं और उन क्रूर जीवन पद्धतियों को बिना रोमान्टिसाइज़ किये और बिना मानवीय सज्जनता खोये, पुनः एक सफल अभिव्यक्ति दे सकते हैं, इसके लिए हार्दिक बधाई। एक-एक पात्र, एक-एक परिस्थिति पाठक पर छाप छोड़ती चलती है और अन्त में हिंसा को पनपाने वाले लेकिन मूलतः स्वाभाविक दृष्टि से रोगी उस अंचल के लिए मन में एक गहरा 'एंग्विश' छूट जाता है।

लेकिन-और यह लेकिन बहुत अहं है–औपन्यासिक संरचना की दृष्टि से इसे आपको पुनः देखना ज़रूरी है। अनेक दृष्टियों से :

(1)उपन्यास का पहला अंश इन्ट्रोवर्टिव है। एक पात्र का आन्तरिक जीवन बड़ी गहराई से चित्रित हुआ है, लेकिन कथा की गति बहुत धीमी है। पात्रों का आन्तरिक विकास, पूरे वातावरण के चित्रण को उभारने के लिए-छोटे-छोटे पात्रों का भी विस्तृत ट्रीटमैंट ज़रूरी है...लेकिन दूसरे अंश में सहसा घटनाप्रधान गति हो जाती है। पात्रों के अन्तर में जो घटित होता है वह मुख्य है। प्रथामार्द्ध और उत्तरार्द्ध का यह असंतुलन दूर होना चाहिए। प्रथमार्द्ध इतनी धीमी गति में और द्वितीयार्द्ध में इतनी तेज गति...दोनों को एक-सी गति में लाना ज़रूरी है।

(2)बहुत से पात्रो और परिवेशों का बहुत विस्तार से चित्रण हुआ है लेकिन एक पूरा अध्याय उन पर होने के बाद वे रुक जाते हैं और कहीं-कहीं गौण रूप में आकर गायब हो जाते हैं। उदाहरणार्थ पुलिस सुपरिन्टैन्डैन्ट और उसके बंगले का इतना सुन्दर और विस्तृत चित्रण हुआ है कि आशा जागती है कि यह पात्र आगे प्रमुख भूमिका निभाएगा और यह बंगला प्रमुख घटना स्थल बनेगा... लेकिन आगे ऐसा कुछ नहीं होता तो पाठक को लगता है कि इतने पृष्ठ क्यों जाया किये गये।

इन दोनों दृष्टियों से पुनर्गठित करने पर यह इस दशक की एक बहुत महत्त्वपूर्ण कृति होगी।

रहा धर्मयुग का प्रश्न। तीन बातें–एक तो 200 टाइप पृष्ठों से बड़ा उपन्यास हम नहीं लेते, क्योंकि 20 किश्तों से अधिक नहीं दे सकते। दूसरे समलैंगिक यौनाचार्य के प्रसंग, जो व्यक्तिगत रूप से मैं उपन्यास का आवश्यक अंश मानता हूँ, धर्मयुग की सीमा से बाहर हैं। तीसरे वर्तमान सैंसर-प्रतिबंधों में जब वह कहानी ही नहीं छप पायी तो यह तो काफ़ी विध्वंसात्मक है...

लेकिन मेरा एक सुझाव है कि जब यह पुस्तक रूप में प्रकाशित होने को हो तब दो-तीन अंश, तीन-चार अंकों में चुनकर हम छापना चाहेंगे और उसी में प्रकाशन का उल्लेख कर देंगे। बहरहाल इस समय पुनः वह भयभीत बच्चा, उसका सूना घर और अँधेरे में डूबी वह शिला मन पर भारी छायी हुई है...

11.08.95

आपका

भारती

(सन्दर्भ : उपन्यास 'लाल पीली ज़मीन')

5

धर्मयुग

प्रिय भाई,

दोनों पत्र यथासमय मिल गये थे। इधर बहुत व्यस्तता रही। छुट्टी पर भी रहा।

'लाल पीली ज़मीन' उपन्यास आप संक्षिप्त कर पूरा छपाएँ, इसका एक पक्ष है जिस पर विचार कर लें। मेरा अनुभव यही है कि इससे मूल कृति की इमेज बिगड़ती है। यशपाल और शिवप्रसाद सिंह के उपन्यासों के साथ यही दुर्घटना हुई। इसके बजाय हृदयेश या नागर जी के उपन्यास के केवल दो-तीन अंश छपे और उसके बाद ही उनके पूरे उपन्यास प्रकाशित हुए, उससे उन कृतियों के प्रति कुतूहल जगा और 'इमेज' वही बनी जो कृतियों से अभीष्ट थी। अत: मैं तो इसी नतीजे पर पहुँचा हूँ कि लघु उपन्यास पूरे यथावत छापे जाएँ और बड़े महत्त्वपूर्ण उपन्यासों के दो-तीन अंश।

आप लिखें कि आप इस बात से सहमत हैं या नहीं। यूँ मैं इस उपन्यास के प्रति बहुत आशान्वित हूँ। यदि एडिटिंग ठीक हुई है तो यह इस वर्ष की सबसे महत्त्वपूर्ण कृति होगी।

सस्नेह,

5.2.76

धर्मवीर भारती

6

बम्बई

22.1.79

परम प्रिय भाई,

जब से उपहार अंक प्रकाशित हुआ है, शायद ही कोई शाम ऐसी हो जब घरेलू पार्टियों में, समारोहों में, नाट्य प्रदर्शनों में या बाज़ार में किसी न किसी परिचित ने रोक कर उपहार अंक के लिए बधाई देते हुए गोविन्द मिश्र की कहानी पर विशेष बधाई न दी हो। इस कहानी का ज़िक्र करते ही उनके चेहरे पर एक आतंक-प्रशंसा

का भाव आता है और बदले हुए स्वर में हर व्यक्ति कहता है कि इस कहानी ने उसे झकझोर दिया अन्दर तक।

उपहार अंक पर जितने भी पाठकों के पत्र आए हैं, लगभग 90 प्रतिशत पत्रों में इस कहानी का विशेष उल्लेख है। आपको भेज रहा हूँ। नव वर्ष का इससे बेहतर उपहार आपको क्या हो सकता है।

आपसे सहमत हूँ कि स्ट्रिपटीज की जगह 'तू नंगी हो जा' ही ज़्यादा सशक्त अभिव्यक्ति है। मैंने इस वाक्यांश को ऐसा ही रखा था लेकिन विभाग को थोड़ी हिचक थी। 'धर्मयुग' की कैबिनेट में बेचारे प्रधानमंत्री को कैबिनेट की राय सरमाथे लेनी ही होती है। लेकिन कुल मिलाकर पाठक की प्रतिक्रियाओं से नहीं लगा कि इस संषोधन से कहानी के समवेत प्रभाव की कोई क्षति नहीं हुई।

अब अगली कहानी का इंतज़ार है।

सस्नेह,

धर्मवीर भारती

(सन्दर्भ : गो.मि. की कहानी-'ख़ुद के ख़िलाफ़')

7

धर्मयुग

प्रिय भाई,

कहानी मिली। जब से बाँदा की सती सावित्री का क़िस्सा पढ़ा था तभी से मन बहुत उद्विग्न था। आपने जिस तरह इस थीम को उठाया और उसका निर्वाह किया उसके लिए बधाई।

हर वर्ष हम लोग उपहार अंक दिसम्बर के आख़िरी हफ़्ते में निर्देशित करते थे। इस बार उस अंक में तो चुनाव चर्चा की भरमार रहेगी लेकिन योजना बना रहे हैं कि जनवरी के पहले सप्ताह का अंक नववर्षांक हो विशिष्ट कहानियाँ विशेषांक। उसी में शान से यह छपेगी।

श्री कृष्णकान्त मिश्र आये थे। उनके लिए डॉ. जयरमन से कह दिया था।

9.11.79

सस्नेह,

धर्मवीर भारती

(सन्दर्भ : गो.मि. की कहानी 'ज्वालामुखी')

8

28.12.87

प्रिय भाई,

पुस्तक 'पगला बाबा' मिली। धन्यवाद।

एक-दो कहानियाँ पढ़ी हुई लगीं। बाकी पढ़ता हूँ।

इतना कल लिखा था। अब सब पढ़ डालीं। सबसे गठी हुई पैनी कहानी लगी- 'अर्द्धवृत्त'। सबसे ज़्यादा झकझोर गयी-'एक बूँद उलझी'। बहुत बधाईयाँ।

मैं कान्हा के जंगलों में कुछ वक़्त गुज़ार आया। बड़ी अद्‌भुत जगह है। जरा सर्दियाँ कम हों तो फिर बाहर चल दूँ। बरसों से इनके लिए तरस गया था। जंगल की मोर, चिड़ियाँ, सूर्यास्त, अनजाने लोग, देहाती रास्ते, पतझड़ से झरी पत्तियों के ढेर, फूलों पर चमकती ओस, नम घास, छोटी नदियाँ, बैलगाड़ी के बैलों की घंटियाँ- अब सबसे मुलाकात हो रही है।

नये वर्ष की अग्रिम शुभकामनाएँ।

सस्नेह,

धर्मवीर भारती

9

22.05.92

प्रिय भाई,

मेरी और पुष्पा जी की हार्दिक बधाई स्वीकारें। बरसों-बरसों बाद हिन्दी में इतनी सशक्त, इतनी झकझोरने वाली कहानी पढ़ी ('युद्ध')। इधर पिछली बीमारी के बाद किसी भी भावनात्मकता से हृदय बुरी तरह पलपिरेट करने लगता है। कहानी इतनी हिलाने वाली थी कि कई बार रुक कर साँस को आराम देना पड़ा। पर धन्यवाद आपको कि अन्त में एक नरम स्पर्श देकर आपने सब कुछ सम्हाल लिया।

ईश्वर करे ऐसा ही खूब लिखें, लिखते रहें।

सस्नेह,

धर्मवीर भारती

(सन्दर्भ : गो.मि. की कहानी 'युद्ध')

भीष्म साहनी

1

रश्मि

हिन्दी पत्रिका

दिल्ली कॉलेज (दिल्ली विश्वविद्यालय),

अजमेरी गेट, दिल्ली-6

8.8.74

प्रिय भाई गोविन्द मिश्र जी,

आशा है सपरिवार कुशल से होंगे।

हमारे यहाँ एक संकलन तैयार करने की योजना है। कुछेक उपन्यासों पर दो-दो लेख उस संकलन में दिये जायेंगे, एक लेख स्वयं लेखक द्वारा, और दूसरा किसी प्रतिष्ठित आलोचक अथवा लेखक द्वारा उसी उपन्यास पर लिखा जायेगा।

आपका उपन्यास 'वह अपना चेहरा' इस संकलन के लिए चुना गया है। कृपया अपना लेख जिसमें रचना-प्रक्रिया से सम्बन्धित आपके अनुभव संस्मरण, पात्रों के चयन के बारे में आपकी दृष्टि तथा अन्य तथ्य शामिल हों, लिख भेजिये। लेख 2500/3000 शब्दों तक का हो तो सुविधा रहेगी।

सस्नेह,

आपका,

भीष्म साहनी

2

8/30, ईस्ट पटेल नगर,
नई दिल्ली-110008
08.02.90

मान्य भाई गोविन्द मिश्र जी,

आपने याद किया, तहेदिल से मश्कूर हूँ। आपका पत्र पाकर बड़ा अच्छा लगा। पहले तो कभी-कभी गाहे-गाहे मुलाकात हो जाती थी, पर अव लगता है, वे दिन बीत गये हैं। आपकी गतिविधि की जानकारी यदा-कदा आपकी रचनाओं से ही मिलती रहती है।

'मय्यादास की माड़ी' के बारे में आपकी उत्साहवर्द्धक प्रतिक्रिया ने सचमुच मेरा हौंसला बढ़ा दिया है। आपकी पसन्द मेरे लिए बड़ा महत्त्व रखती है, यों, रेलगाड़ी के सफ़र में आप उस पुस्तक को ले आये, यह मेरे लिए बड़े जोखिम की बात भी हो सकती थी, क्योंकि रेल-सफ़र में पढ़ते हुए पुस्तक पसन्द न आये तो मुसाफ़िर बेझिझक उसे खिड़की से बाहर फेंक देता है, मैंने ऐसा होते देखा है, मेरी पुस्तक बच गयी, यह भी मेरे लिए एक सनद बराबर है।

'आन्दोलनबाज़ों' के प्रति आपकी चिढ़ को मैं समझ सकता हूँ, और मूलतः आपसे सहमत भी हूँ। अगर कहानी खुद नहीं बोल सकती तो नारेबाज़ी की बैसाखियों पर उसे खड़ा भी नहीं किया जा सकता, बार-बार औंधे मुँह गिरेगी।

इन दिनों क्या लिख रहे हैं? और दिल्ली लौटकर कब आयेंगे? अगर बम्बई जाने का मुझे मौका मिला तो ज़रूर मिलूँगा और कुछ समय आपके साथ बिताना चाहूँगा। ऐसी अन्तरंग बैठकें मुझे बहुत भाती हैं, पर मैं इनसे बहुत कुछ वंचित भी रहा हूँ। मैं अभी से कल्पना करने लगा हूँ कि समुद्र की लहरों के धीमे-धीमे शोर के बीच हम एक दूसरे के साथ बतिया रहे होंगे। कैसा अच्छा लगेगा।

आशा है स्वस्थ तथा सकुशल होंगे।

सप्रेम,

भीष्म साहनी

(सन्दर्भ : भीष्म साहनी का उपन्यास 'मय्यादास की माड़ी')

निर्मल वर्मा

म.प्र. कला परिषद,
टैगोर मार्ग, भोपाल
4.7.1981
प्रिय गोविन्द,

बहुत दिनों से तुम्हें पत्र लिखना चाहता था, किन्तु बीच में बीमार पड़ गया। दिल्ली भी कुछ दिनों के लिए आया था, जून के शुरू में, किन्तु स्वास्थ्य इतना ढीला था कि किसी से मिलना-जुलना सम्भव न हो सका।

अब ठीक हूँ और यहाँ के अजनबी वातावरण का थोड़ा-बहुत आदी हो चला हूँ। भोपाल में रहने के कारण, अशोक के आग्रह पर, थोड़ा-बहुत 'पूर्वग्रह' का काम भी देख लेता हूँ। हमने पूर्वग्रह का एक ऐसा विशेषांक निकालने की योजना बनायी है, जो समकालीन भारतीय उपन्यास की समस्याओं पर केन्द्रित हो। मैं बहुत चाहता हूँ तुम इसके लिए न केवल एक लेख लिखो, बल्कि अपनी मनचाही पुस्तक पर समीक्षा भी भेजो। जहाँ तक लेख के विषय का प्रश्न है, तुम्हारे लिए मेरा एक सुझाव है। हिन्दी में कहानी उपन्यास की अपेक्षा अधिक समर्थ और प्रौढ़ विधा साबित हुई है, इसका क्या कारण है? तुमने अच्छी कहानियाँ और उपन्यास दोनों ही लिखे हैं, इसलिए इस विषय पर तुमसे बेहतर शायद कोई दूसरा लेखक विचार नहीं कर सकता। तुम इस प्रश्न को बिल्कुल नये कोण से डील कर सकते हो। आशा है, अवश्य लिखोगे और मुझे निराश नहीं करोगे। यदि तुम्हारा लेख और समीक्षा जुलाई के अन्त तक मिल सके, तो बहुत सुविधा रहेगी।

इसी अंक के लिए मैंने राजी सेठ को एक पत्र भेजा था, जिसमें उनसे प्रार्थना की थी कि वह 'हुज़ूर दरबार' पर एक लम्बा समीक्षात्मक लेख भेजें। अभी तक उनका कोई उत्तर नहीं आया-शायद वह दिल्ली में नहीं हैं। यदि वह लौट आयी हों, तो क्या तुम उन्हें मेरे पत्र का हवाला देते हुए समीक्षा लिखने के लिए रिमाइन्ड करा सकते हो?

और तुम कैसे हो-आजकल क्या लिख रहे हो? क्या कभी भोपाल आने का प्रोग्राम नहीं बना सकते?

पत्र का उत्तर शीघ्र देना। मैं यह पत्र तुम्हें तुम्हारे पुराने पते पर भेज रहा हूँ—नये मकान का नम्बर याद नहीं। आशा है, तुम्हें मिल पाएगा।

तुम्हारा,
निर्मल

2

पूर्वग्रह
22.7.1981
प्रिय गोविन्द,

आज ही तुम्हारा पत्र मिला। मैं जानता हूँ कि तुम इन दिनों कितने व्यस्त हो, किन्तु 'पूर्वग्रह' के उपन्यास विशेषांक के लिए मैंने जो विषय तुम्हें सुझाया था उस पर तुमसे बेहतर कोई और नहीं लिख सकता। इसलिए तुम्हें वो लिख भेजना ही है। आशा है इंकार नहीं करोगे। समय थोड़ा नहीं है, यदि तुम अपना लेख 10-15 अगस्त तक भी भेज सको तो ठीक रहेगा।

तुम अपने प्रोजेक्ट के सिलसिले में मध्यप्रदेश के आदिवासी क्षेत्रों में जाना चाहते हो, यह जानकर काफ़ी ख़ुशी हुई। मुझे नहीं मालूम इस सिलसिले में मध्यप्रदेश सरकार या कला परिषद् तुम्हारी कैसी मदद कर सकती है लेकिन मैं अशोक से इस विषय पर बात करने के बाद तुम्हें कुछ निश्चित रूप से लिखूँगा।

मैं आजकल थोड़ा-बहुत 'पूर्वग्रह' का काम सँभालने की कोशिश कर रहा हूँ। निराला सृजनपीठ की ओर से भी परसों एक गोष्ठी हो रही है जिसमें राजेश जोशी अपना एक नाटक पढ़ेंगे। आजकल डॉम मोरेस भी यहाँ हैं। उनसे कभी-कभार मुलाकात हो जाती है। एक शाम वे भी अपनी कविता पढ़ रहे हैं। यदि तुम समय निकालकर कुछ दिनों के लिए भोपाल आ सको तो बहुत ही अच्छा रहेगा। राजी सेठ का एक पत्र आया था। लगता है इन दिनों उनके घर में काफ़ी लोग अस्वस्थ हैं। कुछ अन्य व्यस्तताओं की ओर भी उन्होंने संकेत किया था, लेकिन तुम्हारी पुस्तक पर आलोचना लिखने का वायदा किया है। यदि तुम उन्हें फ़ोन पर दुबारा याद दिला सको तो आभारी रहूँगा।

और क्या हाल हैं?

तुम्हारा,
निर्मल

3

पूर्वग्रह

3.9.1981

प्रिय गोविन्द,

तुम्हारा लेख समय पर मिल गया, धन्यवाद। लेख साफ़-सुथरी दोटूक शैली में लिखा गया है, जो मुझे पसन्द है। हालाँकि कई चीज़ों के बारे में बहस हो सकती है। दिल्ली आने पर इस विषय के सम्बन्ध में तुमसे लम्बी बातचीत होगी।

लेख में कई शब्दों के बारे में मुझे संदेह था, क्योंकि मैं उन्हें ठीक से नहीं पढ़ पाया, फिर भी अपनी अटकल से मैंने तुम्हारे शब्दों को ही रखने की कोशिश की है। दो स्थानों पर जहाँ मैं कुछ तय नहीं कर सका, वहाँ मार्जिन पर प्रश्नचिन्ह लगा दिया है। कृपया जल्द ही उनका स्पष्टीकरण भेज दो। लेख की एक टंकित प्रति तुम्हें भिजवा रहा हूँ।

तुम्हारी ट्रेनिंग कब तक चलेगी। क्या निकट भविष्य में भोपाल आने का कोई मौका निकल सकता है। आशा है परिवार के सब लोग सानन्द होंगे।

लेख का शीर्षक बदल दिया है-आशा है तुम्हें आपत्ति नहीं होगी।

तुम्हारा,

निर्मल

(सन्दर्भ : गो.मि. का लेख- 'हिन्दी उपन्यास: जातीय सन्दर्भ और संभावनाएँ')

4

पूर्वग्रह

17.10.1981

प्रिय गोविन्द,

तुम्हारा पत्र मिला। मैं तुम्हें जल्दी उत्तर नहीं दे सका, क्योंकि मैं समझा था कि तुम्हें पता चल गया होगा कि तुम्हारे लेख को—जैसा तुमने उसे सुधार कर भेजा था—वैसा ही संशोधित रूप में हम उसे पूर्वग्रह के उपन्यास विशेषांक में दे रहे हैं। पूर्वग्रह का यह अंक कुछ कारणों से टलता गया किन्तु नवम्बर के पहले सप्ताह तक अवश्य ही वह तुम्हारे हाथों में होगा।

मैं तीन-चार दिनों के लिए दिल्ली गया था, किन्तु वहाँ कुछ इतना अधिक व्यस्त हो जाना पड़ा कि तुमसे सम्पर्क नहीं हो सका। अब दिवाली की छुट्टियों में यदि आना हुआ तो तुमसे अवश्य मुलाकात होगी।

आजकल क्या लिख रहे हो। तुमने जो मध्यप्रदेश के आदिवासियों के इलाकों में दौरा करने का प्रोग्राम बनाया था उसका क्या हुआ?

आशा है घर में सब ठीक होंगे।

तुम्हारा,

निर्मल

5

निराला सृजनपीठ

6.1.1982

प्रिय गोविन्द,

तुम्हारा पत्र कई दिन पहले मिला था। मैंने सोचा कि उपन्यास विशेषांक के प्रकाशन हो जाने पर ही तुम्हें लिखूँ। आशा है तुम्हें अंक मिल गया होगा। तुम्हारी प्रतिक्रिया जानना चाहूँगा। यदि अंक अभी तक नहीं मिला हो तो तुरन्त मुझे लिखो। मैं भिजवा दूँगा।

इस बीच मैं दिल्ली गया था, किन्तु वहाँ बहुत कम दिन रहना हो सका और जितने दिन रहा, कुछ ऐसे व्यर्थ के झमेलों में उलझा रहा कि तुमसे सम्पर्क नहीं बन सका। हमारा टेलीफ़ोन भी खराब था जिसके कारण तुमसे फ़ोन पर भी बातचीत न हो सकी।

पिछले पत्र में तुमने लिखा था कि तुम एक कहानी लिख रहे हो, क्या पूरी हो गयी? और कैसी बीत रही है? क्या सुधीर कभी-कभी मिलता रहता है? मैंने भी एक कहानी मुकम्मिल की है, किन्तु उससे अधिक सन्तुष्ट नहीं हूँ। पूर्वग्रह के उपन्यास विशेषांक में मेरा भी एक लेख जा रहा है, पढ़कर अपनी राय लिखना।

तुम सबको नये वर्ष की शुभकामनाएँ।

तुम्हारा,

निर्मल

6

निराला सृजनपीठ

11.11.1982

प्रिय गोविन्द,

तुम्हारा पत्र मिला। यह जानकर ख़ुशी हुई कि अब तुम्हें 'पूर्वग्रह' नियमित रूप से मिलने लगा है। मैंने 'पूर्वग्रह' के दफ़्तर को तुम्हारा बम्बई का नया पता दे दिया था।

'ज्ञानपीठ' की गोष्ठी में शामिल न हो सका, इसका दुःख है। गोष्ठी कैसी रही, विस्तार से सब लिखना? कुछ हफ़्ते पहले 'धर्मयुग' में तुम्हारा अपने कस्बे के बारे में रिपोर्ताज पढ़ा था जो मुझे बहुत अच्छा लगा। तुम्हारी जो नयी कहानी 'धर्मयुग' में आई है, अभी उसे नहीं देख सका हूँ, जल्दी ही पढ़ूँगा।

बम्बई का नया वातावरण कैसा लग रहा है? क्या भारती जी से भेंट होती है? इधर क्या कोई नया उपन्यास शुरू किया है? मैं इन दिनों एक लम्बी कहानी लिख रहा हूँ, जो द्रौपदी के चीर की तरह ख़त्म ही होने में नहीं आती। देखो, उसका क्या हश्र होता है। ष्

आशा है जल्दी ही पत्र भेजोगे।

तुम्हारा,
निर्मल

7

14 ए/20, डब्ल्यु.ई.ए.,
नई दिल्ली-3
26.10.1988

प्रिय गोविन्द,

पत्र मिला। कुछ दिन पहले तुम्हारा नया उपन्यास 'धीर-समीरे' भी प्राप्त हुआ था। प्रकाशक ने कृपापूर्वक उसे मुझे भिजवा दिया था। तुम्हारे उपन्यास को देखकर प्रसन्न होना बहुत स्वाभाविक था। बहुत दिनों से तुम्हारी कोई 'बड़ी चीज़' पढ़ने की लालसा थी। मैं एक सप्ताह के लिए एक सेमिनार में भाग लेने केरल जा रहा हूँ- लौटकर उसे पढ़ना शुरू करूँगा-और अपनी प्रतिक्रिया (Whatover Worth) तुम्हें भेजूँगा।

चन्द्रकान्त से दिल्ली में भेंट हुई थी। उन्होंने बहुत स्नेह से बम्बई आने का आमंत्रण भी दिया था किन्तु अगले कुछ महीनों में मैं अपने अपूर्ण वादों को पूरा करने की कोशिश में लगा रहूँगा, कि कहीं भी बाहर जाना सम्भव नहीं दीखता। देखो तुम सबसे मिलने का सौभाग्य कब मिलता है।

'सूखा' पर जो कुछ लिखा जा रहा है, मुझे उतनी पीड़ा नहीं देता जितना एक अजीब क़िस्म का आश्चर्य होता है। कभी-कभी समझ में नहीं आता कि वह मेरी कहानी है जिस पर इतनी बहस हो रही है या उसे सिर्फ़ एक बहाना बनाया जा रहा है, मेरे माध्यम से कोई बहुत पुराना संचित आक्रोश प्रकट करने के लिए। कुछ भी हो, अपने लिखे के प्रति तटस्थ होना भी शायद एक तरह का ज्ञान अनुभव है जो हमें देर सवेर सीखना पड़ता है।

आशा है तुम स्वस्थ होगे। अपनी पत्नी को मेरी शुभकामनाएँ देना। कभी खान मार्केट से आते हुए तुम्हारा पुराना फ्लैट (रवीन्द्रनगर) दिखाई दे जाता है और तब मुझे वे सब सुखद शामें याद आने लगती हैं जो मैंने तुम्हारे साथ बितायी थीं, जब तुम दिल्ली में थे।

बच्चे ठीक होंगे।

सस्नेह,
निर्मल

8

14 ए/20 डब्ल्यु.ई.ए.
नई दिल्ली
20.2.89

प्रिय गोविन्द,

इतने दिनों बाद तुम्हारा पत्र पाकर बहुत ख़ुशी हुई। पिछले कई दिनों से मैं तुम्हें लिखने की सोच रहा था- और इधर तुम्हारा नया उपन्यास 'धीर समीरे' पढ़कर यह इच्छा और भी बलवती हो गयी थी। मुझे तुम्हारा उपन्यास जगह-जगह पर उद्वेलित करता रहा। एक तरह से यात्रा का चिरन्तन प्रवाह उपन्यास की कथा धारा का पौट तैयार करता जाता है जिसमें हर पात्र का अतीत धीरे-धीरे हर 'पड़ाव' पर उद्घाटित होता है।

तुमने बड़ी सूक्ष्म दृष्टियों से विभिन्न नियतियों के जीवन-चित्र सम्प्रेषित किए हैं जिसमें भारतीय संस्कृति के बिम्ब, स्मृति-संकेत और पौराणिक गाथाएँ सहज रूप से अन्तर्गुम्फित हो जाते हैं। उनके प्रति तुम्हारा लगाव यदि इतनी गहन संवेदना के साथ न अन्तर्निहित होता तो सारी चीज़ काफ़ी अमूर्त और वायावी-सी जान पड़ती, लेकिन तुम छद्म बौद्धिक भारतीयता से बचकर सहज रूप से भारतीय मन (यदि ऐसी कोई चीज़ है) के टैक्सचर के ताने-बाने को रेखांकित करने में सफल हुए हो। कुछ चीज़े जो खटकीं, मैं यहाँ उनकी चर्चा नहीं करूँगा...लेकिन पूरा उपन्यास पढ़कर लगा कि 'लाल पीली ज़मीन' के बाद तुमने एक बिल्कुल नयी ज़मीन की यात्रा की है और उसकी रिपोर्ट अपने उपन्यास में हमें दी है।

कभी-कभी तुम पर ईर्ष्या होती है कि नौकरी और परिवार की व्यस्तताओं के बावजूद तुम बराबर इतनी निष्ठा से लिखते रहते हो...वह भी आधुनिक 'फैशनों' से मुक्त होकर, जो आज के युग में (विशेषकर हिन्दी के लेखक समाज में) कम ही लोग कर पाते हैं।

कुछ दिन पहले तेजी अपने काम से दिल्ली आयी थीं। उसका स्वास्थ्य ठीक नहीं था, दो-तीन दिनों के लिए अपनी माँ से मिलने अमृतसर भी गयी थीं। उनसे

तुम्हारी और तुम्हारे उपन्यास की चर्चा होती रही। अब वह 'किशोर भारती' लौट गयी हैं। कह रही थीं कि हमें कभी एक साथ पचमढ़ी आना चाहिए। तुम्हारे पत्र को पढ़कर वहाँ जाने का प्रलोभन और भी अधिक तीव्र हो उठा, देखो कब मौका मिलता है?

आशा है तुम और परिवार के सदस्य सब कुशल होंगे।

सस्नेह तुम्हारा
निर्मल

9

दिल्ली

2 अक्तूबर, 98

प्रिय गोविन्द,

तुम्हारा पत्र पाकर हमेशा की तरह प्रसन्नता हुई। तुम्हारा उपन्यास आ रहा है- बधाई। कब पढ़ने को मिलेगा? दुर्भाग्यवश इस समय मेरे पास ऐसी कोई रचना नहीं है जो तुम्हें 'अक्षरा' के लिए भेज सकूँ। कभी कोई कहानी पूरी करूँगा, तो अवश्य भेजूँगा।

एक निवेदन है: 'अक्षरा' के एक अंक में 'धर्म निरपेक्षता' पर मेरा लेख दिया था, क्या मुझे उसकी एक प्रति भिजवा सकते हों। वह लेख मैं आगामी संकलन में देना चाहता हूँ किन्तु वह मुझे कहीं अपने काग़ज़ों में नहीं मिल पा रहा है। जल्दी भेज सको तो आभारी रहूँगा।

सुधीर अब इसी परिसर के अन्दर ही नये फ्लैट में आ गये हैं। वह अक्तूबर के माह में हिन्दी साहित्य परिषद् की एक गोष्ठी में भाग लेने आ रहे हैं- तब तुम उनसे मिलोगे ही।

आशा है, परिवार में सब सकुशल हैं।

सस्नेह
तुम्हारा,
निर्मल

पुनश्च: क्या तुम मेरा नया उपन्यास 'अन्तिम अरण्य' देख पाए?

श्रीलाल शुक्ल

1

बी-2251,
इन्दिरा नगर, लखनऊ-226016
11.5'85

प्रियवर,

आप भी क्या सोचते होंगे कि कैसे लीचड़ से पाला पड़ा है। आपका कार्ड और 'तुम्हारी रोशनी में' की प्रति समय से मिल गयी थी। उत्तर का अवसर आज मिला है- 'गृह कारण नाना जंजाला' के कारण विलम्ब हुआ, क्षमतब्योऽहम।

हर लेखक के पूर्व कृतित्व के कारण एक पूर्वाग्रह बन जाता है। इसी से 'लाल पीली ज़मीन' और 'हुज़ूर दरबार' के लेखक का यह नया उपन्यास एकदम उतना उत्साहित नहीं कर कर पाया जितना कि उसकी हर नयी कृति को करना चाहिए था। कुछ यह भी है कि इसमें आपने उपन्यासों के एक ऐसे जेनर को पकड़ा है जिस पर अनेक सुप्रसिद्ध कृतियाँ इस शताब्दी में आ चुकी हैं। फिर भी, मानव स्वभाव को उसके तत्त्व में पकड़ने की आपकी पैनी प्रवृत्ति हर जगह उसमें दिखती है और उपन्यास में वह आडम्बरमुक्त सहज पठनीयता तो है ही जिसकी आपका पाठक आपसे हमेशा अपेक्षा करता है। फिलवक़्त, बस इतना।

वैसे तो वायदा हमेशा करता रहा हूँ पर अब सचमुच ही बम्बई आऊँगा, जून-जुलाई में; 'राग दरबारी' का टी.वी. सीरियल में भर्ता बनने जा रहा है। उसी प्रसंग में दो-एक बार जाना होगा। पहले से सूचित करूँगा।

आशा है, सपरिवार, सानन्द हैं।

श्री. मिश्र को नमस्कार।

शेष मिलने पर।
आपका,
श्रीलाल

2

बी-2251,

इन्दिरा नगर, लखनऊ-226016

22.6'92

प्रिय भाई गोविन्द जी,

पिछला पत्र मिला होगा।

'आसमान कितना नीला' की प्रति मिली। इस नये प्रकाशन के लिए हार्दिक बधाई। कुछ कहानियाँ पहले पढ़ चुका था, पर संग्रह में-एक ख़ास सघनता के वातावरण में- वे ज़्यादा अच्छी लगीं। 'यों ही ख़त्म' तो बाक़ायदा क्लासिक है। 'धुंधलका' भी बहुत उम्दा है। और 'आकरा माला' लाजवाब है।

शुभकामनाएँ।

सप्रेम

श्रीलाल शुक्ल

3

बी-2251,

इन्दिरा नगर, लखनऊ-226016

21.7'97

प्रिय भाई,

पत्र मिला। इसका मतलब यह कि भोपाल आना पड़ेगा। एक क्षीण आशा थी कि 60 वर्ष की अवकाश प्राप्ति के बहाने कुछ दिन और दिल्ली में आपसे मिलना होता रहेगा। बहरहाल...।

आपके जैसे 'काजल की कोठरी वाले महकमे' में इतना आदर्श कार्यकाल बिताकर निकलने के लिए मैं आप पर स्वयं कितना गर्वित अनुभव करता हूँ, इसे

व्यक्त करना कठिन है। मेरे सहपाठियों में शारदा प्रसाद पाण्डेय, सुधाकर द्विवेदी आदि भी इसी कोटि में आते हैं, पर कॅरियर-वाइज़-सारी निःस्पृहता के बावजूद-आप जहाँ तक पहुँचे, वह एक दुर्लभ तथ्य है। इतने स्पष्ट मुग्ध-भाव के लिए मुझे क्षमा करेंगे, पर उत्तम लेखक होना उतनी बड़ी बात नहीं है-आप और श्री॰ मिश्र जितने उत्तम व्यक्ति हैं, उन्हें जानना भी आपके मित्र-समुदाय के लिए एक उपलब्धि जैसा है। मेरी समस्त शुभकामनाएँ। आशा है शीघ्र ही मिलेंगे।

सप्रेम,

श्रीलाल शुक्ल

(सन्दर्भ : गो.मि. की आयकर विभाग की नौकरी से अवकाश-प्राप्ति)

4

बी-2251,

इन्दिरा नगर, लखनऊ-226016

16.10.2000

प्रिय भाई,

'अक्षरा' के लिए रचना सम्बन्धी पत्र मिला। कुछ न कुछ ज़रूर लिखूँगा। पर इस समय रचनात्मक स्रोत सूखे हैं। थोड़ी प्रतीक्षा और कर लें।

'फूल इमारतें और बन्दर' की प्रति मिली। पुस्तक के नाम को छोड़कर इसकी हर चीज़-सरकारी ज़बान में-उत्कृष्ट (आउटस्टैंडिंग) है। पुस्तक मिलते ही 24 घण्टे में पढ़ गया। उन्नीसवीं सदी की प्रकृतिवादी शैली और लेखकीय मोरलिजिंग भी यहाँ खटकती नहीं, क्योंकि इसका पूरा तन्त्र क्लासिकल है। अभी तुरन्त नहीं पर कभी आराम से लिखूँगा।

यथार्थ का ऐसा भयावह इतिवृत्त-दिल्ली की बन्दर भरी इमारतों का-भारतीय साहित्य में शायद पहला है। यह भी कि आत्मकथा, संस्मरण, कथा और अख़बारियत-इन सबसे मिलकर यह सबको अवक्रमित कर गया है। हार्दिक बधाई।

श्री. मिश्र को सप्रेम नमस्कार।

सप्रेम,

श्रीलाल शुक्ल

5

बी-2251,
इन्दिरा नगर, लखनऊ-226016
4.11.2000

प्रिय भाई,

कहीं मेरा पोस्टकार्ड तो नहीं पहुँचा आप तक? उसकी जगह यह पत्र भेजना चाहा था।

'फूल...इमारतें और बन्दर'-शीर्षक को छोड़कर निर्विवाद रूप से उत्कृष्ट है। आपके लेखन का (अब तक) यह चरम बिन्दु है। बधाई। शीर्षक से आपत्ति इसलिए कि पूरे उपन्यास का तन्त्र क्लासिकी है-प्रकृतिवादी वर्णन, विवरण और कहीं-कहीं लेखकीय मोरलाइजिंग भी। उसके लिए कोई क्लासिकी शीर्षक ही मौजूं होता। बहरहाल...।

आपने कमाल किया है। अभी नहीं, पर साल-छः महीने में इस पर लिखूँगा। इस उपन्यास में आपने कथा, संस्मरण, आत्मकथा, जीवन आदि की पारम्परिक विधागत स्थितियों को अवक्रमित किया है। मैं अभिभूत हूँ। मेरी बधाई, शुभकामनाएँ।

अक्षरा के लिए लिखूँगा, पर तुरन्त नहीं।

श्री. मिश्र को नमस्कार।

सप्रेम,
श्रीलाल शुक्ल

6

बी-2251,
इन्दिरा नगर, लखनऊ-226016
29.5'03

प्रिय भाई,

कृपापत्र समय से मिल गया था। अच्छा हुआ, आप 'अक्षरा' से मुक्त हुए। अब आपके नये उपन्यास की प्रतीक्षा की जा सकती है-अपेक्षा भी।

लखनऊ में हिन्दी संस्थान निष्क्रिय है; मेरा उनसे कोई सम्बन्ध भी नहीं। अगले नवम्बर में 'कथाक्रम' के दौरान हम मिलने की आशा कर सकते हैं। वैसे, भोपाल आने का मेरे लिए कोई अवसर नहीं और हो भी तो मेरी यात्रा-भीरुता भी बाधक हो सकती है।

आशा है सानन्द हैं। श्री॰ मिश्र को नमस्कार।

'राग विराग' भेज रहा हूँ।

सप्रेम,
श्रीलाल शुक्ल

7

बी-2251,
इन्दिरा नगर, लखनऊ-226016
23.3'05

प्रिय भाई गोविन्द जी,

आते ही 'कोहरे में क़ैद रंग' पढ़ना शुरू किया, तभी याद आया कि एक बार सरसरी तौर से पढ़ चुका हूँ। इस बार क़ायदे से पढ़ा और लगा कि यह हिन्दी की 'अवश्य पठनीय' रचनाओं में है। आप पर थोड़ी खीझ भी हुई-इसलिए कि उपन्यास पूरा करने की जल्दी में कहीं-कहीं उम्दा उपन्यास बनाते-बनाते आपने उसे एक बहुत उम्दा उपन्यास की सामग्री भर बनाकर छोड़ दिया है।

काश, यह 350-400 पृष्ठ का उपन्यास होता! तब यह सम्भव होता कि बचपन और किशोरावस्था के 'मैं' का अनुभव संसार कुछ और सहजता से उसके उत्तरार्ध में 'इंटीग्रेट' होता और इतने वैविध्यपूर्ण और अधिसंख्य चरित्रों के साथ- जो अपने आपमें अत्यन्त विचलित करने वाले और कई अर्थों में अभूतपूर्व हैं हिन्दी साहित्य के लिए- कुछ ज़्यादा न्याय होता। वैसे भी जहाँ तीन-तीन पीढ़ियों का कथाचक्र है वहाँ आपको जितनी एलवो रूम की ज़रूरत थी उतनी जानबूझकर आपने अर्जित नहीं की। नाना, उर्फ़ बब्बा, सावित्री, यहाँ तक कि सविता तक ज़रा ज़्यादा स्पेस की माँग करते हैं; उसी तरह छोटे क़स्बे की बँधी हुई-स्टैग्नंट सोसायटी, जिसे आपने बड़ी संवेदनशीलता से पकड़ा है, कथा के स्तर पर ऐसा आकर्षक बिन्दु है जिसमें पाठक कुछ और देर अटकना चाहता है। दादा के देहान्त का प्रकरण अद्भुत है : दादा की मृत्यु और पिता की प्रतिक्रिया-सभी कुछ और ख़ुद 'मैं' का जुड़ाव! वास्तव में इस प्रसंग के तुरन्त बाद 'रेवा' का प्रसंग ही मुझे भटका देता है और लगता है कि अब हम दूसरे प्रकार के नरैटिव में प्रवेश कर रहे हैं। उपन्यास के आकार की आपको फ़िक्र न रहती तो इनके बीच के अन्तराल को भी कहीं ज़्यादा सेंसेटिव ट्रीटमेंट मिल सकता था, जो आप-और आप ही-बख़ूबी दे सकते थे। मुल्लू मामा का त्रासद प्रसंग और अजब की कथा तो अपने आप में एक अत्यन्त करुण उपन्यास की सामग्री है।

बहरहाल, आपने जो भी और जितना भी दिया है वह बहुत मूल्यवान है। कुछ अर्थों में प्रचलित नारीवादी लेखन से भिन्न होते हुए भी वह उस समाज की बहुत गहरी समझ व्यक्त करता है जिसमें आज भी सावित्री, सविता, सरस्वती और रेवा की दुर्घटनाएँ या घटना रहित त्रासदी देखने को मिलती है।

अन्त में टूटू मौसी का रिसटैक्शन कथा को कुछ ज़्यादा ही सलीक़े से उपसंहार में पहुँचाने की कोशिश है जो, मेरी दृष्टि में, उपन्यास की अनेक टूटी-फूटी ज़िंदगियों के लिए, और उनसे प्रभावित पाठक के लिए ज़्यादा सार्थकता नहीं रखती!

इस उम्दा उपन्यास के लिए मेरी हार्दिक बधाइयाँ। मैं समझता हूँ कि इसकी एक-एक प्रति मैत्रेयी पुष्पा और चित्रा मुद्गल को भी मिलनी चाहिए!

मेरे रिज़र्वेशन का वापसी में ठीक प्रबन्ध हो गया था। इस यात्रा पर निकलते समय जितनी भीरुता थी, यह उतनी ही स्फूर्तिपूर्ण सिद्ध हुई और आपके साथ की दोपहरी ने उसे एक विशेष सार्थकता दी!

समस्त शुभकामनाएँ,

सप्रेम,

श्रीलाल शुक्ल

रवीन्द्रनाथ त्यागी

मेरठ छावनी,

20 जुलाई 76

प्रिय भाई गोविन्द जी,

पत्र के लिए आभार। मैं खुद ही लिखने जा रहा था। बात यह रही कि मैंने रात ही आपका उपन्यास ('वह/अपना चेहरा') ख़त्म किया। बड़ी ख़ूबसूरत किताब लगी। उसमें आपका 'स्वाभाविक' और 'उन्मुक्त' व्यक्तित्व बेहद झलकता है। कथा 'और शिल्प में कसाव है। और उपमाएँ तो बेहद ताज़ी, स्पोन्टेनियस और इसटिंक्टव हैं। कहीं-कहीं तो कवि हो गए हैं जनाब!

कुछ पोर्षन तो बुरी तरह छू गए: वे हम सबकी कथा कहते हैं:

"मैं अपने सामने ही बड़ा भारी दिखावी और धोखेबाज़ निकला था: और हर कदम पर महसूस करते हुए भी उस धोखे में खुद को डालने का धोखा करता रहा... (पृ.-70)

"वह या तो अपना दुख छिपाता है या फिर इसलिए हँसता है कि कुछ किया नहीं जा सकता।" (पृ.-77)

"एक घेंचू क़िस्म का आदमी... सारा काम वही करता होगा।" (पृ.-80)

यह अन्तिम पोर्षन 'धूर्तजी' पर एकदम फ़िट बैठता है। पुस्तक का अन्त अचानक हो गया! सच, बहुत उम्दा लगी। मैं इसे एक श्रेष्ठ व्यंग कृति के रूप में अपने एक लम्बे लेख में मेंषन कर रहा हूँ।

हिन्दुस्तान टाइम्स में आपके बारे में पढ़ा था।

मकान अभी ऐसा ही मिला है। डिप्रेशन ज़रा ज़ोर पकड़ रहा है। कभी-कभी रो पड़ता हूँ। कितना अच्छा होता अगर मैं ज़िन्दगी से हार मान लेता!

बच्चों को प्यार। भाभी जी को प्रणाम। पिताजी को चरण स्पर्श।

कभी-कभी लिखते रहना-देश में रहो चाहे विदेश में।

हमेशा-हमेशा तुम्हारा

रवीन्द्रनाथ त्यागी

2

शमशेर हाउस,
1/1, गुरु तेगबहादुर रोड-2,
देहरादून (यू.पी.)-248001
7.3.95

प्रिय भाई गोविन्द जी,

आपके आदेश के अनुसार आपके प्रकाशक ने 'पाँच आँगनों वाला घर' भेज दिया था। आपका वर्तमान पता कल ही मिला। पत्र लिखने में देरी इसी कारण हुई।

आपकी यह पुस्तक सचमुच बहुत मार्मिक है। क्या कथ्य और क्या शिल्प-सभी दृष्टि में से यह आपकी सर्वश्रेष्ठ कृति है। सन्नी चाचा, कमलाबाई, गोवर्धन तो नायक व नायिका से भी आगे निकल गए हैं। इस श्रेष्ठ पुस्तक का हिन्दी जगत् यथोचित स्वागत करेगा-यही मेरी प्रार्थना है।

एक से ज़्यादा पीढ़ियों पर और भी कुछ उपन्यास पढ़े हैं, जैसे मैक्सिम गोर्की का 'तीन पीढ़ियाँ', आशापूर्णा देवी के तीन मोटे उपन्यास- 'प्रथम प्रतिश्रुति', 'स्वर्णलता', व 'बकुल कथा' इत्यादि। सबसे अद्‌भुत पुस्तक है 'दि हंग्री हिल', जिसमें पाँच पीढ़ियों की अद्‌भुत कथा है। यह पुस्तक डेफने ड्यु मोरियर की सर्वश्रेष्ठ कथा-कृति है...आपकी पुस्तक पढ़कर इन सबकी याद आ गई। बधाई।

बाकी आपका पत्र आने पर। अपना फ़ोन नम्बर लिखेंगे। रिटायर होने पर क्या पता होगा-यह तो यथासमय बताएँगे ही।

बच्चों को प्यार।

सदा आपका
रवीन्द्रनाथ त्यागी

3

शमशेर हाउस,

1/1, गुरु तेगबहादुर रोड-2,

देहरादून (यू.पी.)-248001

16.11.95

प्रिय भाई मिश्र जी,

कमलेश्वर के ख़िलाफ़ मैं कुछ नहीं लिख सकता। वह मेरा बी.ए. का सहपाठी है। वह जहाँ भी रहा, उसने मुझे सदा छापा। हाँ उससे मैं साफ़ कहता रहता हूँ कि "तुम एक उत्कृष्ट सम्पादक हो पर कथाकार के नाते कुछ भी नहीं"। वैसे आदमी वह बहुत ही बढ़िया है—बहुत ही बढ़िया।

मकान में बड़े स्केल पर मरम्मत/पुताई वगैरह चल रही है। 'मंटो विशेषांक' ढूँढ़ना कठिन होगा। और वह मोटी जिल्द में होगा—फ़ोटो स्टेट तो हो ही नहीं सकता।

'पाँच आँगनो वाला घर' पर (कम से कम) साहित्य अकादमी एवार्ड तो मिलना ही चाहिए था। मगर यह हिन्दी है। एवार्ड सिर्फ़ उसे मिलेंगे जिसे डॉ. नामवर सिंह चाहेंगे। मगर इस सबके बावजूद, अपना कर्त्तव्य तो करना ही है। राग, विराग, यात्रा...

भाभी जी को हम दोनों का करबद्ध प्रणाम।

सदा आपका :

रवीन्द्रनाथ त्यागी

4

जम्मू छावनी

9.11.98

प्रिय भाई गोविन्द जी,

आशा है आप सपरिवार स्वस्थ व सानन्द हैं। मैं भी बीमारी से किसी तरह निकल आया। 'कैंसर' के संदेह ने बीवी-बच्चों को बुरी तरह डरा दिया था। बहरहाल, अन्त भला तो सब भला।

आपकी सारी किताबें पढ़ डालीं। आपका स्वर, शैली, थीम- सब कुछ इतना अलग है कि अपने समकालीन कथाकारों में आपको अलग से पहचाना जा सकता है। मेरे विचार में यह स्वयं में ही एक विशिष्ट उपलब्धि है। मुझे पूरी आशा है कि आपकी साहित्य-साधना आपको अमर करेगी।

मेरा नया व्यंग संग्रह (यानी कि पच्चीसवीं किताब) प्रेस में है। सरस्वती विहार से छप रही है। एक और किताब बच्चों के लिए लिखी है: वह भी प्रेस में है। इधर डॉ. कमलकिशोर गोयनका मेरी प्रतिनिधि रचनाओं का एक संकलन तैयार कर रहे हैं। सारी प्रतिभा एक तरफ़, गुटबाजी एक तरफ़। अगर मैं भी ईमानदार 'गुट-मुक्त' होता तो विनोदचन्द्र पाण्डेय की भाँति उपेक्षित ही रहता। एक दो सौ रुपए की पुस्तक जगदीश चतुर्वेदी पर निकली है। मैं एक और पुस्तक में फँसा हूँ। वह पुस्तक भी दो सौ रुपए की है। पुस्तक है देवेन्द्र सत्यार्थी की आत्मकथा और नाम है नीलयाक्षिणी। काफ़ी रोचक किताब है। सत्यार्थी जी भी सारी उम्र घूमते रहे, भिक्षा माँगी, बिना टिकिट यात्रा की, दाढ़ी रखी और एक लाख से ऊपर ग्रामगीत एकत्रित किए। कितनी महान साधना है इस व्यक्ति की।

आज महाकवि पद्‌माकर को लेकर एक ललित रचना लिख रहा था कि आपका नाम रचनाओं में अनायास ही आ गया। पद्‌माकर भी बाँदा के ही थे। बुन्देलखण्ड के लोकगीत मेरे पास हैं। कभी समय मिला तो अमर कवि 'ईसुरी' पर कुछ काम करूँगा।

इन दिनों विद्यानिवास मिश्र के निबन्ध पढ़ रहा हूँ। कुबेरनाथ राय व विद्यानिवास मिश्र मेरे प्रिय निबन्धकार हैं। विवेकी राय- पता नहीं क्यों- कुछ ख़त्म से हो गए।

तुम उस दिन मेरे घर सपरिवार आए- यह बड़े ही आनन्द की बात रही। अपनी एक श्रेष्ठ पुस्तक आपको ज़रूर समर्पित करूँगा।

'रंग' से मिले बीस हज़ार रुपयों के पुरस्कार पर आयकर नहीं लगेगा। सरकार ने पूरी छूट दे दी।

बाकी ठीक है। अपनी पत्नी को हम दोनों का प्रणाम कहें। बच्चों को अमित स्नेह।

मेरे सेवा योग्य

आपका भाई

रवीन्द्रनाथ त्यागी

पी.एस.: इधर 'सारिका' में नियमित रूप से एक कौलम लिखने की बात चल रही है। प्रारंभ अगले वर्ष ही होगा। पत्र की प्राप्ति की सूचना ज़रूर दें।

5

शमशेर हाउस,
1/1, गुरु तेगबहादुर रोड-2,
देहरादून (यू.पी.)-248001
8.11.2000

प्रिय भाई गोविन्द जी,

आपका शानदार उपन्यास ('फूल, इमारतें और बन्दर') कल रात ख़त्म किया। क्या कथ्य और क्या शिल्प- दोनों ही दृष्टि से पुस्तक अद्वितीय है। पुस्तक का अन्त तो बेहद कलात्मक और मार्मिक है। जब केन्द्रीय सरकार का यह हाल है तो राज्यों की सरकारों का क्या हाल होगा- इसका अन्दाज़ा पाठक खुद लगा सकता है। मुझे अंग्रेज़ी की दो पुस्तकों के नाम याद आते हैं जो भिन्न पृष्ठभूमि में होते हुए भी, कुछ-कुछ ऐसा ही अनुभव कराते हैं। एक तो है- 'यस बौस' और दूसरी है- 'ऑल प्राइम मिनिस्टरर्स मैन'। हिन्दी में तो ऐसी किताब लिखी ही नहीं गई। मेरी हार्दिक बधाई स्वीकार करें...

पुस्तक का नाम ठीक नहीं है। मैं लेखक होता तो इसका नाम 'तिलिस्म' रखता। यह भी सोचता हूँ कि क्या यह पुस्तक उन लोगों को पसन्द आएगी जो केन्द्रीय सचिवालय के गलियारों में नहीं घूमे हैं। 'पाँच आँगनों वाला घर' का वातावरण दूसरा है जो हर आदमी का दिल हिलाता है। इस पुस्तक में वह घरेलूपन नहीं है।

बहरहाल आपके हीरो (श्री मोहन्ती) मुझसे ज़्यादा भाग्यशील निकले। मैं सुपरसीड भी हुआ और मुअत्तिल भी हुआ। पहली कृपा मेरे विभाग में ही हुई और दूसरी कृपा रक्षामंत्री चौ. बंसीलाल ने की। उन दिनों सचिव आई.सी.एस. होते थे जो कहीं ज़्यादा दबंग और न्यायशील होते थे। मंत्री जी को अपना आदेश वापिस लेना पड़ा।

फ़िलहाल इतना ही। भाभी जी को हम दोनों का करबद्ध प्रणाम।

आपका भक्त-अनुचर
रवीन्द्रनाथ त्यागी

शरद जोशी

इंडियन एक्सप्रेस न्यूज़पेपर्स (बॉम्बे) प्रा. लिमि.,
'एक्सप्रेस टॉवर', नारीमन प्वाइंट,
पी.बी. नं.-867, बॉम्बे-21, बी.आर.
24 जून
प्रिय भाई गोविन्द मिश्र जी,

कहानी तो वक़्त से मिल ही गई थी। मुझे याद नहीं आता कि मैंने फौरन चिट्ठी लिखी या नहीं। रिकार्ड कौन देखे। आज दफ़्तर बन्द-सा है।

कहानी अच्छी लगी। इसे न छापने का कोई कारण नहीं पर दिल की बात यह है कि यह या ऐसी कहानी केवल एक बयान भर बनकर रह जाती है और लिखने की क्षमता और प्रतिभा के अतिरिक्त कोई असर नहीं छोड़ती। मैं पता नहीं क्यों अपने पुरानेपन का मारा कहानियों में कथानक या प्लाट तलाशता हूँ। मुझे यह भ्रम है शायद कि एक क़िस्म की सम्पूर्णता को पाए बिना हम कहानी की वही इज़्ज़त और धाक नहीं बना पाएँगे जो रहती रही है। एक पतला-सा कथ्य थोड़े से वातावरण में लिपटा हुआ लिख भर देने से पत्रिकाओं और कथा आन्दोलनों के पेट भर जाते हैं पर पाठकों को संतोष नहीं होता। पाठक नाम का शख़्श चाहे कितना अपढ़ और फूहड़ हो, जाने क्यों मेरे मन में उसके प्रति गहरा आदर कम नहीं हो पाता। यह शायद लेखन शुरू करते समय के डले संस्कार हैं। ये कुछ बातें इस कहानी को स्वीकृत करते समय मन में उठीं। नाम फायनल नहीं हुआ। देरी है। शायद एकाध माह की। फुरसत है तो यों ही चार लाइन बेज़रूरत लिख रहा हूँ।

आशा है मस्त हैं।

आपका
शरद जोशी

(सन्दर्भ : 'हिन्दी एक्सप्रैस' में प्रकाश्य गो.मि. की कहानी 'कहानी नहीं')

उषा प्रियंवदा

24 नवम्बर

प्रिय गोविन्द, नमस्कार;

मुझे सच चलने से पहले लिखना चाहिए था कि मैं भारत आ र ही हूँ। निर्मल से आज ही शाम भेंट हुई। तुम्हारा पत्र मिला, बहुत अच्छा लगा।

असल में मित्रहीन, बन्धुहीन, स्नेहहीन समाज में रहते-रहते अक्सर यह भूल जाती हूँ कि सागर के इस ओर अभी भी कुछ लोग अपनत्व क़ायम रखे हैं। अच्छा लगता है। निर्मल ने भी यही शिकायत की, और मैंने महसूस किया कि मुझे लिखना चाहिए था। 'सारिका' की तुरन्त तलाश करूँगी। काश! मुझमें लिखने के प्रति इतनी निष्ठा होती जितनी तुममें है। राजी सेठ कह रही थीं कि वह सुब साढ़े छः बजे से बारह तक घर की चिन्ता से मुक्त केवल लिखती हैं। मैंने आने पर भी, देर से सोने, ढेर-सी कॉफ़ी पीने, अख़बार पढ़ने और घर में नये शिशु (मेरी भानजी के बेटे) से खेलने में 'समय' गुज़ार दिया है। पर अमरीका की घड़ियों और कार्यक्रम में जकड़ी ज़िन्दगी के चंगुल से थोड़ा सहज होने के लिए यह भी ज़रूरी है। लौटकर दिल्ली में अपनापन सा भी लगता है, चारों ओर हिन्दी, भारतीय चेहरे, पर साथ-साथ एक बेहद अकेला और बेगानापन भी। दिल्ली में कितना पैसा छलकता दीखता है, उसी के साथ चेहरे पर कितना दम्भ आ जाता है, जाँचती हुई नज़रें मेरी ओर उठती हैं और जैसे परीक्षा में फ़ेल करती हुई दूसरी ओर चली जाती हैं। हँसी आती है। बम्बई में कैसा लगता है? वहाँ भी तो साहित्यकार मण्डल होगा। कलकत्ता में 'कथा समारोह' कौन लोग आयोजित कर रहे हैं? क्या जिस संस्था के निर्देशक प्रभाकर माचवे हैं? राजी कुछ ऐसा ही कह रही थीं, परसों आई भीं, काफ़ी बातें कीं। यदि मेरा आना सम्भव हो पाए तो सबसे मिलने का अच्छा अवसर हो सकेगा।

मैं यहाँ दस महीने की छुट्टी पर हूँ, माँ की आयु 80 वर्ष हो गई है, उनके साथ रहने की बहुत इच्छा थी, वहाँ से भी मन उचट रहा था। इसीलिए एक रिसर्च ग्रांट को एक्सेप्ट कर लिया। कुल मिलाकर अच्छा लग रहा है। बम्बई में फरवरी के प्रारम्भ

में आऊँगी ही आऊँगी, क्योंकि मेरे पति बम्बई ही आयेंगे, चूँकि उनकी पहली भारत यात्रा होगी इसलिए वह अजन्ता एलोरा देखना चाहते हैं। इसीलिए शुरुआत बम्बई से ही होगी। अगर उससे पहले नही ंतो तब तो मिलना होगा ही।

अच्छा, अब फिर-तुम दिल्ली में होते तो अच्छा रहता, परसों रवीन्द्र नगर गई थी किसी के घर तो तुम्हें याद किया। तुम्हारे घर की शाम कितनी मधुर बीती थी, हालाँकि देर तक बैठकर तुम्हारी बेगम साहब को काफ़ी परेशान किया था। उन्हें मेरा नमस्कार।

पत्र भेजना।

सस्नेह

उषा

2

एस-454, ग्रेटर कैलाश-1,

नई दिल्ली-110048

10.11.12

प्रिय गोविन्द,

पत्र मिला। मुझे कलकत्ते से निमंत्रण आ गया है, धन्यवाद। तुम्हारी ही कोशिश का परिणाम है। वहाँ करना क्या होगा, इसे लेकर अँधेरे में हूँ। निमंत्रण के बाद कोई सूचना नहीं मिली है। स्वीकृति भेजने के बाद पता चला कि मेरे विश्वविद्यालय की एक मीटिंग यहाँ 21, 22, 23 से शुरू होगी। प्रारम्भ में रहना बहुत आवश्यक है, इसलिए मोस्ट प्रोबेबली मैं 23 को सुबह यहाँ से फ्लाई करके कलकत्ता पहुँचूँगी। मैं वहाँ 26 तक रुकना चाहती हूँ, कभी शहर देखा नहीं है; सम्भव हुआ तो कुछ और दिन भी; पर वह सब 21 तारीख के बाद ही पता चलेगा।

वहाँ पहुँच कर कहाँ जाना होगा, इस सब सूचना की प्रतीक्षा है।

अब तो फिर मिलने पर ही,

सस्नेह

उषा

(सन्दर्भ : कलकत्ता में आयोजित 'कथा समारोह')

3

यूनिवर्सिटी ऑफ़ विस्काउन्सिन,
डिपार्टमेंट ऑफ़ साउथ एशियन स्टडीज़
साउथ एशियन एरिया सेंटर,
1242, वैन हाइज हाल, 1220 लिनडेन ड्राइव,
मेडिसन, विस्कन्सिन 53706
14 फरवरी

प्रिय गोविन्द,

नमस्कार।

बहुत दिनों से पत्र लिखने की मन में थी, आशा है आप सानन्द होंगे। इस बीच एक बहुत छोटा-सा चक्कर भारत का लगा, आपको एक बार फ़ोन भी किया पर सम्पर्क न हो सका, फिर कुछ पारिवारिक समस्याओं में उलझी रही।

आपका उपन्यास कैसा चल रहा है?

'एक चिथड़ा सुख' पढ़ा; मुझे उसने कहीं बहुत छुआ भी, और प्रभावित भी किया। मैंने अभी निर्मल को पत्र नहीं लिखा है यद्यपि लिखना चाहिए।

मैं अच्छी तरह हूँ, दिनचर्या चल रही है, पढ़ना, पढ़ाना, खाना-पीना, सो जाना। क़लम अभी नहीं उठाई है। सोचती हूँ कि भ्रम को भरसक दूर कर पूरी तरह अध्यापिकी में खप जाऊँ।

आपकी सारी पुस्तकें आ गई हैं, बहुत-बहुत धन्यवाद।

आपके आयोवा आने का क्या हुआ?

शेष फिर।

उषा प्रियंवदा

4

25 फरवरी

प्रिय गोविन्द,

सस्नेह नमस्कार।

जनवरी 'साहित्य अमृत' में साक्षात्कार पढ़ा। आप लेखन में व्यस्त हैं ओर एक एपिक प्रपोर्शन का उपन्यास योजित कर रहे हैं, जानकर बहुत प्रसन्नता हुई।- और साथ ही भोपाल का पता मालूम हुआ। मैं कुछ सप्ताहों के लिए भारत आ रही हूँ; छोटी-सी ही विजिट होगी, कछ दिन दिल्ली भी, शायद मार्च के मध्य से अन्त तक, बसेरा वहीं वसन्तकुंज, आपकी गुरुपत्नी के सौजन्य से। अगर उन दिनों आएँ तो सम्पर्क करें, दूरभाष 6898742। वैसे मेरी उज्जैन में महाकाल के मंदिर में जाने की इच्छा है, आप गये हैं?

हिन्दी में क्या, कुछ, कौन; मालूम ही नहीं; 'साहित्य अमृत' भी विभाग में फ़ालतू मेज़ पर पड़ा मिला-पृष्ठों के पीछे-भवनों की नामावली देखी, साहित्य भवन, घासफूस भवन-कोई भी नाम पहचाना नहीं लगा, यह अपने उ.प्र. में पुरस्कारों के लिए इतना बड़ा बजट; बेचारे प्रेमचन्द तो ऐसे ही जिये; किसी को नाम भी याद है?

और तो और, आप भी दग़ा दे गये; निर्मल, कृष्णा और प्रियंवद? बेचारी उषा प्रियंवदा क्या करे? इतने दिनों झक मार के एक उपन्यास लिखा, अन्त-र्वशी, तो उसका नाम ही किसी को समझ नहीं आया, 'रे रे कुविंद कंदल' को अब ग़लत सलत अंगरेज़ी में ही लिखना पड़ेगा-कोई हल्की सी सोलो चीज़, जिसके दो-तीन पृष्ठ पढ़कर ही नींद आ जाये-प्रयत्न करूँगी।

वैसे जनवरी से मैंने अवकाश ले लिया है।...

श्रीमतीजी सानन्द होंगी, लाली भी-अब तो भारत में ही भेंट होगी।

सस्नेह

उषा प्रियंवदा

5

20 जुलाई

प्रिय गोविन्द,

सस्नेह नमस्कार।

आज ही 'सारिका' मिली। तुम्हारी कहानी पढ़ी। उसने कहीं ऐसे छुआ कि मैंने सोचा कि तुम्हें पत्र लिखने का यही मुहूर्त्त आया समझ लूँ। तुम सहज स्वस्थ और सानन्द होगें ही, लिख भी रहे हो, सब कुछ ठीक-ठाक चल रहा होगा। मैं दिसम्बर में भारत आई थी, तीन दिन दिल्ली रही, उन दिनों सारा समाज भोपाल किसी सेमिनार में गया था। सिर्फ़ शीला संधू से भेंट हुई, वह भी बहुत उखड़ी-उखड़ी सी थीं, कहीं दूर और निरपेक्ष। उसके बाद वॉइस ऑफ़ अमेरिका से सहसा अज्ञेय जी के निधन का समाचार मिला। वॉइस ऑफ़ अमेरिका ने फ़ोन पर ही इन्टर्व्यू लिया। मैं फरवरी में कुछ दिन बम्बई थी, जनवरी में यहाँ लौटी, और जल्दी ही भारत से फ़ोन मिला कि मेरी माँ कोमा में हैं। सब कुछ छोड़-छाड़ कर फिर भारत लौटी, पर तब तक देर हो चुकी थी। उसके बाद सभी कुछ उखड़ा-उखड़ा, उलटा-पुलटा चल रहा है। अभी भी पूरी तरह उसे आत्मसात नहीं कर पाई हूँ।

बम्बई में तभी थी, सोचा भी कि तुम्हें फ़ोन करूँ मगर इतनी व्यस्त थी कि उतना भी प्रयत्न नहीं कर पाई। तुम दिल्ली घर आये थे तो शायद माँ से मिले थे? मुझे याद नहीं है। मेरे लेखक-बन्धुओं से उन्हें बहुत लगाव था, पढ़ती भी काफ़ी थीं। उनके जाने से कहीं जो 25 वर्षों से भारत से गहरी कड़ी जुड़ी थी एकदम टूट गई। अब आगे क्या होगा, यह प्रश्नचिन्ह है। भारत लौटकर आने का एक स्वप्न तो था ही, अब इस समय दुविधा में हूँ।

खैर, अभी रिटायर होने में काफ़ी समय है। वैसे मैं अर्ली रिटायरमेंट को काफ़ी गम्भीरता से सोच रही थी, मोस्टली फॉर...बच्चे कैसे हैं? मनोकामना और सुपुत्र? धर्मपत्नी? तुम कैसे हो? बड़े साहब के अतिरिक्त जो हो।

निर्मल से भेंट होती है? उनसे भी पत्राचार को एक अरसा हो गया। दिल्ली में भेंट नहीं हुई, वह भी जत्थे के साथ भोपाल गये थे। उन्हीं तीन दिनों मैं दिल्ली खाली हाथ पर हाथ रख बैठी रही। आजकल तो बम्बई में खूब पानी होगा।

पत्र भेजना, लम्बा-सा। फ़ालतू बातें या फ़िलासफ़ी, जो भी मन में आये- पर भेजना ज़रूर। मेरी तरह सालों की चुप्पी न लगा जाना।

सस्नेह

उषा

शैलेश मटियानी

1

261-अ, मोतीलाल नेहरू नगर,

इलाहाबाद-2

21.1.82

प्रिय गोविन्द भाई,

राजेन्द्र के यहाँ गिरिराज जी के साथ ही आपसे भी भेंट हो जाने की उम्मीद थी, लगता है, आप कहीं अन्यत्र रह गये। बहरहाल, यह पत्र लिख रहा हूँ।

आपमें कुछ और श्रेष्ठतर लिख पाने की आकांक्षा देखना अच्छा लग रहा है। हिन्दी के अधिकांश लेखकों में यह चीज़ नदारद होती गई है और उनकी तलाश श्रेष्ठतर लेखक की जगह, सुख-सम्पन्नता की तलाश की बनती गई है। पैसा कम महत्त्वपूर्ण कतई नहीं है, लेकिन लेखक जब खुद पैसे का मूल्य संवेदना से ज़्यादा आँकने लगता है, तब बिल्कुल स्वाभाविक तौर पर भाषा उसमें से नदारद होती जाती है। कभी एकान्त मनन के क्षणों में आप भी अनुभव करते हैं कि रचना का सारा खेल संवेदना और भाषा का है। वस्तुओं में संवेदना का समावेश, साहित्य में भाषा के माध्यम से ही सम्भव हो पाता है और इसे लेखक यदि अपने हाथों में अनुभव नहीं करता है, तो फिर कुछ सधना कठिन है।

इधर राजेन्द्र की एक पुस्तक को लेकर संवेदना के प्रश्न पर कुछ लिखा है। लेख छपने पर आपके पढ़ने को भेजूँगा। उन्होंने प्रेमचन्द के कालांकित लेखन (डेटेड राइटिंग) का सवाल उठाया है अपने प्रेमचन्द वाले लेख में। मैंने प्रश्न किया था कि क्या वो ट्रैक्टर या स्पुतनिकों पर प्रेमचन्द की दो बैलों की कहानी से ज़्यादा प्रभावकारी रचना कर सकते हैं, जिसके बारे में वो इत्मीनान हो सकें कि सौ साल बाद पढ़ने वाले प्रेमचन्द की जगह उनकी रचना से ज़्यादा प्रभावित होंगे?

लेखक की संवेदना ही काल को साधती है और स्वाभाविक कि जितनी और जैसी संवेदना, उतने ही काल को। वस्तु पर तथ्यों की अद्यावधिकता काल के सन्दर्भ में सदैव ही विगत हो जाने वाली चीज़ है और इसीलिए साहित्य की गुणवत्ता यदि काल के निकष पर भी कसी जाती हो, तो उसे संवेदन के स्तर पर ही देखना

होगा, अवधि के नहीं। होरी इसलिए महान नहीं है कि सामन्तीय शोषण के युग का एक प्रतिनिधि मात्र है, बल्कि इसलिए ही कि प्रेमचन्द की संवेदना का प्रतिनिधित्व करता है।

मैं खुद लगातार-लगातार इस टोह में रहा हूँ कि रचना के वास्तविक अन्त:स्त्रोत कहाँ निहित होते हैं। कहाँ जाकर सारी बौद्धिक जानकारियाँ और वैचारिक प्रतिबद्धताएँ रचना के प्रसंग में निरर्थक पड़ जाती हैं। अनुभव करता ही जाता हूँ कि रचना सदैव लेखक की संवेदना की व्याप्ति में से तय होती है और लेखक की संवेदना इसमें कि उसका आदमी की हैसियत से वास्तविक सरोकार क्या है। कौन-सी वस्तु है, जो उसके निमित्त सबसे ऊपर है। हम कभी अपनी कामनाओं को ही टोहने बैठें, तो साफ़ अनुभव कर सकते हैं कि हममें आकांक्षा के स्तर पर क्या है।

एक काल तक लिखना अपनी व्यक्तिगत हैसियत को महत्त्वपूर्ण बनाने का साधन भी होता है, लेकिन जिसे स्वयं अपने को परितोष देने वाला लेखन कहा जाय यह सिर्फ तब प्रारम्भ होता है, जो लिखना हमारे खुद के उपयोग की सीमाओं के आगे तक जाय। मैं समझता हूँ लेखक को समय-समय पर अपने संवेदन-तन्त्र का अवलोकन करते रहना चाहिए। उसमें से धीरे-धीरे यह चिन्ता जाती रहनी चाहिए कि 'लोग' उसे कितना बड़ा लेखक समझते हैं। उसकी चिन्ता सिर्फ़ इतनी रह जानी चाहिए कि वह खुद कितना लेखक हो पाया है।

मेरे लिए अपने निष्प्रयोजी लेखन का लेखा-जोखा मौजूद है और यही दूसरों के द्वारा लेखक माने जाने की अपेक्षा की जगह, इस विषय में ले जाता है कि गुणवत्ता का प्रश्न माने जाने या न माने जाने से भी कहीं अलग स्वयं की प्रतीति का प्रश्न है। बड़ी रचना सचमुच कितनी कठिन हो सकती है, इसका आभास दिन पर दिन गहरा होता जाता है और उसी अनुपात में लिखे जा चुके से अपेक्षाएँ कम होती जाती हैं।

कदाचित लेखक को आभास हो जाय कि उसके श्रेष्ठतर लेखन का वक़्त उपस्थित है, तब सारे द्वन्द्व जाते रहेंगे। लेकिन ऐसा वक़्त इतना सामान्य नहीं होता और जानना कठिन होता है कि सम्भव होगा भी या नहीं।

मैं समझता हूँ कि लेखक को अपनी दिशा ध्यान में रखनी चाहिए, तभी भाषा भी ध्यान में रह सकती है। तात्कालिक शुभ्लाभ बनिये की वस्तु होती है, लेखक की नहीं। और यह पहचानना कठिन नहीं होता कि हम कहाँ हैं। इसी क्रम में मैंने पाया कि एक लेखक की जो कुछ परिकल्पना मन में है, उस कसौटी पर खुद उतरने की तो बात ही दूर, अभी कसे जाने तक की पात्रता नदारद है। इससे मोह कम हुआ है। अपनी वास्तविकता को जानना दहशत में डालना वाला भी हो सकता है, यह अब

जाकर अनुभव कर पाया हूँ और यह भी कि मोहभंग से गुज़रे बिना सम्यक् देखना सम्भव है नहीं।

मेरे स्थिति अब यह है कि लेखक बन्धुओं से सम्बन्ध विगत होते जाते हैं, लेकिन सिर्फ़ व्यवहार के स्तर पर। संवेदन के स्तर पर सबसे नाता अनुभव होता है और सबको देखकर ही कुछ जानने का अवसर मिलता है।

ऐसा नहीं है कि सोच-विचार नहीं किया हो, लेकिन अभी तक यह अनुभव नहीं हो पाया है कि गलत रवैया अपनाये हुए हूँ। दूसरे हमारे बारे में क्या रुख अपनाते हैं, इस चिन्ता में न जाकर अपने विवेक से चलते रहने की ही युक्ति दिखती रही है और जब तक सध सके, इसी पर रहना चाहता हूँ।

गधों से बचत नहीं, इनका दबाव सदैव ही संघातक होता है, लेकिन कोशिश में रहना चाहा है कि जब तक सम्भव हो सके। जीवन का कठिन और संकटमय होना उसके निरर्थक अथवा अवांछनीय होने का पर्याय नहीं होता। कठिनताओं से गुज़रकर ही कुछ सार्थक मिलता है, यह आभास जीवन के प्रति विक्षुब्ध बनाने की जगह, विनत करता है।

अत्यंत विरल होता है, जिन्हें मन की कहने का साहस जुटा पाता हूँ।

आप अपने समाचार देंगे। सपरिवार सानन्द होंगे।

आपका

शैलेश मटियानी

2

261-ए, मोतीलाल नेहरू नगर,

इलाहाबाद-2

10.4.85

प्रिय गोविन्द भाई,

अब एक के बाद एक पत्र पाकर खीझेंगे आप।

यह पत्र इसलिए कि इधर स्थानीय प्रकाशक ने उपन्यास माँगा था... कह दिया कि कुछ लम्बे पत्र हैं 'लेखनुमा'- छापना चाहें, तो बताएँ। उन्होंने तुरत देने को कह दिया। प्रथम पत्र यही दे देने को लिख दिया और प्रेस कॉपी बनाकर दे दी। पुस्तक इसी महीने के अन्त तक या मई तक छप भी जाएगी। प्रेस में कल ही लगवाई है।

आपको लिखा पत्र 'चकित होता है कौन?' शीर्षक से दे दिया है। थोड़ा संशोधित-परिवर्द्धित कर दिया है। चकित पर कुछ विस्तार से लिखा है और शून्य पर कि यह आदमी के भीतर की जगह है, जहाँ बैठकर वह ध्यान लगाता है और चीज़ों को छानकर करता है और अन्त:विज्ञान की प्रयोगशाला नहीं है यानि कि आदमी ही है, जिसे कि बाहर-भीतर दोनों ओर जगह चाहिए। यही कुछ-कुछ विस्तार से है, क्योंकि यह जगह का प्रश्न राज्य का प्रश्न भी है, मनुष्य का भी है और लेखक का भी।

दूसरे, आपके दस्तावेज़ वाले वक़्तव्य के एक-दो अंश और लिये हैं। जैसे कि लिखे पर विचार की ज़रूरत न होने का सवाल। छोटे आदमी द्वारा बड़ी रचना का सवाल। यहाँ आपसे सहमत बिल्कुल नहीं हूँ।

आपने साहित्य द्वारा आत्मिक से साक्षात्कार का प्रश्न भी कुछ विस्तार से लिया है, क्योंकि यही साहित्य का कर्म रहा है। जैसे भौतिक विज्ञान वाह्य जगत्, वैसे ही अन्त:विज्ञान भीतरी संसार को प्रतिस्थापित करता है और हम सब जानते हैं कि मनुष्य के भीतर का विस्तार वाह्य जगत के विस्तार से तिल भर कम नहीं है, क्योंकि शून्य मनुष्य का भी उतना ही अपरिचित है, जितना कि पृथ्वी का। यहीं प्रश्न वह उठाया है कि चूँकि विचारधाराएँ सिर्फ़ राज्य का 'मॉडल' बनाती हैं, लेकिन साहित्य, समाज का मॉडल, इसलिए ही दृष्टि का अन्तर पड़ जाता है।

'मार्क्सवाद' को जिस तरह हिन्दी के साहित्य पर लादा जा रहा है, इससे ही कोफ्त हुई और थोड़ी-सी छेड़खानी इसी निमित्त की है, क्योंकि 'मार्क्सवाद' को साहित्य पर लादना घोड़े की पीठ पर मेंढक लादना है। मैं साहित्य के सामने मार्क्सवाद की कोई हैसियत नहीं समझता। मुनष्य के लिए जितनी जगह, और जितना विस्तार साहित्य में है—अन्यत्र कहीं नहीं। अपने नैसर्गिक सौन्दर्य में मनुष्य सिर्फ़ साहित्य में दिखाई पड़ता है- अन्यत्र कहीं नहीं।

आपसे बहुत ईमानदारी से कहना चाहता हूँ कि लेखक होने का अहसास ध्वस्त हो चुका है और इसीलिए अब लात-जूता खाने का डर भी नहीं रहा। खोपड़ी-भंजन अब इसलिए भी सुहाने लगा है कि शायद इसके बाद कुछ लेखक हो सकने की गुंजाइश निकल आये, क्यांकि यह जड़ता को कुछ तोड़ने की कोशिश में ही है। खुद पर हँसना आना चाहिए, इस कथन का मर्म आज समझ में आ रहा है और खुद की लकड़बुद्धि पर कई बार खुद मुझे ठहाका लगाने का मन होता है।

अभी ज़्यादा बेटी की चिन्ता में टँगा हुआ हूँ, यह हो जाये तो एक बार ध्यान लगाना चाहता हूँ। अपने लेखक के रूप में टाँय-टाँय फिस्स हो गये होने के बुनियादी

कारणों को जाँचना चाहता हूँ, क्योंकि इतना इल्म है कि बंटाढार की सारी जड़ें अपने में ही हैं। कैसा विराट जीवन दिया था प्रभु ने मेरी औकात की तुलना में; लेकिन कुत्ते को कपास हो गया। कोई प्रतिभूत्ति नहीं कि खुद की संवेदन जड़ता से कुछ उबर भी पाऊँगा या नहीं, लेकिन एक कोशिश कर लेने की तृष्णा है ज़रूर।

आप यकीन करें कि जो यह छछूंदर के सिर में चमेली के तेल की तरह का वैचारिक नुमा लिखना है, यह उपन्यास की भाषा लिख सकने की तमीज पा सकने की आकांक्षा ही है। मेरे निमित्त उस सोच-विचार और चिन्तन-मनन का कोई अर्थ नहीं, जो मुझे खुद की एक-एक धड़कन सुनने में मदद न दे सके। खुद को ठीक-ठीक सुन लेने पर ही दूसरों को भी कुछ ठीक सुन पाने की गुंजाइश बनती है, इस अहसास में ही कान के जाले साफ़ करने की कोशिश में हूँ–अलबत्ता अनाड़ी होने से कई बार खाल तक उमट आती है। लेकिन कहीं यह अहसास कि पशु-पक्षियों और वनस्पतियों तक की भाषा सुनने वाले हो गये हैं इसी पृथ्वी पर, जैसी कि हम आदमी में न सुन सकें-यह आपमें तड़फड़ाहट मुझे साफ़ दिखती थी। आपका लेखक आपके व्यक्तित्व में एक गुणात्मक परिवर्तन ला रहा है, यह भी। और मुझे परितोष है कि मेरा आकलन ठीक था।

आपका उपन्यास 'तुम्हारी रोशनी में' आ गया है। जल्दी नहीं पढ़ूँगा। आपकी कई चीज़ें एक साथ रख ले रहा हूँ। लिखने की तैयारी में ही पढ़ूँगा। स्मृति काफ़ी कमजोर है तो बहुत पहले का पढ़ा टिकता नहीं। आप कह रहे थे बम्बई में एक बार कि गोविन्द मिश्र और गिरिराज-इन्हीं दो नामों पर मेरा जोर क्यों रहा? मुझे इस सन्दर्भ में खुद से आज भी कोई शिकायत नहीं।

आपका

शैलेश मटियानी

3

इलाहाबाद

23.7.85

प्रिय गोविन्द भाई,

आपका 17/7 का पोस्टकार्ड अभी-अभी मिला है। कहानी इससे पूर्व ही मिल गई थी। किसी रचना में मानव नियति के किसी भी प्रकार का सारभूत अंकन हो जाना ही पर्याप्त माना जाना चाहिए, इस तर्क से कहानी की वस्तु भी ठीक है, और भाषा भी। स्पष्ट है कि यह कमाल लेखक का संवेदन ही उत्पन्न करता है कि आदमी को ऐसे भी देखो।

कहानी रख ली है। अब काफ़ी सामग्री हो गई है और जैसे ही स्थिति बनती है, 'विकल्प' प्रेस में देना है। इसमें आप देखेंगे कि एक-दो कहानियाँ तो उपलब्धि कहा जा सकेंगी। 'जनपक्ष' में विज्ञप्ति गई है। हालाँकि उसमें पूरी सामग्री न आ पाने से एक कथाकार पर विशेष सामग्री की घोषणा नहीं की जा सकी है, लेकिन कहानी आपकी लेख-टिप्पणी के ही साथ जाएगी- एक पृथक् खण्ड के रूप में। प्रभाकर को अब पुनः पत्र लिख चुका हूँ। उनका उत्तर अभी नहीं आ पाया है। एकाध सप्ताह बाद पुनः लिखूँगा। हालाँकि प्रभाकर भी थोड़ा लिहाज और हाशिये रखकर लिखते हैं, लेकिन उनमें रचना के पूरे वितान में जाने का धैर्य और विवेक है। उन्हें लगातार लिखता आ रहा हूँ। देखिए कि देते हैं, या नहीं। एक लम्बी टिप्पणी मैं स्वयं लिखूँगा।

मेरा मानना है अब आपके लेखन में इतनी प्रौढ़ता बिल्कुल आ चुकी है कि उन सारी सम्भावनाओं को ध्यान में रखकर ही आप पर लिखा जाना चाहिये, जो कि अब रोशनी के वृत्त की तरह बिल्कुल झलक रही हैं। किसी भी लेखक को बड़ी अपेक्षाओं में रखकर देखने के कुछ स्वाभाविक जोखिम होते हैं ज़रूर, पर इन्हें लेखक के हक में भी और स्वयं के पाठ के हक में भी मोल लिया ज़रूर जाना चाहिए। मैं मानता हूँ कि लेखक के रचना-संसार का विवेचन ऐसे होना चाहिए, जिसमें उसका ओना-कोना तक प्रतिभासित जान पड़े।

क्या करूँ, गोविन्द भाई, अब जब कुछ थोड़ा-सा आभास होता जान पड़ता है कि साहित्य के वास्तविक अन्तःस्रोतों की कुछ पहचान बन जाय- फिलहाल बहुत टूटन का समय है। अन्दर समय-समय पर ज्यों-त्यों कम्बलसुई से सिये हुए से घावों के टाँके चिटख गये जान पड़ते हैं और खून रिसता मालूम पड़ता है। जिस लड़की को जन्म के तीसरे ही दिन से साथ सुलाकर, महीनों माँ के साथ न सोने दिया, जिसकी बीमारी में अस्पतालों तक में खुद रहा रात-दिन तीमारदारी में- उसको बिखरते देखना बहुत दुखदायी है। जब तक उसमें कुछ जीवन का संकल्प नहीं जागता, बहुत मुश्किल है। आँख की तकलीफ भी बढ़ आई है। सितम्बर में दिल्ली ले जाना है। आपरेशन कराना है।

इस सारे भुगतने के बीच लेखक की तरह का देखना और विदीर्ण करता है। मुझे बिल्कुल नम जाना चाहिए था, जिससे- जहाँ से भी कुछ लाभ हो सकता हो, उसके प्रति लेखक के रूप में भी दब जाना चाहिए था, लेकिन यह मरणांतक लगता है। इस लेखकीय अवशता- जिसे लोग घमण्ड और मुँहफटपन करार देते हैं- के कारण एक-एक कर ऐसे लोग भी छूटते गए हैं, जो खुद कष्ट उठाकर भी मेरी मदद करते आये। सारे दण्ड भुगतने के बाद भी अभी यह मन नहीं बना पाया हूँ कि झूठा व्यवहार ही रास्ता है। आज भी यही लगता है कि जब जिससे स्वार्थ हो, उससे तर्क नहीं करना है- तब जिससे कोई स्वार्थ नहीं, उससे तर्क करने का हक कहाँ रह जाता है।

इसलिए बिल्कुल यह डर होते भी कि जिस हद जा रहा हूँ तर्क में, आप भी नाराज़ हो सकते हैं- अन्ततः वही तय पाया कि मुझे मेरे मन में जो कुछ और जैसे उदित हुआ, उसे सिर्फ़ तर्क की संगति की दृष्टि से देखना है- गोविन्द की प्रियता-अप्रियता के तर्क से नहीं।

इस बीच आपको पुनः लम्बा पत्र मिला होगा। प्रेस में काफ़ी सम्पादित होकर गया है, कुछ बढ़ भी गया है, लेकिन कोने इसके मरे नहीं हैं। जब पूरे वृत्त में बात रहेगी, तब ही मेरा आपा भी ठीक-ठीक प्रकट होगा और इसके बाद लोगों में मेरी क्या शक्ल बनती है, यह मेरे तय करने की बात नहीं-यह मानकर ही इसे जाने दिया है।

अपने क्रोध को स्वयं बार-बार, बार-बार अनेक भाँति से जाँच कर, तब ही प्रकट किया है- हालाँकि न ऐसी औकात है, न मेधा कि भारती-जैसे सर्वभाँति समर्थ को कुछ आभास करा सकूँ कि लेखक इतनी आसान वस्तु नहीं। बड़बोलापन लेख में ज़रूर आ गया है, लेकिन आप जानते हैं कि जो असमर्थ और अशक्त हो, वह भाषा में ही उड़ान मारता है। आगे की तो राम जानें, अभी भी हाल यह है कि यह सारी लेखक का सा बोलने-लिखने की जिजीविषा डूबते नाव में की लालटेन जान पड़ती है।

लेकिन सवाल अन्ततः यही है कि जिससे भय हो, उसका सहारा क्या होगा? फिर दूसरे का जिम्मा खुद कहाँ तक लोगे। दूसरों को स्वतन्त्र रखकर ही, कुछ स्वयं में भी स्वतन्त्रता की चेतना रखी जा सकती है। ऐसे में आपसे यह अनुरोध बिल्कुल नहीं है कि देख-जानकर क्षमा करें- अपेक्षा है यह कि नाराज़गी अप्रकट न रखेंगे।

हाँ, अपने तईं इतना बिल्कुल कहना चाहूँगा-और बिल्कुल कह सकता हूँ–कि कहीं कल्पना में भी नहीं कि गोविन्द भाई को कुछ तीखी बातें कहनी हैं। बातें जो हैं, सो सिर्फ़ तर्क से हैं- न अवज्ञा, न अप्रीति में।

कृतज्ञता का अर्थ ठकुरसुहाती कभी लगा न पाया। माना कि लेखक का तो यह धर्म है कि खुली किताब रहे। बाँचने वाले पर रहे कि उसने क्या पाया।

शेष आपका पत्र आने पर।

हाँ, हरीश जी से सचमुच जिज्ञासा हो गई है कि क्या वो वास्तव में ऐसा मानते हैं? सचमुच कृतज्ञ होऊँगा, यदि वो किसी एक भी पृष्ठ को सरल भाषा में उत्तम बनाकर दें।

लेख में अनेक कमियों की तो बात ही क्या, वह पूरा का पूरा अधकचरा है, लेकिन ऐसा भाषा कठिन होने से नहीं, संवेदना और विचार की परिधि संकीर्ण होने से हुआ है। भाषा उसकी अलग से कठिन करके नहीं लिखी गई है।

बहन को, बच्चों को स्नेह कहेंगे। और कभी कुछ दिन हमारे बीच रहने के इरादे को पूरा करने को खुद की ज़िम्मेदारी समझेंगे।

बहादुर साहब और हरीश जी को नमस्कार कह देंगे।

ऊपर तक पत्र बिटिया से नकल करा दिया है। अब आगे की असुविधा के लिए क्षमा करेंगे।

'सुनंदो की खोली' में वस्तु तो लगभग चेख़ब की सी और देखने की झिलमिलाहट है और मुझे लगता है कि यदि इसे एक बार और पढ़कर तथा ध्यान लगाकर आप थोड़ा और रंग भर दें, तो यह निश्चित ही बहुत अच्छी कहानी बन जाएगी। मैं बिल्कुल यह जानता हूँ कि मनुष्य वादों की परिधि की वस्तु नहीं और साहित्य की प्रासंगिकता ही इसमें है कि वह मानव नियति के हमसे छूटे हुए कोनों पर आलोक करे। इस दृष्टि से कहानी की प्रासंगिकता बिल्कुल बनती है।

सिर्फ़ एक मुद्दे पर आपसे कुछ जानना चाहता हूँ।

इसमें अन्त वाले हिस्से में आभासित होता जान पड़ता है कि लेखक कहीं क्या ऐसा इंगित करना चाहता है कि महानगरों में जीने और रहने की समस्या आदमी को इस मुकाम तक भी पहुँचा सकती है कि बड़ा भाई अन्ततः शोषण करे कि वह जब

शादी करना चाहता है तो छोटे भाइयों के दिमाग़ में एकाएक यह कौंध उठे कि कहीं वे बहन को ही तो सहधर्मिणी नहीं बनाना चाहते हैं।

चूँकि अभी यह मेरा भ्रम मात्र भी हो सकता है, (हालाँकि उपजा है तो आधार होगा ज़रूर, चाहे क्षीण ही) इसलिए ज़्यादा कुछ कहना न चाहूँगा, लेकिन इस सन्दर्भ में आप मुझे लिखेंगे ज़रूर-क्योंकि यदि आपका मन्तव्य ऐसा इंगित करना नहीं, तब कहानी हल्का-सा परिवर्तन चाहेगी, जिसे आप सोच देखें। और यदि ऐसा ही इंगित आपका मन्तव्य हो, तब यह कहानी थोड़ा परिवर्तन-कथा-विन्यास में नहीं, इंगित में-चाहेगी ज़रूर, क्योंकि जितनी बड़ी बात कहनी हो, वैसा ही आधार भी निर्मित होना चाहिए। यहाँ आधार का व्यास सिर्फ़ लेखक की संवेदना और उसके कोण में समतोल दिखाई पड़ता है—कहानी में सिर पर की गुडरी को नितम्बों के बीच लगाना हो गया है।

बहरहाल, इस प्रसंग में आपका पत्र मिलने पर ही आगे बात रहेगी। कहानी पर बहस में कुछ हर्ज़ा न होगा। चूँकि मैं स्वयं एक टिप्पणी इस कहानी पर भी देना चाहूँगा, इसलिए ही समझ लेना चाहता हूँ। और कहानी यह बहुत अच्छी रहेगी, इसमें संशय नहीं। थोड़ा-सा देख लें और मेरी बातों में सार न दिखे, तो भी दो टूक लिख दें।

शेष मिलने पर,

आपका,

शैलेश मटियानी

पुनश्च: किताब की भूमिका और भारती-प्रसंग वाला लेख भेज रहा हूँ। पुस्तक में अभी कुछ समय लगेगा और आज ही दिल्ली जा रहा हूँ। पुस्तक लौटने पर भेजूँगा।

क्या आप अब से 10 अगस्त के बीच दिल्ली आएँगे? आएँ, तो इस नम्बर पर फ़ोन ज़रूर कर देंगे- 617089

प्रेम मटियानी

डी-2/87, किदवई नगर (ईस्ट)

नई दिल्ली।

पत्र भी इसी पतें पर देंगे।

एक नम्बर और नोट कर लें- 270321 (राजेन्द्र भाई)

4

29-2-86

प्रिय गोविन्द भाई,

आपका यह दसवाँ नहीं, तो चौथा पत्र है ही। गिरिराज जी के भी लगभग इतने ही पत्र आ चुके, अभी उत्तर नहीं दे पाया हूँ। आज-कल-परसों में ही नहीं, इस बात में भी पत्र लिखना टलता गया कि लिखूँ, तो क्या और कितना। सितम्बर में अन्तिम सप्ताह से लेकर दिसम्बर तक तो इसमें रहा कि ज़िन्दा बचा रहा तो लिखूँगा। फिर यह हुआ अभी तक कि किसे, कितना लिखूँ। उतना, जिससे कि मेरी बदहवासी, दहशत और विदीर्णता का खाका खिंच सके-याकि जितना लिखना विवेक की प्रतीति दे सके। उन दिनों यदि आपको पत्र लिखता तो वह 30-40 पृष्ठों से कम का न होता। ऐसे लोग कि जिनके सामने इतने विस्तार से बोलना चाहूँ अपने को, उंगलियों-भर को भी नहीं, किन्तु इस बार अचानक यह अहसास हुआ कि आदमी को दया उगाहने और वेदना को कहने के बीच के कर्म की तमीज होनी चाहिए। क्योंकि करुणा उगाहने की वस्तु नहीं, वह साक्षात्कार चाहती है। वेदना का विवेक ही तमीज देता है कि किसे और कितना लिखें।

लिखने में दूसरे का ध्यान रखना ज़रूरी है, किन्तु मैं सदैव एकतरफा होता गया और परिणाम यह कि सम्बन्ध खोते चला गया। इधर जब इस मुकाम पर पहुँचना हुआ कि अपने किये का लेखा-जोखा और आगे बढ़ाया जाय, तब पाया कि आज जिस दुरावस्था में घिरा हूँ, इसके सारे कारण सिर्फ मुझमें हैं। लम्बे-लम्बे पत्र लिखना, शायद, दरअसल इस कारण भी था कि खुद कुछ भी सार्थक रचनात्मक लेखन करने में असमर्थ था। जब कोई लेखक रचना में खप रहा होता है, तब उसके पास न फालतू बातें होती हैं, न ही फालतू वक़्त। इसी में ध्यान आया कि ऐसे वाहियात पत्र लिखने में रस लेना, जिन्हें कि पढ़ना भी सिवा वक़्त नष्ट करने के और कुछ न हो- इसके अलावा कुछ नहीं कि आख़िर कैसा भी आत्मीय ऊब जाय। दूसरे, अपने दुखों को दूसरों से विस्तार से गाता है वह, जिनमें उन्हें वहन करने की क्षमता नहीं होती- और या कि जो अपने दुख गाकर, दया उगाहना चाहता है, इस बात पर आकर पाया यह कि मेरा सारा जीवन संघर्ष शायद इसी दया उगाहने पर

आकर टिक गया है और आज जब ध्यान आता है कि इससे मुझे बचना चाहिए, तब हाथ-पाँव फूलने लगते हैं कि जिन सुविधाओं का अभ्यस्त हो गया हूँ, ये अब बिना दया उगाहे कहाँ मिलनी हैं। परिणाम यह कि कैसी भी स्थितियों में संवेदना पर बने रह सकने का साहस ख़त्म हो गया है। जो यह मुगालता था कि जितना भी बन पड़ेगा, उतनी सचाई पर रह सकने की कोशिश करूँगा ज़रूर- वह अब बिखर गया है, क्योंकि जो दया पर जीते हों, जिन्हें सुविधाएँ त्यागने से भय लगता हो, सच उसके व्यवहार की वस्तु नहीं।

मेरी समस्या यह है कि अपने पतन के सारे कारणों को जानता हूँ, लेकिन इनसे ऊपर उठ सकने की प्राणों में शक्ति नहीं। अपनी फुटपाथी औकात से भलीभाँति अवगत होते भी मध्यवर्गीय पारिवारिकता को मकड़ी के जाले की तरह बुनते जाना आख़िर प्राणलेवा हो गया है। इस मोड़ पर आकर जिस नैतिक साहस की ज़रूरत थी, वह भीतर नदारद है। झगड़ा इस बार देखने को आवास विकास परिषद् वालों से पड़ा, लेकिन इतना देख लेने की ज़रूरत तो आ ही पड़ी कि व्यवस्था से उलझना चाहते हो, तो जरा अपना चरित्र भी टटोलकर देख लो। जिसे सुविधाएँ, परविार और निष्कंटक जीवन प्यारा हो, जिसके चरित्र में भाँति-भाँति के छिद्र मौजूद हों, वह खुद की औकात से बड़ी लड़ाई मोल लेने का शौक क्यों रखे? और रखे, तब अपने दुखों को दूसरों के कानों में गा-गाकर दया उगाहने की शृंखला आख़िर कब तक और कितनी दूर तक साथ देगी?

इसमें हुआ कि न लिखूँ फिलहाल। हालाँकि अब भी शायद, सिवा इसके कुछ नहीं लिख पाया हूँ।

एक लेखक के तौर पर तो मोहभंग काफ़ी पहले ही शुरू हो गया था और इसीलिए यदि लेखक के तौर पर कभी कहीं कोई जगह नहीं बन पाई तो यह दु:ख का विषय नहीं रहा। बल्कि जो थोड़े-बहुत लोगों की आत्मीयता सुलभ हुई, वह सिवा प्रभुकृपा के और कुछ न प्रतीत हुई। लेखकों में आपके और गिरिराज जी के प्रति ज़्यादा लगाव होता गया। एक कारण भी यही था कि आप दोनों ने मेरी औकात को जानते-बूझते भी स्नेह और आदर दिया।

अब जब लेखक के तौर पर खुद के रूप को कुछ ठीक-ठीक देख पा रहा हूँ, तो सचमुच विस्मय होता है कि इतना निरर्थक लिखकर भी इतनी दूर और देर तक लेखक होने के भ्रम में रहना कैसे सम्भव हो गया।

फिलहाल तो, गोविन्द भाई, इतना साफ़ दिखाई पड़ता है कि यह लेखक होने की दीप्ति ही नहीं, बल्कि गलतफहमी के भी खात्मे का समय है। कुछ सार्थक भी

लिख पाने की उम्मीद नष्ट हो गई है, तो पत्रिका अच्छी निकालने का भ्रम भी नहीं रह गया। यह समय मेरे लिए मकान, ज़मीन और लड़कियों के लिए जेवर-पैसा जोड़ने के लिए जैसे भी बन पड़े धन कमाने का समय है। मेरी समस्त इन्द्रियाँ इसी में लिप्त हैं। पैसा मेरी संवेदना और चेतना दोनों से ज़्यादा कीमती वस्तु बन गया है। मैंने नहीं सोचा था कि मेरे जीवन संघर्ष का अन्त इतना विरूप होगा, लेकिन हुआ है, तो इसकी सारी जड़ें मुझमें ही कहीं रही होंगी।

अब मेरे लिए न लिखना महत्त्वपूर्ण है और न ही पत्रिका। और जैसा अब तक लिखता आया, उससे कुछ बेहतर लिख सकने की कोई गुंजाइश भी नहीं।

आज मलाल है तो यह कि लोगों का दिया भी नष्ट ही किया। एक लेखक के नाते इसे मेरा अन्त ही समझिये।

कहानी जल्दी ही वापस भेज दूँगा। दुबारा माँगने का हक न होगा मुझे। 'विकल्प' निकला भी, तो वैसा न निकल सकेगा कि आपसे जोर देकर कह सकूँ। सिर्फ़ विज्ञापनों से पैसा जुटाने की एक खानापूर्ति होगी अब और इसके लिए आग्रह करना बेमानी होगा।

आप इसीलिए ही लिख पा रहे हैं और लिखेंगे कि आपमें वैसी तलाश है। आपके प्रति कृतज्ञता सदैव अनुभव करता हूँ।

आपका भाई,

शेलेश मटियानी

5

10-8-86

प्रिय गोविन्द जी,

अब आप लौट चुके होंगे।

आप निरन्तर कुछ और ज़्यादा लेखक होते जा रहे हैं। आदमी के भीतर जैसा भार गिरता है वैसा उतना ही वह दूसरों को भी लिख, पढ़ सकता है। आप भी हैं अपने आपमें एक नमूना। वस्तु हो कि आदमी, 'नमूना' बनने में ही वक़्त लगता है। आप खुद लिखे जाने के योग्य होते जाते हैं। आपके साथ रहना भी एक अनुभव कमाना है।

सहजता और सादगी का बढ़ते जाना कोई खेल नहीं। भीतर रत्न भरने लगें, तब बाहर सादगी और सहजता झलकती है। सोचता हूँ, काश कि आपकी ही जैसी आराधना मुझमें भी आ जाती। मैं तो अभी लगभग भैंसा-वृत्ति में हूँ। जूड़े और कंधे में घाव से हो गये हैं। मुँह से फेन छूटने लगी है। और मुझे भी आपके साथ रहते कहीं न कहीं समानधर्मा के साथ ही होने की अनुभूति हुई, तो यह भूलने की बात नहीं।

बड़े भाई, बस, साल-दो साल किसी तरह खिंच जाय गाड़ी। अपनी कोई चिंता नहीं। इस मामले में चित्त आज भी कुछ फकीर का सा है कि कल फिर सड़क से आ लगें, तो यह भी तो इसी पृथिवी पर का वासा होगा।

'हंस' पहुँचा? अभी मेरे पास नहीं आया है। दिल्ली में कुछ 'प्रूफ' भर देखे थे। बहुत लगन से काम हो रहा था। राजेन्द्र भाई को इस तरह और इतना काम में डूबे देखना बहुत अच्छा लगा। मैं आज भी इसी पक्ष में हूँ कि चाहे हमारा लिखा- या हमारे बारे में-कुछ न छपे, लेकिन पत्रिका छपकर अच्छी निकले कहीं से भी, तो इसे एक अत्यंत महत्त्वपूर्ण कार्य ही कहना होगा। इस वक़्त की यह बहुत बड़ी ज़रूरत है कि एकाध पत्रिकाएँ और ऐसी निकलें जो लिखने-पढ़ने की होड़ बना सकें। 'हंस' कैसा लगता है आपको, मुझे ज़रूर लिखेंगे। आपके संग्रह 'ख़ाक इतिहास' और गिरिराज के 'बड़े ग़ुलाम अली ख़ाँ का गाना'- इन दो पर एक लेख 'हंस' को इसी महीने भेजूँगा। देखूँ, छापते हैं कि नहीं। इधर दो-तीन दिन गिरिराज के साथ भी

रहना हुआ था और धीमे से यह बात उनके कानों में डाल दी है कि कहानियाँ मुझे नहीं जम रहीं।

आप जानते हैं, लगभग बेपढ़ा ही नहीं, गलत भी हूँ। लेकिन लिखूँगा बहुत मन से ही।

आपसे फिर अपनी बड़ी चिंता की बात करनी है। शुभा यदि बम्बई में कहीं किसी डिग्री कॉलेज में पढ़ाने की नौकरी मिल जाय, करने को तैयार है। फिलहाल अपने शोधकार्य में जुटी है और उम्मीद कर रहा हूँ कि इस बार जल्दी ही इस काम को कर लेगी। बहुत ही प्रतिभाशाली लड़की है, देर सिर्फ़ लगन की है।

इस कार्य को मेरा उद्धार करने के स्तर पर ध्यान में रखेंगे। यह मुझे ढहते से बचा लेना होगा।

यदि सम्भव हो, पी.पी. श्रीवास्तव साहब को कभी फ़ोन पर याद दिला देंगे। उन्हें चिट्ठी लिखी है मैंने। हरीश भाई ने कुछ देखा?

अन्त में, फिर यही कि किसी भी तरह कुछ दिनों का, यहाँ आने का प्रोग्राम कभी बनायेंगे। ज़रूर।

शेष आपका पत्र आने पर।

बहन, मनोज व बेबी को स्नेह देंगे।

आपका

शैलेश मटियानी

6

1 जनवरी 1987

गोविन्द भाई,

यह पत्र संक्षेप में।

राकेश को बम्बई में कोई परीक्षा देनी है। आपसे मिलेगा।

'वर्तमान साहित्य' के अंक आपके पास आते हैं? मधुमक्खियों का छत्ता छेड़ना हो गया। बहरहाल इससे बहस का सिलसिला बनता है। आपको शायद पता होगा कि 'वर्तमान साहित्य' में चर्चित कहानियों का एक संग्रह छापने की योजना है। लेख भी उसमें छपेंगे। अब कपिलदेव की प्रतिक्रिया को केन्द्रित करते एक लेख लिखा है। इसमें 'वरणांजलि' पर पुनः विस्तार से लिखा है और इस बार कुछ अधिक

सन्तुष्ट हूँ। अब इस कहानी को 'कफ़न' के समानान्तर रखकर लिखा है, क्योंकि अधिकांश मार्क्सवादियों की चिढ़ इसका जिक्र 'कफ़न' के साथ रखकर किये जाने पर है। इस बार यह बात ज़ोर देकर रेखांकित की है कि संवदेना और अनुभव का वह कौन-सा बिन्दु है, जो 'वरणांजलि' को 'कफ़न' के समतोल बनाती है। अनुभव के दो भिन्न-भिन्न क्षितिज संवेदन के धरातल पर कैसे एक होते हैं और इस तरह की रचनाएँ किसी लेखक के पूरे चेतना जगत में घटित होने वाले परिवर्तन और उथल-पुथल को कैसे प्रतिबिम्बित करती हैं।

लेख टाइप हो जाने पर भेजूँगा। 'वर्तमान साहित्य' में ही देना है।

राकेश की माँ का अभी होम्योपैथी का इलाज चल रहा है, इससे सामान्य स्वास्थ्य में थोड़ा सुधार आया है, लेकिन लगता है फौरन ऑपरेशन ही कराना होगा। इलाहाबाद में ही मन बन रहे हैं।

आप इतने तीर्थ कर रहे हैं, तीर्थराज की ही सुधि नहीं है। यहाँ फरवरी में ठंड भी कम होती है और माघ-फागुन का मेला और घर। इस बार मन बनाइए। बाकी बातें फिर लिखूँगा।

अगले तीन-चार महीने घर पर रहने की योजना मन में है। अधूरा लेख पूरा करना चाहता हूँ। शुभा का शोधकार्य भी पूरा कराना है और इसी बीच ऑपरेशन भी।

अब अपने समाचार देंगे। 'निष्कासन' कहानी पढ़ी थी। प्रारम्भ की पकड़ अन्त तक जाते-जाते बिखर गई है। सवाल का उपदेश के स्तर पर पहुँच जाना रचना की क्षति करता ही है।

'सारिका' में आपका वक़्तव्य पढ़ा था। कीड़ा अब भँवरा बनने-बनने को है। आपके भीतर की व्याकुलता अब ज़्यादा झलक पा रही है। आपको कुछ याद है, कि कभी आप कहते थे, लेखक को कुछ भी सिर्फ़ रचना में कहना चाहिए। कई बार, बीच के पड़ावों पर, सीधे भी कहना चाहता है लेखक और इसमें कुछ बुरा नहीं। रचना से बाहर कहते-कहते ही यह ज़्यादा गहराई से अनुभव होता है कि बात अन्ततः रचना में आने से ही बनती है।

शेष फिर। सम्भव होंगे।

आपका

शैलेश मटियानी

(सन्दर्भ : गो.मि. की कहानी 'वरणांजलि')

7

21-4-87

प्रिय गोविन्द भाई,

आपका पत्र काफ़ी अरसा पहले आया था। पिछले छ-सात महीनों से एक नयी आफत में फँसा रहा हूँ। संलग्न अख़बारी कतरन से अंदाजा लगा सकेंगे।

किराया लिया भी। उत्तरप्रदेश में बिल्कुल अंधा कानून है। सारी कार्यवाहियाँ फर्जी हो जाती हैं। नोटिसों पर झूठी गवाहियाँ हो जाती हैं, दफ़्तर के भीतर-भीतर ही। और एक दिन पुलिस वाला सड़क पर कर देता है। जो परिवार वाला मकान है, उसका हाल यह कि गुण्डागर्दी के कारण ही वह छोड़ना पड़ा था, फिर उसकी किश्तें भरो...इन झंझटों से पिछले ग्यारह महीनों से कोई किश्त नहीं दे पाया। इधर कहीं यात्राओं पर निकलना भी कठिन होता गया। इन्हीं उलझनों में आपको भी पत्र नहीं लिख पाया।

'जनपक्ष का यह अंक हाल ही निकला है। लगभग पौने दो वर्षों में। दरअसल पिछले वर्ष लड़की की शादी का मामला गड़बड़ाने के बाद से मानसिक तौर पर भी कुछ ऐसी टूटन आ गई कि भीतर-भीतर सब बिखर सा गया। पहले जो तमाम बाधाओं-परेशानियों के बीच भी काम करते चलने का अभ्यास था, जाने कहाँ बिखर गया। अब इतना स्पष्ट लगता है कि जल्दी सँभलना हो नहीं पाएगा।

आपको कभी कुछ और ठहर के पत्र लिखता, लेकिन इस बीच बैंगलोर से परमानन्द गुप्त जी का पत्र आया है। उन्होंने लिखा है कि शुभा के लिए जून 87 में नौकरी की व्यवस्था हो सकती है। पहले अंग्रेज़ी में बी.ए. की बात थी, लेकिन अब उन्होंने लिखा है कि थोड़ा वार्तालाप और सामान्य ज्ञान की ज़रूरत है। इंटर तक अंग्रेज़ी विषय रहा ही है बस, घर में वातावरण न होने से बोलने का अभ्यास नहीं। ट्यूशन लगवा रहा हूँ। परमानन्द जी ने थोड़ा अभ्यास करा देने को लिखा है जून तक।

अब आप उन्हें पुनः जोर देकर लिख देंगे। शुभा के लिए यह व्यवस्था हो जाती है, तो इससे मुझे बहुत राहत मिलेगी। पिछले वर्ष पुनः दो-तीन महीने हम

लोग उसके विवाह के सिलसिले में भटकते रहे हैं। एक जगह बात चल भी रही है, लेकिन पिछले कटु अनुभव के बाद बहुत डरा-डरा हो गया हूँ। आप देखेंगे कि यह बैंगलोर वाली नौकरी किसी तरह पक्की हो जाय। आपके इस उपकार के प्रति हम जन्मांतरों तक ऋणी रहेंगे।

लिखना बहुत बिखर गया है। ढाई वर्षों से कोई उपन्यास नहीं। कुछ पुराने उपन्यासों को ठीक करने में लगता हूँ, तो भी बात बन नहीं पाती है। कुछ कहानियाँ ज़रूर लिखी हैं।

इधर कहानी पर एक लेख लिखा- पचौरी के कहानी पर धारावाहिक लेखों की प्रतिक्रिया में। इसमें अभी फिलहाल चार कहानियों का ज़िक्र इस रूप में किया कि कहानी में संवेदन की भूमिका क्या हो सकती है। 'वरणांजलि' बम्बई में आपके ही यहाँ पढ़ी थी। इसके प्रभाव से अभी तक मुक्त नहीं हो पाया हूँ। इसने एक हलचल कर दी थी मेरे भीतर। रचना कर्म को लेकर कई सवाल उठाये थे। किसी लेखक में संवेदन का जो विस्तार हम पाते हैं, उसका उत्स कितने गहरे आघातों में होता है। बड़ी रचना की जो पहचान मुझे समझ में आती है, यही कि वह आदमी के और ज़्यादा गहरे निशान हमें देती है। इस कहानी पर कभी और विस्तार से लिखूँगा, क्योंकि रचने की जो परिभाषा मुझे घेरती रही है, यह कहानी इसमें हाथ बँटाती दिखाई पड़ती है।

आपको एक कहानी संग्रह दिया था मैंने- 'शेलेश मटियानी की प्रतिनिधि कहानियाँ', जिसमें बटरोही की भूमिका थी। इस तरह का एक संग्रह छपवा लेने की इजाजत दें उसी प्रकाशक के यहाँ से, तो कहानियों का चयन मैं खुद करना चाहता हूँ आपकी कहानियों में से और तब एक लम्बी भूमिका लिखना। मेरी सीमाएँ उजागर हैं। बुद्धि और प्रतिभा, दोनों का व्यास बहुत छोटा है। कोई गहरी पैठ नहीं... लेकिन इतना कह सकता हूँ कि किसी भी लेखक की रचनाओं पर तभी लिख सकता हूँ, जब लगे कि लिखा जाना चाहिए। जिस भी लेखक पर हम लिखें उसका हमारे पास कारण होना चाहिए, कि आख़िर क्यों चुना है हमने उसे। अगर वह हमारी साहित्य की समझ और अवधारणा को रूपायित करने में कोई हिस्सा नहीं बँटाता, तब लिखना व्यर्थ है। ख़ासतौर पर आलोचना जिसका कार्यक्रम नहीं, उस लेखक को बहुत सोच-समझकर और पूरी ज़िम्मेदारी से ही किसी पर लिखना चाहिए, ऐसा मानता आया हूँ।

किसी लेखक के बारे में दूसरों के द्वारा क्या लिखा गया है, या कि कुछ लिखा भी गया है, अथवा नहीं- इससे बिना कोई सरोकार रखे, हमारा जो आकलन बनता है, उसे सामने रखना और जो कुछ हमने कहा, उसके कारणों को पारदर्शी बनाना,

इस बात को मैं ज़्यादा महत्त्व देता हूँ। रचना का पढ़ा जाना उसके लिखे जाने का सबसे महत्त्वपूर्ण छोर है। रचना जिस तरह लिखी गई, ठीक उसी तरह से पढ़ी जाने पर ही पूरा अर्क देती है। 'वरणांजलि' जिस तरह लिखी गई, उस तरह पढ़ सकने की चुनौती सामने रखती है।

आप इस आशय का एक पत्र मुझे शीघ्र ही भेज देंगे कि 'गोविन्द मिश्र की कहानियाँ' शीर्षक संग्रह के प्रकाशन के सन्दर्भ में मेरे द्वारा कराया अनुबंध आपको स्वीकार होगा।

मानता हूँ कि साहित्य अन्ततः देश, भाषा और लेखक के नाम से जाना जाता है। नई कहानी, सचेतन कहानी या प्रगतिशील-कलावादी कहानी के सारे लेबिल रह जाएँगे। आख़िर कुछ ही कहानीकार उस मुकाम तक पहुँचेंगे, जहाँ रचना लेखक के नाम के सिवा और किसी बात से नहीं जोड़ी जाती। इस सिलसिले को यदि अवसर मिला, आपके बाद कुछ और लोगों को भी लेने की बात मन में है, क्योंकि अपने समकालीनों पर लिखना चाहिए, ऐसा मन होता है। अपने ही ढंग से लिखना चाहता हूँ, क्योंकि उन्हीं रचनाओं पर ठीक से लिख सकता हूँ, जिन्होंने मुझे भीतर तक छुआ हो। जिनको श्रेष्ठ कहने की आधार पास में हों।

प्रकाशन ने साथ में 'वरणांजलि' कहानी भी छापने की बात की है। दरअसल भूमिका भी 'शुरुआत' से लेकर 'वरणांजलि' के बीच की जो यात्रा है आपको संवेदना के धरातल पर, इसी पर केन्द्रित करना चाहता हूँ। इतनी उम्मीद करता हूँ कि सामान्य चलन से अलग होगी और उसमें गोविन्द मिश्र के बहाने- और सहारे- रचना के आधारभूत सवालों पर भी कुछ कह सकने का अवसर होगा।

आपका

शैलेश मटियानी

{सन्दर्भ : 'शुरुआत' ('विकल्प' में प्रकाशित) और 'वरणांजलि' (गो.मि. की बहुत बाद की कहानी}

8

261-ए, मोतीलाल नेहरू नगर,
इलाहाबाद-2
20.6.87

प्रिय गोविन्द भाई,

पिछले फिर कई हफ़्ते इतने भटकाव में गुजारे हैं कि बहुत थक-सा गया हूँ। आपको बाकी बातें फिर कभी लिखूँगा। जुलाई में कभी बम्बई की तरफ़ निकलूँगा। नया संग्रह छपते ही भेज देने को लिख देंगे प्रकाशक को।

आपका जो ध्यान है मेरी तरफ़, इसे आपके संवेदन का एक हिस्सा मान लेना ही ठीक होगा। जहाँ खुद को, वहीं दूसरों को भी जगह है।

परमानन्द जी के पत्र की प्रतीक्षा है। उन्होंने जुलाई के प्रथम सप्ताह तक में विज्ञप्ति निकलने की बात बताई थी।

इधर शुभा के सिलसिले में ही फिर बाहर भटकना पड़ा। कोई बात नहीं बनी। अब इसी तरफ़ ध्यान लगाना है कि पहले उसके लिए कहीं कुछ ढंग की नौकरी का जुगाड़ हो गया। अब बिल्कुल साफ़ अनुभव होने लगा कि इस समस्या के हल हुए बिना कुछ भी लिखने में एकाग्र हो पाना कठिन है। इसलिए यही इरादा किया है कि एक जो उपन्यास प्रेस में गया है, इसके अलावा कोई हाथ में नहीं लेना है। बल्कि कुछ दूसरी तरह की चीज़ें लिखने का मन है। बीच में कुछ कहानियाँ लिखी थीं। जून के 'हंस' और 'वर्तमान साहित्य' में दो कहानियाँ छपी हैं। देखिएगा ज़रूर।

आपकी एक टिप्पणी 'चौथी दुनिया' में देखी थी। मैं फिर कहूँगा, आज नहीं, तो कल, नहीं तो परसों, नहीं तो कुछ बरसों के बाद सही- लेखन के प्रति आपका जो रुख है, यह और बड़ी चिन्ताओं में आपको ले ज़रूर जायेगा और तब उपन्यास कहानी से बाहर भी बहुत कुछ आप कहेंगे। संवेदन और विचार की दुनिया दो पृथक् संसार नहीं हैं। आपकी उस टिप्पणी में जो चिन्ता झिलमिलाती है, वह विचार और संवेदन, दोनों स्तरों पर आपको अगले लम्बे समय तक व्यापेगी।

'रामसजीवन की माँ' भी पढ़ी थी। अपने खुद के संवेदन और अनुभव का विस्तार ही लेखक को सबके अनुभव तक ले जाता है। मुझे फिर यही लगा कि आदमी के प्रति आपका रुख अगर किसी लेखक के ज़्यादा करीब ले जाता है, तो वह प्रेमचन्द ही हैं। आदमी में जो सबसे ज़्यादा मूल्यवान है, उसकी सतत् खोज और साक्षात्कार- आपकी इधर की अधिकांश कहानियों में यह प्रक्रिया साफ़ झलकती है। एक सकारात्मक परिवर्तन इनमें साफ़ झलकता है।

आपके बहाने खुद के सोच को सामने रख सकने की उम्मीद में ही लिखने का इरादा किया है। किसी लेखक को देखने का हमारा इरादा साफ़ होना चाहिए। संग्रह अगस्त तक तैयार करके दे देना चाहूँगा। रायल्टी आपको जायेगी। मैं अपना मेहनताना पाँच प्रतिशत रख लूँगा।

मकान का मसला अभी जस का तस है। तारीखें मिलती रही हैं। उधर आवास परिषद् से जो किश्तों में मिलना था, उसकी तेरह किश्तें बाकी हो गई हैं। धोबी का कुत्ता वाली स्थिति न आ जाए, यही डर है, लेकिन झेलने के सिवा तो कोई रास्ता नहीं। और यह कि अपनी कोशिश रहे।

शेष फिर।

सपरिवार सानन्द होंगे।

आपका

शैलेश मटियानी

(सन्दर्भ : 'रामसजीवन की माँ'- गो.मि. की कहानी)

9

261-ए, मोतीलाल नेहरू नगर,

इलाहाबाद-211002

12.9.87

गोविन्द भाई,

आपका 1/9 का पत्र कल मिल पाया। इधर तीन महीने पुन: घनघोर फजीहत में बीते। कुछ समझ में नहीं आता, क्या होना है। भूचाल में डगमगाते मकान जैसी हालत है।

24/9 को पुन: मकान सम्बन्धी मुकदमे की तारीख है। इसके बाद बम्बई आऊँगा, तभी विस्तार से बताऊँगा।

एक बात समझ में आती गई ज़रूर कि आदमी चलता प्राणी है। उसके हाथ-पाँव ही नहीं, सारे अंग चरैवेति-चरैवेति से बँधे हैं। स्थिर होते भी चलता है आदमी। कितना और कैसे चला, इसके सबसे गहरे चिह्न दिखाई पड़ते हैं उसकी संवेदना और स्मृति में। और संवेदना तथा स्मृति ही प्रतिच्छादित होती है उसके कर्म में। किसी लेखक को जानने-या आलोचना के मुहावरे में कहें, तो जाँचने- की, शायद, सबसे उत्तम पद्धति है, उसकी संवेदना और स्मृति को जाँचना। किसी भी लेखक की भाषा इन्हीं दो से बनती है। शब्द सबको समान हैं। भिन्नता संवेदना और स्मृति की बनावट से उत्पन्न होती है। कब अचानक कहीं एक अदृश्य स्रोत फूटता है और फिर जैसे सारे प्रदेश की आर्द्रता का रुख उसी ओर हो जाता है, बहुत कठिन है जानना। आदमी ज्यों-ज्यों मुहाने की ओर पहुँचता है, त्यों-त्यों उद्गम का सवाल और ज़्यादा घेरता है। जिनमें संवेदना और स्मृति का प्रवाह तीव्र दिखाई पड़े, साफ़ जान लेना चाहिए कि सारी तैयारी महासागर तक पहुँचने की है। अधिकांश इसमें पहले ही सूख जाते हैं।

प्रत्येक को अन्तत: कहीं न कहीं समाना है। जिसकी यात्रा जितनी, उतनी ही चिन्ता और व्याकुलता है। उतना ही वरण जितना समा सके। आदमी की हर वस्तु

नाप-तौल की सामग्री है। जीवन ही नहीं, मरण तक। तराजू ही नहीं, दृष्टि, श्रुति, स्मृति और अनुभूति से भी तौलता चलता है वह। स्वयं नाप-तौल से आये होने से। यही उसकी नियति है। 'वरणांजलि' से मुझे हुआ कि इसका इतना वजन पड़ा है स्मृति और चेतना पर, तो तौलकर देखने के सिवा रास्ता क्या है?

आदमी का जीवन अत्यंत कठोर है। उसकी चिता में काठ तक तुलकर लगते हैं और हम सवाल नहीं कर सकते कि क्या शमशान भूमि में भी आदमी इतना कठोर है? कुछ आधार ऐसे होते हैं, सचमुच काठ कर देते हैं आदमी को।.... लेकिन धीरे-धीरे प्रत्येक जागता है, स्वयं की स्मृति और संवेदना के झतपाट में। कुछ का जीवन सतत जागरण हो जाता है। वो खा-पीकर भी जागते रहते हैं। उनकी पलक नहीं लगती। पलक नहीं लगी, यह उनके कर्म में दिखाई-सुनाई पड़ता है। 'वरणांजलि' से यही लगा कि कितना जागता और रोता रहा होगा यह पिता! ध्यान दें, तो कतई कहानी नहीं है, चूँकि इस रूप में सामने आई, इसलिए- और कुछ इसलिए कहानी है कि कही गई है।

प्रार्थना का एक ही अर्थ है- हमारी रक्षा करो! यह जो प्रलय हमें लीलने को उपस्थित है, इससे रक्षा करो!

जल और वेदना की प्रकृति है कि जगह पाते ही टूट पड़ें। जिसके भीतर जितनी जगह, उतना ही आलोड़न-विलोड़न मचाते हैं ये। जिसने भीतर के कपाट खुले रख छोड़े हैं, जो दुख को टरकाता नहीं, उसे समो लेना चाहता है, उसे ही चौहद्दियाँ टूटने का भी संकट है। 'वरणांजलि' एक पवित्र प्रार्थना है और प्रार्थना कभी व्यक्तिगत नहीं होती। प्रार्थना सबको समान है। जिसमें भी माता-पिता हों, संतति की प्रार्थना अवश्य होगी। 'वरणांजलि' संतति की वेदना से व्याकुल की पुकार है। यह कालजयी है, क्योंकि इसमें काल के भीषण संघात को झेलने में संघर्ष करने वाली प्रार्थना है। यह रचना प्रत्येक माता-पिता पर उपकार है। यह सुकरात के इस कथन को स्मरण कराती है कि- माता-पिता वह वृक्ष हैं, जो जड़ों के खोखले होने से नहीं, बल्कि फूलों के मुरझा जाने से सूखने लगता है।

'वरणांजलि' पढ़ना माता-पिता होने की नियति को जानना है। यह बहुत बड़ी रचना है, इसलिए इसे समय लगेगा।

जो रचना लेखक का व्यास बताये, वह सामान्य नहीं होती। उसके वृत्त बहुत दूर तक जाते हैं। यह रचना का शून्य प्रहर है। इस काल में सिर्फ़ वही कुछ सार्थक रच पायेगा, जिसमें संवेदना और स्मृति का कैसे भी गहरे अँधेरों में आभा नहीं खोने वाला आलोक होगा। ये जो सीधे-सीधे व्यवस्था में क्रान्तिकारी परिवर्तन घटित कर देने

के उद्घोषक लेखक हैं, जिन्हें मनुष्य की संवेदना और स्मृति के सवाल विचारधारा और पार्टी निर्देशों से कमतर महत्त्व के सवाल हैं, इन्होंने एक ऐसा अंधड़ उत्पन्न कर रखा है, जिसमें रचना के बुनियादी सार तत्त्वों के प्रश्न ध्वस्त तो नहीं, लेकिन धूल-धक्कड़ से अँट ज़रूर गये हैं। इनकी मार बहुत प्रबल है। जिस लेखक में इस मार को झेलने की क्षमता नहीं होगी, वह भरभराकर ढह जायेगा।

हालाँकि विचारधारावादी खेमों में जो कहीं न कहीं संवेदना के सवालों से जूझते हुए लोग हैं, उन्हें यह चिन्ता घेर रही है कि अन्त:स्रोत क्यों सूखते जा रहे हैं।

आप उपन्यास पूरा कर चुके हैं, जानकर प्रसन्नता हुई। रचना महासागर में कागज़ की नाव छोड़ना है। कितना चकित करने वाली है यह बात कि काग़ज़ की नाव ही आदमी की सबसे मजबूत नाव है।

आपसे एक बात कहना चाहता हूँ। साहित्य सम्बन्धी समझ बिल्कुल ध्वस्त हो गई जान पड़ती है। यह एक सचाई है। हालाँकि एक तरह से यह बिल्कुल स्वाभाविक परिणति जान पड़ती है। स्कूली शिक्षा ज़्यादा नहीं होना, उतना बड़ा दोष नहीं, लेकिन अध्ययन में भी उजाड़ होना ठीक नहीं। साहित्य को समझने की कोशिश करना अंधे का हाथी टोहना हो गया है। कभी-कभी गहरी हताशा होती है, लेकिन फिर यही संतोष कर लेता हूँ, इससे ज़्यादा वश में नहीं।

साहित्य, ये औलियापन की जगह नहीं। इसमें गहरे सोच-विचार और अध्ययन-मनन की ज़रूरत होती है। बिना गहरे अध्ययन-मनन का सोच-विचार औघड़पन है। और यह प्राय: हास्यास्पदता की श्रेणी में गिना जाता है। आपने उपन्यास पढ़ने की बात की, तो याद आया कि जाने क्यों अब कोई कृति पढ़ते भय लगने लगा। कुछ अनाधिकृत कर रहे होने की सी प्रतीति। क्योंकि इतना अब समझ में आने लगा कि रचना कितनी कठिन वस्तु है। हिन्दी के ऐसे आलोचकों को 'धन्य-धन्य' कहने को मन होता है, जिन्हें कोई भी कृति एक पुस्तक-मात्र है। जो आनन-फानन में कृति के सारे सार-तत्त्वों को चुटकियों में बजाकर दिखा देते हैं। कहीं लगता ही नहीं कि इन्हें कृति को समझने में कोई दिक्कत भी हुई है। यहाँ हाल यह है कि कृति को हाथों में लेते एक डर-सा लगता है। प्रत्येक श्रेष्ठ कृति एक अरण्य जान पड़ती है। जो स्वयं के अनुभवों से पार की दुनिया है, वहाँ प्रवेश और विचरण आसान नहीं। फिर भी एक रास्ता है। पढ़ने पर जो कुछ हममें घटित हुआ, उतना बता लेना। यही करूँगा।

इस बीच दो बार हुआ कि आत्महत्या ही विकल्प है। चीज़ों का सहने की सीमा से ऊपर आ जाना कितना मारक होता है। हत्या और आत्महत्या, एक ही सिक्के के दो पहलू हैं। आत्महत्या ज़्यादा जघन्य हत्या है, लेकिन समय कभी ऐसा भी आता

है, जब और कुछ नहीं सूझता। कभी-कभी इतना अँधेरा चाहिए होता है कि कुछ नहीं दिखाई पड़े। इतनी गहरी थकान हो जाती है, अपने जीवित होने का बोझ सँभालना कठिन हो जाता है।

वाल्मीकि ने एक ही अध्याय, बल्कि सिर्फ़ चार-पाँच पृष्ठों के अन्तराल में बताया है कि ज्ञानियों में ही अग्रगण्य नहीं, बल्कि शरीर-बल में भी अतुल पराक्रमी हनुमान ने जब समुद्र लाँघने को उड़ान भरी, तो दूर-दूर-दूर-दूर तक के वृक्ष तक जड़ों से उखड़कर उनके वेग के आधीन आकाश की ओर उड़ निकले।... इन्हीं महापराक्रमी हनुमान को वाल्मीकि ने सीता की खोज में असमर्थ होने पर, इतना कुण्ठित, हताश और त्रस्त दिखाया है कि लगता है, भूल से, हनुमान की जगह शैलेश मटियानी का वर्णन करने लगे हैं। हज़ारों वर्ष पूर्व कोई सिर्फ़ हनुमान ही नहीं, शैलेश मटियानी के बारे में भी लिख गया है–कितना चकित करने वाली है यह बात!

'वरणांजलि' का ज़िक्र फिर करूँगा। इसे पढ़ते भी यही हुआ कि यह प्रार्थना मेरे निमित्त भी है। चूँकि मेरे भी, इसलिए सबके।

कहाँ का कहाँ पहुँच जाता हूँ। लिखना चौपट हो गया है। सोच का भी यही हाल लगता है। सिर्फ़ वही किताब पढ़ने को मन होता है, जिसमें भरोसा बँधे कि अपना हाल-चाल भी ज़रूर होगा इसमें। इसी से कुछ ऐसा लगता है कि जिसमें भी अपना खुद का हाल-चाल सही-सही और संवेदना तथा स्मृति के सारे प्रवाह को एकाग्र करके लिख दिया, उसमें सबका दुख-सुख और संघर्ष उपस्थित होगा ज़रूर।

पत्र हो कि लेख, हनुमान जी की पूँछ की छाया होते जाते हैं। इसी में होता है कि दूसरों को भी-जो मिल जाय-पत्थर या परमेश्वर, करते जाओ। ये दो ही पूरी वेदना सुनने में समर्थ हैं।

इधर कुछ कहानियाँ लिखी थीं। 'इतिहास' वृद्धावस्था की ही कथा है। इसे पहले आप पढ़कर देख लेंगे। तब ही देंगे।

कुछ हुंडिया भेज रहा हूँ। मुझे यहाँ लगता है कि ये किसी न किसी की तरफ़ निकलनी ज़रूर हैं।

शेष फिर।

आपका

शैलेश मटियानी

पुनश्च: गिरिराज जी का पत्र आया था। 'वरणांजलि' उन्होंने पहले पढ़ी नहीं थी। लिखा है, सचमुच अच्छी रचना है।

संघर्ष की कसौटी संवेदना है। हर व्यक्ति की सीमा है। इस जगह का एक कोना ही प्रत्येक के हिस्से आता है। इसलिए सवाल यह मुख्य नहीं कि किसके जीवन में बाहर का संघर्ष कितना है। आदमी दो गोलार्द्धों की चीज़ है। बाहर या भीतर कहीं भी, उसकी यात्रा समान है। जिसे चीज़ों को मिलाकर देखना आ गया, उसे सार हाथ आ गया। अपने दुःख को दूसरों के दुःख से मिलाकर देखना ही साहित्य का आधार है। वाल्मीकि ने मादा क्रौंच की चीत्कार से अपनी वेदना को मिलाकर देखा तो कौन जानता है कि उन्हें कहीं न कहीं अनुभव हुआ हो कि अरे, मुझसे बड़ी वेदना तो इसे है।

नदी को देखिए तो लगता है- महासागर उसे साफ़-साफ़ दिखाई पड़ रहा है।

10

261-ए, मोतीलाल नेहरू नगर,
इलाहाबाद-211002

प्रिय गोविन्द भाई,

आपका पत्र मिला, कहानियाँ भी।

मेरा इरादा पहली कहानी 'शुरुआत' और आख़िरी 'वरणांजलि' देने का है। ('गोविन्द मिश्र की प्रतिनिधि कहानियाँ': सम्पादक शेलेश मटियानी) आपकी सूची की कहानियाँ चली जाएँगी- एक 'कचकौंध' और एकाध कोई दूसरी कहानी मैं ले लूँगा।

जैसा कि पहले भी लिखा आपको, एक बराबर के भागीदार की हैसियत से लिखना है आपकी कहानियों पर। सम्पादक या आलोचक की तरह नहीं लिखना है न वैसी योग्यता है। आपके निमित्त से रचना के बुनियादी सवालों तक जा सकने की एक कोशिश भर करनी है। अभी एक खाका बनते देख रहा हूँ। चाहता हूँ, सिर्फ़ अपनी समझ का ध्यान रखूँ। इससे सीमा तो रहेगी, लेकिन खुद की समझ से बाहर जाकर लिखने से बात बनती नहीं।

'वरणांजलि' पर अभी भी सोचना ख़त्म नहीं हुआ है। अनेक बातें कहकर भी अभी कोई बात बाकी होने का अहसास है। बिल्कुल सम्भव है कि 'वरणांजलि' को जिस तरह मैंने समझना चाहा है, वह कई-एक दूसरों को ही नहीं, बल्कि शायद, आपको भी नासमझी दिखाई पड़े कहीं इसमें। लेकिन इतना कहूँगा जाकर कि रचना

को पढ़ने वाले का यह पूरा हक है कि वह उसे अपने ढंग से, अपने अनुभव और संवेदन के हिसाब से समझे। रचना पढ़ने वाले की वस्तु है। उसके हाथ में आते ही वह लेखक से स्वतन्त्र है। हालाँकि मुझे परितोष होगा, अगर कि आपको भी लगे कि कहीं कुछ सही समझ सकने की कोशिश है, लेकिन यह जोखिम उठाने को तैयार हूँ, कि हो सकता है आपको ही कोफ्त हो कि जाने क्या आलतू-फालतू लिखता गया हूँ।

जिसे खुला खेल फर्रुखाबादी कहते हैं, उस तरह बेफिकरा रहकर लिखना है। अपनी समझ के दोष छिपाने से कुछ नहीं होना। रचना के अन्त:स्रोतों की पहचान आसान नहीं, लेकिन यह कोशिश ज़रूरी है। मेरी नज़र में आपकी पूरी लेखन-यात्रा है। जिस रोशनी में आप समय की छलनी में छनकर रह गये हैं, उसकी पहचान ज़रूरी है।

राजी मुझसे कहीं बहुत गहरे सूझबूझ वाली हैं। उनका अध्ययन भी विराट है। शान्त और सधी बुद्धि से पढ़ती, लिखती और सोचती-विचारती आई हैं वो। वैसा न सन्तुलन है मुझमें, न ज्ञान। निहायत ऊबड़-खाबड़, विमुग्ध और उखड़ा-उखड़ा जीवन है–वैसा ही लिखना। किन्तु इतना ज़रूर कहूँगा कि व्यक्तित्व में निखार आने का मतलब क्या हुआ, अगर वह लिखने में नहीं? लेखक के व्यक्तित्व में घटित होता परिवर्तन अगर उसके जीवन में घटित होता परिवर्तन नहीं, तो उसकी कोई प्रासंगिकता नहीं। लेखक के लेखन का बेहतर होते जाना ही उसके व्यक्तित्व के बेहतर होते जाने का प्रमाण है, अन्यथा व्यक्तित्व के बाहरी घेरों में घटित परिवर्तनों की रचनाकर्म में कोई भागीदारी नहीं।

जहाँ तक दूरी का सवाल है, मुझे नहीं लगता कि आपका व्यक्तित्व आपकी रचनाओं से बड़ा या बेहतर है। अपने आकांक्षित और अनुभूत को पूरा-पूरा न उतार पाये होने की बेचैनी और जिजीविषा ही लेखक को लिखने से विराम नहीं लेने देती। जितना जल बाहर किया, उतना ही फिर भर जाने का यही रहस्य है। लेकिन व्यक्तित्व और रचना समतोल चलते हैं। जितना रचना में आने से रह गया, दरअसल वह व्यक्तित्व में भी आने से रह गया ही होता है।

राजी की एक कहानी 'हंस' में पढ़ी थी। किसी असाध्य रोग से ग्रस्त की थी। उसमें बारीकबीनी इतनी थी कि क्या बात है, लेकिन संवेदन के स्तर पर वह कहानी नितान्त कृत्रिम होती गई। यह जो शिल्प को संवेदन से ऊपर ले जाने का करिष्मा है, यह रचना के वस्तुगत प्रभाव को कम करता है। अज्ञेय जी की बहुत-सी रचनाएँ जो हमारे भीतर की दुनिया को ज़्यादा स्पर्श नहीं कर पाती हैं, इसका कारण, मेरी समझ में, 'शिल्प और संवेदन का असन्तुलन' ही है। बड़े रचनाकारों में यही बात तो चकित करती है कि वहाँ शिल्प और संवेदन को अलग करना सम्भव नहीं। राजी

ने बहुत प्रगति की, लेकिन उनके साथ भी प्रायः यह ख़तरा दिखने लगा है। आप हम ख़तरे से बचे हैं। 'सुनन्दो की खोली' में शिल्प के कोने रचना की अन्तर्वस्तु से बाहर आ निकले-यह साफ़ दिखाई पड़ते थे, जब पहले पढ़ी थी। प्राण से ज़्यादा जोर शरीर पर नहीं होना चाहिए।

फिर कहूँगा कि बिल्कुल सम्भव है कि जो कुछ आपकी कहानियों पर लिखूँ, वह दूसरों को नहीं, आपको भी न जँचे, लेकिन एक इसी मामले में थोड़ा संतोष है कि किसी लेखक पर लिहाज में कुछ नहीं लिखना चाहता। जो लिखूँ, वह गलत हो सकता है, लेकिन उसकी एक पूरी तर्क-प्रणाली ज़रूर होगी। आप पर भी जो लिखना है, उसमें पूरे तर्क सामने रखते हुए।

इधर 'अर्द्धांगिनी' पर गिरिराज जी का पत्र आया था। इस कहानी पर कई और लेखकों की भी प्रतिक्रिया आई है। गिरिराज को लिखे पत्र में भी 'वरणांजलि' का ज़िक्र आ गया है। दरअसल लगातार परेशान हूँ कि इस कहानी ने जो हलचल मुझमें उत्पन्न की थी, उसे ठीक-ठाक पकड़ क्यों नहीं पा रहा हूँ। कोई रचना जब हमारे भीतर छाया की तरह चलने-फिरने लगती है, तब उसे ठीक-ठीक पकड़ने की बेचैनी स्वाभाविक है। जब ऐसा हो जाए, तब हर जगह उसका ज़िक्र भी आ जाता है।

शेष फिर। इधर बहुत ज़्यादा दबावों में हूँ। अगस्त में कभी बम्बई आऊँगा। आपसे कुछ बहस भी करनी है। अभी इतना ही।

बहन को बच्चों को स्नेह।

आपका

शेलेश मटियानी

(सन्दर्भ : 'अर्द्धांगिनी'-शेलेश मटियानी की कहानी)

11

261-अ, मोतीलाल नेहरू नगर,

इलाहाबाद-211002

17.2.89

प्रिय गोविन्द भाई,

आपका 9/2 का पत्र मिला है।

'वर्तमान साहित्य' वाला लेख भेज रहा हूँ। यह तो बहुत विशाल है। जितनी मोटी अक्ल, उतना मोटा लेख। आप वांदिवडेकर जी से कह दें कि वो अपने विवेक से संक्षिप्त कर लें। 'वरणांजलि' से सम्बद्ध पृष्ठों के अलावा भी कुछ पृष्ठ जा सकें तो अच्छा ही रहेगा।

बहरहाल, अपनी ओर से यह चन्द्रकान्त जी पर छोड़ देना ही उचित समझ रहा हूँ।

कहानी पर कुछ अपनी समझ से कहने की कोशिश भूमिका में भी है। मेरे ख़याल से मार्च के प्रथम या द्वितीय सप्ताह तक पुस्तकें आपको पहुँच जाएँगी। छपाई शुरू हो चुकी है।

राय (विभूतिनारायण) बहुत सज्जन हैं। विद्यार्थी जीवन से ही उनका झुकाव वामपंथी विचारधारा की ओर रहा है। अब दिक्कत यह है कि वामपंथी विचारधारा से सम्बद्ध अधिकांश हिन्दी लेखकों की चिन्ता का विषय खुद वैसा साहित्य लिखने की नहीं, जिसकी कि वो माँग रखते हैं। जनवादी लेखकों ने अगर श्रेष्ठ मार्क्सवादी साहित्य का सृजन किया होता, तो यह बहुत अच्छी बात होती, लेकिन ऐसा है नहीं। राय से एक बार कहा था मैंने कि जिस मार्क्सवादी मूल्यों की बात की जाती है, वैसी सिर्फ़ एक पुस्तक भी यदि हिन्दी कथा साहित्य में से बता सकें, तो देखना चाहूँगा।

जिन मूल्यों या विचारों को लेखक स्वयं की कृति में नहीं समा सके, उनके ढिंढोरे से उसे बचना चाहिए। मार्क्सवादी खेमे के सबसे बड़े कथाकार भीष्म साहनी तक के कथा साहित्य में मार्क्सवाद का वैसा कोई प्रतिबिम्ब नहीं है, जिसका कि मार्क्सवादी आलोचना के नाम पर हल्ला बोला जाता रहा है।

मेरी इस सन्दर्भ में यह स्पष्ट धारणा है कि वाद राजनीति को अपरिहार्य हो सकता है, साहित्य में किसी भी वाद की कोई निर्णायक भूमिका नहीं हो सकती। आलोचना के क्षेत्र में वर्गीकरण की कोई ज़रूरत हो भी तो वह सृजनात्मक साहित्य को ज़रूरी कतई नहीं होगी। किसी भी वाद के बूते श्रेष्ठ रचना असम्भव है। रचना सदैव रचनाकार की संवेदना और प्रतिभा के प्रकार से सम्बद्ध होती है- वाद का चौखटा थमाकर लिखवाना लेखक को बंधुआ बनाना है।

राय के इर्द-गिर्द जुटने वाले वामपंथी लेखकों में साहित्य की गहरी चिन्ता दिखाई नहीं पड़ी मुझे ज़्यादा। उन्हें क्रान्ति पहले नम्बर पर, साहित्य बाद की वस्तु है। और जहाँ साहित्य का स्थान दूसरा हो, वहाँ दोयम श्रेणी का साहित्य ही सम्भव होगा। अलबत्ता हल्ला बोलने और प्रोपेगण्डा में इनका सचमुच कोई जवाब नहीं।

यह संयोग- और इसका सारा श्रेय राय को ही है कि वे मुझ 'जैसे' घोषित दक्षिणपंथी के प्रति भी कृपालु हैं। उनसे मेरे विचार छिपे नहीं। यह लेख भी उनकी 'लाइन' का नहीं। फिर भी छापा, यह उनका बड़प्पन ही कहा जायेगा।

जैनेन्द्र जी सम्बन्धी लेख भी भेज रहा हूँ। इसे आप ज़रूर पढ़ेंगे और अपनी प्रतिक्रिया भी ज़रूर देंगे। लगातार यही अफसोस रहा कि काश, उनकी कुछ कृतियों को गहरे जाकर पढ़ने-समझने का अवसर सम्भव होता। आसानी से नहीं पढ़ पाता। अभी उलझनें भी बहुत ज़्यादा हैं। पीठ पर सामर्थ्य से बड़ा बोझ है। एक दो बच्चे कहीं लगें, तो कुछ राहत मिले। कुछ जमकर लिखने की व्याकुलता बहुत है। देखिए, कब कृपा होती है रघुवर की।

समकालीन लेखकों पर लिखना-ख़ासतौर पर अपने बाद के लेखकों पर-बहुत कठिन काम है। घोड़े छाँटना आसान नहीं। जिस लेखक को हम दूर तक जाता देखें, वह हमारे देखते-देखते ही बैठ जाय, तो इसकी तकलीफ मामूली नहीं होती। नहीं होनी चाहिए। इसका मतलब होगा कि हमने सिर्फ़ कहने के लिए कह दिया।

एक लेखक के दूसरे लेखक पर लिखने का कुछ मतलब होना चाहिए। उसका लिखा खुद आलोचकों तक के लिए एक सबक और सनद होना चाहिए। मेरा अब तक का अनुभव यही है कि झूठ से बुरी बात कुछ नहीं। हमारी समझ गलत हो सकती है, लेकिन इरादे को झूठ नहीं होना चाहिए।

आप पर लिखना आसान नहीं मुझे। भूमिका लिखना ही बहुत कठिन हुआ है। पिछले एक अरसे से मन में वही बात बैठती गई कि लिखना बहुत ही गम्भीर ज़िम्मेदारी का काम है और प्रतिभा तथा अध्ययन, दोनों की पूँजी रूमाल की गाँठ-भर। हाँ, इतना ज़रूर कि लोग क्या कहेंगे, इस चिन्ता को छोड़कर लिखता गया हूँ।

अन्यथा अभ्यास भी बन्द हो जाता, क्योंकि स्वयं के लिखे के हास्यास्पद माने जाने का डर भी बाधा बनता जाता है।

अपनी औकात बहुत पहले ही समझ में आनी शुरू हो गई थी।...लेकिन लिखने के सिवा कोई रास्ता नहीं था। होता, तो कब का लिखना बन्द हो गया होता। लेखक के रूप में मान्यता पाने की चिन्ता कम होती गई, तो लिखने का उत्साह भी बढ़ता गया। ढेरों लिख जाने का रहस्य यही है कि प्रतिष्ठा के महत्त्वाकांक्षी मत बनो, मगन रहो।

आपके उपन्यास पढ़ने हैं। उन पर लिखने की बात मन में नहीं होती, तो शायद, पढ़ भी गया होता। जैसा कि आपसे कहा भी था, कभी-कभी लगता है कि जीवन का कौन ठिकाना है, लेकिन मन...कि कुछ भी सिर्फ़ लिखने को नहीं लिखना है,... पैसे के लिए नहीं, परितोष को लिखना है।

साहित्य पढ़ना आसान नहीं। बड़े उपन्यासकार की एक ही छवि बनती है मन में कि उससे कुछ छूटता नहीं। वह मेंढक की टर्र-टर्र को भी पूरे ताल के साथ उपस्थित कर सकता है और बिल्कुल यह भ्रम उत्पन्न कर सकता है कि यह मेंढक तो अनेक मनुष्यों से अच्छा बोल रहा है।

पढ़ते वक़्त अनुभूति होती हो कि किसी बड़े लेखक को पढ़ रहे हैं, तो ही ध्यान जाता है कि ऐसा क्यों अनुभव हो रहा है। इतना निस्संकोच कहना चाहता हूँ कि आप में बड़े लेखक की सी छाया झिलमिलाती है। आपके उपन्यासों को ज्योतिषी की तरह पढ़ने का मन है। इतना मुझे बिल्कुल लगता है कि यदि आप और दूर को निकलते गये-जहाँ तक के लिए कबीर ने कहा है कि 'शिखर-शिखर पर अनहद बाजे-झिलमिल-झिलमिल होय' तो हिन्दी के शिखर उपन्यासकारों में आपकी जगह निश्चित है। अभी लगता है कि इसमें समय है।

आपके इन तीनों उपन्यासों को एक क्रम में पढ़ूँगा। 'लाल पीली ज़मीन' पढ़ना शुरू किया था। साठ-सत्तर पृष्ठ पढ़ गया था, मामला फिर अटक गया।

दरअसल मैं आपके बहाने यह कोशिश करना चाहता हूँ कि जब एक लेखक दूसरे लेखक पर लिखे, तो उसके और आलोचक के लिखे में फ़र्क का कोई मतलब होना-चाहिए। यह काम अपने ज़िम्मे खुद लगाये बैठा हूँ। आपको याद दिलाने की भी कोई ज़रूरत नहीं।

मुझे राजेन्द्र भाई भाषा का मरीज कहते हैं, लेकिन यह मेरी लाचारी है। ज़्यादा बुद्धि और अध्ययन नहीं होने से किसी भी लेखक को उसकी भाषा के सहारे पकड़ने की कोशिश करता हूँ। मेरे लिए लेखक की सबसे बड़ी कसौटी- उसकी भाषा ही है।

जिस झिलमिल का ज़िक्र कबीर करते हैं, उसे भाषा- सिर्फ़ भाषा- से ही बाँधा जा सकता है और वह झिलमिल मनुष्य ही नहीं, मेंढक तक में मौजूद है।

आपके प्रति बहुत प्रेम उत्पन्न होता है, कभी-कभी, जब आप भाषा से वातावरण को पोटली में बाँधते-से दिखाई पड़ते हैं। भाषा को वस्तु के समतोल बनाने की फिक्र बहुत कम लेखकों में दिखाई पड़ती है। आपमें यह फिक्र है और यह आपके काम आयी है। आयेगी।

आप आये, लेकिन मन नहीं भरा। जीवन जहर-भरा-सा हुआ पड़ा है। प्राणों से रक्त बहता प्रतीत होता है। सत्संग का बखान बहुत पढ़ा-सुना था, मगर औषधि अन्दर अनुभव होती है।

समझिये कि जितना, जहाँ, जिससे और जब बोलता या लिखता हूँ- अपना मुँह स्वयं दाबे चलना होता है, क्योंकि पूरा मुँह खोलूँ, तो प्राण जाते रहेंगे, ऐसा भास होता है। बड़वानल ज़्यादा, पानी की मात्रा कम हो, तो समुद्र तक हाँफता दिखाई पड़ सकता है- मुझ जैसे दीन-हीन की बिसात क्या है। जहाँ पानी कम, वहाँ लगन ज़्यादा ठीक नहीं।

अपने को धारण किये रहना कठिन होने पर ही कोई आत्महत्या करता है। जहाँ वह द्वार भी बन्द दिखाई पड़ता हो, वहाँ मामला और गड़बड़ होना तय है।

लेखक को कहने की जगह रचना है, लेकिन तब, जबकि काल भी कृपा-सिंधु हो जाये। रचना से बाहर का कहना सबसे नहीं सध सकता।

देखिए, बहक ही गया आख़िर। लेकिन जहाँ तक बन पाता है, बहक कर भी आँख रखने की कोशिश करता ज़रूर हूँ। इधर ढेर सारे लेख अपने को सँभाले रख सकने की कोशिश में ही हैं। भीतर-भीतर उपन्यास की चिन्ता है।

कल अनिल आ गये थे। चिट्ठी छूट गई अधूरी। अनिल बता रहे थे कि उदयप्रकाश का कोई लेख कहीं आपके यहाँ देखा था, जिसमें उन्होंने ज्ञानरंजन का लिखना बन्द हो चुके होने की भी पैरवी की है।

मैं काफ़ी पहले ही लिख चुका कि बिना लिखे (भी) लेखक के रूप में लगातार चर्चित बनाये रख सकने के वामपंथी, संगठनात्मक प्रोपेगण्डा की बहुत गहरी भूमिका है लेखकों को अपने यहाँ खींचने में। इधर सफदर हाशमी काण्ड में भी यही बात सामने आई है। यह जो संगठनबाजी है, इसका प्रतिरोध ज़रूरी है, क्योंकि यह नये लेखकों को खा रही है। मुझे फिर इस पर लेख लिखने को कहा गया है। आप अगर उदयप्रकाश के उस लेख की जेरॉक्स प्रति मुझे भिजवा दें, तो देखना चाहूँगा।

आपने फिर लम्बी कहानी लिखी है, जानकर हर्ष हुआ। मेरा अनुमान है कि अगर अगले पाँच-दस वर्षों तक आप ठीक वैसे ही लिख ले गये- क्रमषः बेहतर-

जैसा कि पिछले पन्द्रह वर्षों में, तो आपका हिन्दी के शिखर लेखकों में स्थान तय है।

राजेन्द्र भाई का पत्र भी आया है। जिसमें उन्होंने मुझे बहुत प्रेम से 'आक्रांता' घोषित किया है। उन्हें लिख रहा हूँ कि मात्रा लगाने का विवेक नष्ट हो जाना ठीक नहीं। मेरे लिए इसमें से 'आ' की मात्रा हटाना ज़रूरी होगा।

बाबा अम्बेडकर के राम-कृष्ण सम्बन्धी गलाजत भरे लेखों पर हुए विरोध को हिन्दू साम्प्रदायिकता कहकर समवेत स्वर में हाय-हाय मचाने वालों को अयातुल्ला खुमैनी साहब ने बता दिया है कि मुस्लिम साम्प्रदायिकता किसे कहते हैं।

आदमी अपने सबक तैयार करता रहता है, इतिहास में शामिल होते वक़्त ज़रूर लगता है। गोर्वाचोव भी एक सबक है। इस सबक से सर्वहारा की तानाशाही के मशालची परेशान हैं।

दो बातें लिखनी रह गईं।

(1)मेरे मन में 'कुम्भ पर्व' को लेकर एक ऐसी संगोष्ठी की कल्पना थी, जिसमें आदमी के द्वारा अमृत की खोज पर चर्चा हो। आदमी मरना नहीं चाहता। ऐसे जीना भी नहीं चाहता, जो मरण-तुल्य हो। अमृत की इस खोज से लेखक सबसे ज़्यादा जुड़ा है, क्योंकि काव्य ही अमृत है।

कुम्भ-स्नान में एक दीन-हीन श्रद्धालु भी काव्यमय हो उठता है। विराट से जुड़ना ही काव्य का मूल आधार है।

(2)'वरणांजलि' भी अमृत की बूँद है। भूमिका में इस कहानी पर लगभग पाँच-छः पृष्ठ लिख रहा हूँ और पहले लिखे से मिलाकर नहीं। यह बूँद आपमें सहसा ही नहीं उछली होगी। इसके तार दूर तक जाते होंगे। पहले कहीं जो मैंने कहा है कि जीवन को धारण किये रहने की चुनौती सामान्य नहीं होती। जो इस चुनौती को काव्य से झेलते हैं, उनमें बूँद और सागर का सम्बन्ध गोचर हो जाता है।

शेष आपका पत्र पाने पर।

गुजराती में 'आव जो' है। आप प्रयाग फिर आएँ, तब वार्ता करेंगे। इस बार सिर्फ़ बात भर हो पाई। बहन को हम सबकी ओर से याद कर देंगे। बहादुर साहब को भी मेरा नमस्कार कह दें। अब उनका स्वास्थ्य कैसा है?

आपका

शैलेश मटियानी

पुनश्च: इधर जो ऊल-जलूल बहुत लिखा है, उसका एक नमूना भेज रहा हूँ। इसे कभी फुर्सत में देख ज़रूर लेंगे। आपको बहुत वाहियात न लगे तो बहादुर साहब को भी पढ़वायेंगे।

12

261-अ, मोतीलाल नेहरू नगर,
इलाहाबाद-211002
5 अप्रैल 89

प्रिय गोविन्द भाई,

आपका 30/3 का पत्र मिला। शुभा की माँ की तबीयत एकाएक ही जो गिरनी शुरू हुई, तो सँभलना कठिन हो गया। नर्सिंग होम में दिखाने पर पता चला कि सूजन भीतर ज़्यादा हो गई है। इसी से ऑपरेशन भी जल्दी नहीं हो सका। दवाएँ चलती रहीं। आख़िर 8 मार्च को नर्सिंग होम में भरती कराया, तो भी ऑपरेशन 15 मार्च को हो पाया।

ऑपरेशन ठीक हो गया। 25 पथरियाँ निकलीं। पित्त की थैली और एपैंडिक्स दोनों निकाल दिए गए। पहले से ही स्वास्थ्य बहुत खराब होने से कमजोरी बहुत ज़्यादा हो गई। 25 को घर ले आये, लेकिन नीचे ही कमरा लेना पड़ा। अभी भी लगातार चक्कर आ रहे हैं। परसों ऊपर घर ले आये।

समझिये कि बस, रक्षा हो गई। कितनी रातें जागती बीतीं। हर समय दहशत। ये घबरा भी बहुत जाती हैं। इतना डर गई थीं कि रात को जबर्दस्ती जागने लगीं कि नींद की झपकी आते ही डरावने सपने आते हैं।

किसी भी संवेदनशील व्यक्ति के जीवन में ऐसे क्षण कितने कँपकँपाने वाले होते हैं। जब नीला नर्सिंग होम में भर्ती थीं, सोचा कि ऑपरेशन से पहले ही संग्रह की भूमिका लिख लूँ। इसी में 'वरणांजलि' फिर से पढ़ गया और फिर भीतर तक हिमप्रदेश का-सा सन्नाटा भर गया। यह कहानी आपने प्राणांतक वेदना झेलकर लिखी है। यह हिला देती है जैसे।

भूमिका लिखकर दे दी थी। प्रूफ भी देख लिया। कल-परसों तक छप जायेगी। यहाँ प्रेस में काम ढीला पड़ जाता है तो देर लगती जाती है। फिर भी उम्मीद है कि अगले सप्ताह तक पुस्तकें आपको चली जाएगी।

भूमिका लिखते लगातार यही अनुभव होता रहा कि किसी लेखक पर लिखना सचमुच कितना कठिन है, अगर हम समुचित ज़िम्मेदारी और ईमानदारी के साथ लिखना चाहें। समझ कितनी कम पड़ती है, यह घोर गहरे जाना। कुछ समय के बाद इसे दुबारा ठीक करूँगा। तब शायद पचास-साठ पृष्ठों तक चला जाय लेख। भूमिका की सीमा में बात पूरी तरह नहीं आ सकी। इरादा यह भी है कि 'वरणांजलि' पर अलग से एक लेख लिखूँ किसी पत्रिका के लिए। इस कहानी से मैं सचमुच उलझना चाहता हूँ और जानना चाहता हूँ कि यह मुझे इतना उद्वेलित और चकित क्यों करती है।

रमेश उपाध्याय ने 'चौथी दुनिया' में बहुत मज़ाक उड़ाया है 'वरणांजलि' पर मेरी प्रतिक्रिया का। उसे लेकर लिखना है। इतना रमेश उपाध्याय की समझ में भी ज़रूर आ जायेगा कि रचना की समझ इतनी आसान नहीं होती। मैंने 'कफ़न' के साथ रखकर देखना चाहा है इस कहानी को, तो इसकी वजह है और इतना दावा तो बिल्कुल करना चाहूँगा कि यों ही नहीं कह दिया। लेखक की लिखी बात को सदा के लिए रहना चाहिए। नहीं रहे, तो इसका मतलब कि झूठ लिखा।

आगे कहानी संग्रहों के क्रम में निर्मल, जैनेन्द्र जी, मोहंन राकेश, राजेन्द्र यादव आदि कुछ और लोगों पर भी लिखने का इरादा है। अपनी समझ को बेहतर बना सकने के लिए।

बहरहाल आपकी राय जानना चाहूँगा और दोटूक। गलतियाँ बिल्कुल होंगी और जाहिर है कि गलत समझ के कारण ही होंगी, लेकिन लिखा है मनोयोग से ही। मैं समझता हूँ कि समकालीन लेखकों के बीच एक संवाद होना चाहिए। एक-दूसरे के बारे में हमारी राय सामने आना चाहिए। जैसे कि मुझे अब आप एक ऐसी जगह दिखते हैं, जहाँ से आगे निकलना बहु;श्रत कठिन होगा।... लेकिन बड़े लेखकों में शुमार होने को उतना ही ज़रूरी भी। मैं मानता हूँ कि अगले चार-पाँच वर्ष आपके लिए जटिल संघर्षों के होंगे लेखक के तौर पर। एक महत्त्वपूर्ण लेखक से बड़ा लेखक होने की इस अग्निपरीक्षा से गुजरना सामान्य नहीं होगा... लेकिन सद्भावना ही नहीं, उम्मीद भी रखूँगा कि ऐसा सम्भव हो।

हमारे देखते-देखते आगे निकलता हुआ लेखक ही हमको भी कुछ रोशनी दे सकता है।

आप, जहाँ तक मैं समझ पाया हूँ, अब उस मनोभूमि में पहुँच गये हैं, जहाँ से हिमालय दिखता है। दिखता ही नहीं, स्तब्ध और आलोकित करता है, हमारे अनुभूति

तन्त्र को आर से पार तक झिलमिलाता हुआ। इस झिलमिल को अनुभव करने से भी कठिन है, अभिव्यक्त करना। जाने कितना जीवन व्यतीत करके कोई यहाँ तक पहुँचता है और तब तक न जाने कितनी गहरी थकान और क्लांति भर जाती है भीतर। अब इसे रचना में उतारने का काम उससे कहीं ज़्यादा शक्ति का है, जितनी की जीवन में लग गयी।... बड़ा लेखक बनने को इस कसौटी से गुजरना ज़रूरी है कि जहाँ आज हम खड़े हैं, यहाँ से वहाँ तक की लम्बी कूद लगा पाते हैं यहाँ, जहाँ कि हमने खड़ा होना सीखना शुरू किया था। दो डगों से नहीं नपी ज़िन्दगी, तो बड़ी रचना कठिन है।

अनुभूति की कैसी भी अपरिमितता लेखक के काम की नहीं, जब तक कि वह अभिव्यक्ति से पृथक् है। काग़ज़ पर रोशनी नहीं उतर रही, तो भीतर कोटि सूर्य सम्प्रभता होने का भी कोई मतलब नहीं, क्योंकि लेखक को उतना ही है, जितना कागज़ पर उतरे।

अध्यात्म की अनुभूति संत बना सकती है, लेखक नहीं। लेखक को ईश्वर भी कागज़ की सामग्री है और अभिव्यक्ति की सबसे कठिन चुनौती इसी में है कि कागज़ से बाहर कुछ न छूटे।

प्रस्थान का समय हो चला, इस अनुभूति के बाद भी कागज़ की ही ज़रूरत अनुभव करना लेखक को ज़रूरी है, क्योंकि काल के महासागर का साक्षात्कार करने को भी उसे कागज़ के सिवा और कोई माध्यम नहीं।

आप जिस मोड़ पर खड़े हैं, वहाँ से एक-एक पग कठिन होगा ज़रूर, लेकिन जिसे कठिन से बचना हो, वह इस दिशा में जाये ही क्यों। संसार में सबसे भारी वस्तु प्राण हैं। लिखना प्राणों का बोझ उठाना ही है। अगर नहीं, तब जानलेवा भी क्यों होगा।

आपने अपनी बात लिखी है। यहाँ हाल और बदतर है। छीछालेदार से ऊपर तो हैं। यहाँ अभी मुकदमेबाजी में ही पाँव गँपे पड़े हैं। ऊलजुलूल लिखे जा रहा हूँ।

'इन्द्रप्रस्थ भारती' में पुष्पपाल सिंह का एक लेख छपा था कहानी पर, उसमें 'वरणांजलि' और 'कचकौंध' का ज़िक्र था। आपने नहीं देखा हो तो लिखेंगे। लेख की फोटो इस्टेट भेज दूँगा।

इधर एक कहानी शुरू की है। साप्ताहिक हिन्दुस्तान को भेजनी है। पता नहीं, छपेगी भी या नहीं, लेकिन इसी बहाने लिख तो जायेगी। अब रचना के नाम पर

जूड़ीताप से पाला पड़ने लगा। पहले के अभ्यास से लिखो, तो कोफ्त होती है- नया कुछ सधा नहीं। कुछ नहीं समझ पा रहा कि आगे क्या गत होगी।

सोचा था, विस्तार से फिर लिखूँगा। अभी तो ऑपरेशन के बारे में ही लिख दूँ और यह कि अपना एक नया फोटो और परिचय लौटती डाक से भेज दें फ्लैप पर छपने को। पहले आपने भेजा था फोटो। प्रकाशक को दे भी दिया था, मिल नहीं रहा।

फिलहाल छपाई ख़त्म होते ही कुछ प्रतियाँ बिना फ्लैप मैटर दिए ही चली जाएँगी आपको, लेकिन ये दोनों चीज़ें भेज ज़रूर दें आप फौरन पत्र मिलते ही।

बेगम बहन को भी ऑपरेशन से गुजरना पड़ा, लेकिन अब ठीक हैं, यह जानकर चिन्ता गई। मुझे तो ऑपरेशन के नाम से सिहरन होती है। खट्‌टी डकारें आने लगी थीं घबराहट के मारे।

आप अपने समाचार देंगे। साहित्यिक गोष्ठियों में जाने में कोई हर्ज नहीं। इसे मन बहलाव ही मानिये। मैंने तो शहर से बाहर आज तक सिर्फ़ दो-तीन आयोजनों में हिस्सा लिया। किन्तु इसे बुरा नहीं समझता। तमाशे देखना भी ज़रूरी है।

आप जो लम्बी कहानी लिख रहे थे, कहाँ छप रही है, लिखियेगा। पत्रिकाएँ प्राय: छूट जाती हैं। आपकी अगली कहानियों को बहुत ध्यान से पढ़ना चाहता हूँ। शेष आपका पत्र आने पर।

बहादुर साहब अभी भी अस्वस्थ ही हैं, जानकर बहुत दु:ख हुआ। वो भी बहुत याद रहते हैं। जीवित रहने में मदद देने वाला भूलता नहीं। उन्हें अलग से पत्र लिख रहा हूँ।

शैलेश मटियानी

(सन्दर्भ : भूमिका... शैलेश मटियानी द्वारा सम्पादित
'गोविन्द मिश्र की प्रतिनिधि कहानियाँ में प्रकाशित)

13

11 जनवरी 1995

गोविन्द भाई,

आपको पत्र लिखते-लिखते महीने बीतते चले गये। आपका पत्र आये भी दो महीने होते होंगे। विस्तार से फिर लिखूँगा-एकाध महीने बाद।

जुलाई 94 से एक नई समस्या चल पड़ी। मैं मनु के जाने और इलाहाबाद से उजड़ने के बाद के समय को आख़िरी कक्षा ही नहीं, बल्कि कक्षाओं का अन्तिम हिस्सा मान रहा था, लेकिन अन्तिम कक्षा अब प्रारम्भ हुई है। जुलाई के अन्तिम सप्ताह में, नैनीताल में, एक रात विकट खाँसी हुई और इसके बाद भ्रांति-उद्भ्रांतियों का एक नया दौर शुरू हो गया।

पिछले दो महीने एक पत्र लिख सकने की स्थिति भी नहीं रही। कुछ नहीं लिखा, सिवा जीवन में पहली बार कुछ दैनन्दिनी घसीटने के। इन दो महीनों में बीसियों बार लगा कि आगे जीना सम्भव नहीं, लेकिन खेल ख़त्म नहीं हो रहा।

एक महीने 'पुतुलदाह' में रहा। पुतला फुँक रहा है और भीतर बैठा देख और झेल रहा हूँ तमाशे को। कोई बुखार-दर्द-दुर्बलता-बाहरी व्याधि कतई नहीं- बस, एक विस्फोट है, झेलना कठिन। अब कहीं जाकर कुछ पत्र लिख पा रहा हूँ। यह एक अकल्पित है। असम्भव का सम्भव हो रहा होना देख फिर झेल रहा हूँ, लेकिन कुछ समझ नहीं पा रहा कि प्रारब्ध क्या है।

चौबीसों घण्टे प्रभाव रहता है। कभी अंधड़, कभी निरभ्रता। इस बीच कुछ घण्टे ऐसे बीते हैं कि बासठ साल छोटे पड़ते अनुभव हुए हैं। यह एक अलग ही आयाम है और इसके आगे अब तक का सारा ज्ञान 'जानकारियाँ' कहना ज़्यादा ठीक होगा-धूल दिखाई पड़ता है।

कुछ समय बाद आपके पास आऊँगा, या फिर विस्तार से लिखूँगा। इतना समझ में आ गया है कि समय आ गया है-इस पार, या उस पार...जो घटित हो रहा है, इसे लिखने के बाद अगर ऐसी सामर्थ्य दे दिया गया, तो भ्रांति सुगंधित कर देगी। अन्यथा नरक तो है ही।

बहुत संकोच में रहा। पहले ही अनुभव होने लगा था, क्योंकि आपके चित्त की दिशा और दशा, दोनों का कुछ आभास तो है ही। आपको किसी से कहते कष्ट होना स्वाभाविक है। मन की जिस कक्षा में आप पहुँचे हैं, वह सामान्य नहीं है।

लेकिन लिखता हूँ, आपको लगे कि करना चाहिए, तो ही करेंगे। मुझे महीनों बीत चुके निष्क्रियता में। 12-14 घण्टे लगातार बैठे-बैठे बीत जाते रहे हैं- बीच में कुछ समय को उठ लिये। बगुला जल में पैठो (पैठा) रहता है, ऐसे। 'बकोध्यानं' का अन्त कहाँ होगा, कुछ पता नहीं, लेकिन प्रतीक्षा तो है और यही जिया रही है।

अब एकाध महीने को पिथोरागढ़ की ओर जाना चाहता हूँ। अपने को समेटना... लिखने पर बैठना ज़रूरी हो गया है।

किताबें किसी तरह जो लगाई थीं, लग चुकी हैं, हालाँकि लम्बा समय लग गया। मगर सम्भव-और उचित-दिखे, तो मेरे लिए कुछ व्यवस्था करवाकर भिजवा देंगे। करें, तो शीघ्र। अन्तर गवाही नहीं दे, तो नहीं।

अभी इतना ही।

यह पत्र मेरठ से लिख रहा हूँ।

हलद्वानी के पते पर उत्तर देंगे।

शेष मिलने पर। विषाद की औषधि और कुछ नहीं, सिर्फ़ विषाद ही है- विषाद का अपजांगर हो जाना।

बहन को स्नेहाशार्वाद देंगे।

आपका

शेलेश मटियानी

(सन्दर्भ : मनु...शेलेश मटियानी का पुत्र, जिसकी इलाहाबाद में किसी के गोली मार देने से हत्या हो गई थी, जिसके आघात से मटियानी उबर नहीं पाये, उन्हें सिर की व्याधि ने पकड़ लिया।)

14

फ़ोन नं. 05946/27822
8, श्याम विहार कालोनी,
हलद्वानी, नैनीताल
21 अक्तूबर 2000
प्रिय गोविन्द भाई,

आपका 4 अक्तूबर 2000 का पत्र मिला। पत्र कुछ विलम्ब से मिला। घर अभी नगरपालिका के क्षेत्र में नहीं, ग्रामीण क्षेत्र में आता है। नई बसी कालोनी है। डाक देर से मिल पाती है। इस बीच चार-पाँच दिन पहले उपन्यास ('फूल... इमारतें और बन्दर') भी मिल गया। लिखना ही नहीं, पढ़ना भी कठिन हो गया है। इसीलिए गिरिराज जी का पत्र आने पर ही लिख दिया कि गाँधी जी पर केन्द्रित उपन्यास अभी नहीं भिजवाएँ। 900 पृष्ठ पढ़ नहीं पाऊँगा। जब ऐसा सम्भव दिखेगा, तो प्रति मँगवा लूँगा। आपका उपन्यास भी 4 दिन यों ही पड़ा रहा। अपना नाम अवश्य देख लिया।... लेकिन भीतर था कि इसे पढ़ना अवश्य है। तय किया कि कुछ पृष्ठ आज ही पढ़ लूँ, लेकिन उपन्यास ने इतना बाँध लिया कि एक दिन में 108 पृष्ठों तक पढ़ता चला गया। हालाँकि बहुत थक गया। अब चार-पाँच दिनों में इसे पूरा पढ़ लूँगा और प्रतिक्रिया तभी लिखूँगा पूरी तरह से। सम्भव हुआ, तो समीक्षा के तौर पर और लिख ले गया पूरी प्रतिक्रिया कुछ भी व्यवस्थित ढंग से, तो समीक्षा पहले 'हंस' में भेजूँगा और राजेन्द्र भाई ने नहीं छापा, तो फिर 'कथादेश' में दे दूँगा।

वैसे 108 पृष्ठ सिर की ऐसी भीषण व्याधि के बावजूद एक दिन में पढ़ गया, यह भी एक प्रतिक्रिया ही है और आज फिर अपनी लगभग तीन दशक पूर्व की भविष्यवाणी स्मरण हो आई कि कथाकारों की इस पीढ़ी में से दो लोग दूर तक लिखेंगे और निरन्तर बेहतर- गिरिराज किशोर और गोविन्द मिश्र। यह बात मैंने आप दोनों के प्रति स्वयं के अनुभवों से कही थी; क्योंकि मुझे स्पष्ट दिखाई देता गया कि आप दोनों ही साहित्य से बहुत गहराई तक प्रतिश्रुत हैं। मुझे परितोष है कि अब आप दोनों बड़े साहित्यकारों की हैसियत बना चुके हैं।

आपने अपनी इतनी महत्त्वपूर्ण कृति मुझे समर्पित की, बहुत कृतज्ञ हूँ; क्योंकि मैं अब साहित्य के हाशिये पर चला गया हूँ। आपने लिखा था, मैं समय से पहले नौकरी छोड़ना चाहता हूँ। मैं आज भी फिर कहना चाहता हूँ कि यदि आपने अपनी नौकरी पूरे समय से पहले छोड़ दी होती, जैसा कि आप मन भी बना चुके थे, तब यह उपन्यास सम्भव नहीं होता। मैंने भयावह संघर्ष के साथ एक मुकदमा सर्वोच्च न्यायालय तक इसलिए भी लड़ा था कि लेखक को अनुभवों से अधबीच में नहीं हटना चाहिए। यह मेरा प्रारब्ध कि वृहद् उपन्यास लिखने की आकांक्षा तहस-नहस हो गई। लेखक की हैसियत का जीना जाता रहा। पहले कोई बड़ा उपन्यास लिखने को समय नहीं मिला, अब साढ़े पाँच साल सिर की व्याधि के हवाले हो गये। समय ही समय बीतता चला गया, लेकिन लिखना सम्भव नहीं रहा।

मेरा अध्ययन नहीं के बराबर है, इसलिए समय की सीमाएँ भी हैं, लेकिन सम्भव हो पाया, तो इस उपन्यास पर समीक्षा लिखूँगा ज़रूर और जीवन बचा रहा, तो गिरिराज जी का उपन्यास भी मँगवा लूँगा। आपका यह उपन्यास मुझे समर्पित है, इसलिए इस पर स्वयं नहीं लिखूँ कुछ, यह तर्क मेरे लिए सम्भव नहीं। समीक्षा में न लिहाज मुझे बरतना है और न ही ऐसा आपको अच्छा लगेगा। अपनी सीमित समझ में जैसा अनुभव करूँगा, वही लिखूँगा। लिखना सम्भव नहीं रह गया, यह अन्त ध्वंस मुझे बहुत बेधता चला गया है।

कहानी या उपन्यास में गहरी महाकाव्यात्मक संवेदन और स्मृति के साथ ही चरित्र-चित्रण और वृत्तान्त उपस्थित कर सकने की क्षमता भी आवश्यक है। जितना पढ़ गया हूँ, उससे यह अनुभव किया है कि पहले इसे पूरा पढ़ लूँ, तब प्रतिक्रिया व्यक्त करूँ पत्र लिखकर। इसमें एक बड़े लेखक की सी हैसियत बिल्कुल दिखाई पड़ी है। अभी इतना ही।

अब कुछ अपनी बातें। आपके इस उपन्यास के सौ से अधिक पृष्ठ पढ़ गये होने के बाद आपके पास अपना एक लेख- 'लेखक की है साख का सवाल'- आपके पास भेज रहा हूँ। यह किसी पत्रिका में नहीं छपा। पुस्तक भी अल्मोड़ा के एक छोटे प्रकाशक ने छापी है और अभी दो सौ प्रतियाँ भी नहीं बिकी हैं। आप इसे 'अक्षरा' में दे सकें, तो कुछ व्यापक पाठक वर्ग तक पहुँच सकेगा।

लगभग पच्चीस-तीस साल पहले एक बड़ा उपन्यास शुरू किया था। कथानक बहुत प्रभावी और मर्मस्पर्शी था, लेकिन तब लिखने में गहराई नहीं आ सकी थी। पिछले साल कुछ महीने पहले इलाहाबाद रहा, तो बेटे ने इस उपन्यास के पृष्ठ

दिखाये। लगभग साढ़े तीन सौ पृष्ठ टाइप हो चुके थे। सोचा हिक सिर की व्याधि के बावजूद जब भी सम्भव हो पाता है, कुछ पृष्ठ घसीट ही लेता हूँ। साल-दो साल कहीं टिक गया, तो 2-3-4 पृष्ठ लिखकर भी इसे पूरा कर सकता हूँ।... यहाँ ले आया और पढ़ना शुरू किया, तो हुआ कि इतने बरसों के अन्तराल और अब स्मृति-क्षीणता के बाद इसे पूरा कर पाना सम्भव नहीं हो पायेगा। सौ से अधिक पृष्ठ तो फाड़ कर फेंक दिये। लिखे हुए में संवेदना के तंतु थे, लेकिन सतही क़िस्म के लगे ये पृष्ठ। प्रारम्भ के लगभग सवा सौ पृष्ठ ठीक-ठाक लगे और इन्हें ठीक भी कर लिया, लेकिन फिर व्याधि बढ़ती गई ओर लिखते ही नहीं, सोचने-विचारने में भी गहरी थकान और जर्जरता अनुभव होने लगी। आप इन संशोधित पृष्ठों के कुछ अंश 'अक्षरा' में दे सकेंगे? इससे मुझे तिहरा लाभ होगा। सम्भव हुआ, तो और कुछ पृष्ठ लिखकर समाप्त कर सकूँगा। समय व्यतीत करने का बहाना बन जायेगा और पारिश्रमिक की प्राप्ति होगी। कुछ सहायता हो जायेगी।

एक लेख पहले भेजा था और आपने लिखा था कि उसे छाप रहे हैं- हिन्दी की समस्या को लेकर था–लेकिन इधर 5-6 महीनों के बीच 'अक्षरा' का कोई अंक मुझे मिला नहीं है। लेख छापा हो, तो प्रति भिजवा देंगे। आप हलद्वानी पहुँचे मेरे निमित्त और बरसों बाद भेंट सम्भव हो गयी। जिस आत्मनिर्वासन के हवाले हो गया हूँ, उसके बीच आपका यहाँ पहुँचना बहुत अच्छा लगा।

शेष आपका पत्र आने पर। इस पत्र का उत्तर शीघ्र दीजियेगा। पत्र को वहाँ तक 'अक्षरा' में छाप सकें, जहाँ से मैंने अपनी बात शुरू की है, तो दे देंगे। 'अक्षरा' के बारे में यह बात भी कि चाहता हूँ कि 'अक्षरा' में कुछ लगातार छप सके। समव हो, तो पूरा पत्र दे दें। या सम्पादित करके।

बहन को हम दोनों का नमस्कार कहियेगा। सानन्द होंगे।

आपसे एक अनुरोध और करना है। मैंने 'संविधान' को लेकर बहुत लेख लिखे हैं और राभी अख़बारों गें छप चुके हैं। हिन्दी के किसी अन्य लेखक ने इस तरह के लेख नहीं लिखे हैं। आप राधाकृष्ण प्रकाशन के संचालक माहेश्वरी को इसके लिए कह सकेंगे? पाण्डुलिपि तैयार है और मेरा दिल्ली के प्रकाशकों से सम्बन्ध नहीं। इलाहाबाद के छोटे प्रकाशकों के यहाँ कई पाण्डुलिपियाँ पहले से मौजूद हैं। उन्हें छपने में ही बहुत समय लग जायेगा। देखियेगा।

आपका

शेलेश मटियानी

15

8, श्याम विहार कालोनी,
हलद्वानी, नैनीताल
25 अक्तूबर 2000
प्रिय गोविन्द भाई,

बस, अभी-अभी 'फूल इमारतें और बन्दर' को पूरा पढ़कर एक ओर रख दिया है। मेरा संकट यह है कि शायद पिछले 14-15 वर्षों में मात्र इस 'उपन्यास' को ही पढ़ा है। इस बीच हिन्दी में न जाने कितने महत्त्वपूर्ण उपन्यास छप चुके, लेकिन आप और गिरिराज जी जैसे घनिष्ठ आत्मीय जनों के भी उपन्यास मिले और प्रतिक्रिया माँगी गई, पढ़ने को कहा गया, लेकिन पढ़ नहीं पाया या कह लीजिये कि पढ़ा ही नहीं। इसके कई कारण रहे हैं जिनमें यह कारण मुख्य रहा कि आपके या गिरिराज जी के किसी उपन्यास को पढ़ूँ और उस पर प्रतिक्रिया नहीं व्यक्त करूँ, तो फिर पढ़ना बेकार गया। एक सिर्फ़ 'वरणांजलि' कहानी पर पूरा लेख लिखूँ, लेकिन उपन्यासों पर कुछ नहीं लिखूँ, यह ठीक नहीं।

एक कारण आजीविका जुटाने को ताँगे में जुटे घोड़े की भाँति दौड़ना भी रहा। इस प्रक्रिया में अनुभव तो बहुत बटोरे, लेकिन उतना लिखना नहीं हो पाया, जितने की अपेक्षा करता था। 'लाल पीली ज़मीन' को तिहाई पढ़ा और 'तुम्हारी रोशनी में' तथा 'पाँच आँगनों वाला घर' एक पृष्ठ भी नहीं। सम्भावनाओं वाले लेखकों के रूप में देखता ही नहीं, ऐसा कहता भी रहा और भविष्यवाणी भी करता गया कि अपनी पीढ़ी में मैं केवल ये दो बड़े लेखक की हैसियत बना पायेंगे।

आप में एक श्रेष्ठ कहानीकार की सम्भावना मैंने 'शुरुआत' कहानी में देखी और उसे 'विकल्प' के कथा विशेषांक में छापा। शायद आपको स्मरण होगा कि इस विशेषांक के लिए आपने पहले भी एक कहानी भेजी थी लेकिन उसे मैंने लौटा दिया और आपके दुबारा आग्रह करने पर छापने से इंकार कर दिया, जबकि मैं जीविका उपार्जन को दर-दर भटक रहा था। कारण आपके द्वारा पहले भेजी गई कहानी मुझे

बिल्कुल पसन्द नहीं आई थी और मैं मानता था कि आप अच्छी कहानी लिख सकते हैं। 'शुरुआत' ने मेरे अनुभव की पुष्टि कर दी। फिर 'वह अपना चेहरा' लघु उपन्यास पढ़ा और मान लिया कि आपमें सम्भावनाएँ हैं। फिर केवल कुछ कहानियाँ पढ़ी आपकी ओर एक तिहाई 'लाल पीली ज़मीन'-शायद एक दूसरा भी-लेकिन उस एक तिहाई हिस्से से ही मान लिया कि आपमें एक बड़े लेखक की सी वृत्तान्त उपस्थित कर सकने की क्षमता है।

...लेकिन ज़्यादा ध्यान खिंचा आपके जीवन को कुछ समीप से देखने की स्थितियों से गुजरने पर। बरसों तक। 'वरणांजलि' को पढ़ना आपकी संवेदना को पढ़ना भी था। उसका अन्तिम हिस्सा कुछ कमजोर लगा, फिर भी वह एक ऐसी कहानी है जो बताती है कि वृक्ष आँधी को झेल गया, जाने कितनी बार जड़ से ही उखड़ने की नौबत आने के बावजूद। इस उपन्यास को पढ़ते हुए मुझे जाने कितनी बार पुरानी स्मृतियाँ घेरती चली गईं। डर यह भी कि सिर की व्याधि के बावजूद 'वको ध्यानं' की भाँति पढ़ने में उपन्यास किसी तरह पूरा पढ़ भी गया, तो स्मृति में केवल पढ़ने का अनुभव बाकी रह जायेगा और इस पर लेखक की भाँति से लिख पाना सम्भव नहीं हो पायेगा। सिर की व्याधि ने साढ़े पाँच वर्ष तहस-नहस कर दिये। दो बार लगभग सवा दो साल पहले हुआ कि अब स्मृति वंचना से बचना सम्भव होगा या नहीं, शायद! घनिष्ठ रूप से परिचित लोगों के नाम भी भूलना प्रारम्भ हो गया और स्मृति पर ज़ोर देने के बाद भीयाद नहीं आना नामों का-दहशत में डालता चला गया कि शायद, कुछ ही समय में स्मृति पूरी तरह चली जायेगी। नष्ट हो जायेगी।

इस उपन्यास को ध्यान से पढ़ते हुए भी जैसे पढ़ा हुआ किसी पक्षी की भाँति उड़ता ओझल होने लगा। हुआ कि कितना अच्छा होता कि पढ़ा हुआ स्मृति में मौजूद रह जाता, कुछ इस तरह कि इस उपन्यास ने जितना प्रभावित किया है, इस पर गहराई से लिखना सम्भव हो पाता।

पूरा पढ़ गया हूँ, तो अब इस पर लिखने का दबाव बहुत है और शीर्षक उपन्यास को पूरा पढ़ने के बाद तत्काल रख लिया है–'आदमी को देखने की तमीज...' जिस लेखक को आदमी-और उसमें भी स्वयं-को लिखना नहीं आया, बड़ी रचना उसके वश की चीज़ नहीं। मनुष्य अगाध और अथाह है जितना पल्ले पड़ जाय। पूरा असम्भव है।...अब कल या परसों तक मैं समीक्षा लिखना शुरू कर

दूँगा और जैसे आपने उपन्यास में शिल्प का अनूठा उपयोग किया है, कुछ वैसा ही इसकी समीक्षा में कुछ न कुछ होगा ज़रूर। सिर की व्याधि ने साढ़े पाँच वर्ष नष्ट कर दिये और स्मृति क्षीण कर दिया है। सोचना, पढ़ना, बोलना कुछ भी व्यवस्थित ढंग या एकाग्रता से सम्भव हो ही नहीं पाता। समीक्षा में स्वयं के बारे में पहले लिखूँगा, उपन्यास के बारे में बाद में। बड़ी रचना हमारा आपा भी जगाती है। इस उपन्यास से जो गहरा परितोष है मुझे वह यह कि आप अभी कई उपन्यास लिख सकेंगे- छोटे, मध्यम और वृहद् लिख सकेंगे। लिखने की महारत आसान नहीं होती। तपस्या करो और ताप-संत्रास झेलो बहुत दूर और देर तक, तब ऐसी दक्षता सम्भव हो पाती है। 15 वर्षों की अवधि में केवल एक उपन्यास पढ़ने के बाद तुलनात्मक समीक्षा सम्भव नहीं, लेकिन मैं यदि न बताऊँ तो कोई यह जान नहीं सकता कि 15 वर्षों में एकाध ही उपन्यास पढ़ा होगा। लेखक सबसे पहला और सबसे बड़ा पाठक होता है। उसके लिखे में आलोचक के लिखे से भी अधिक गहराई होनी ही चाहिए।

'अक्षरा' का आलोचना अंक कल मिल गया, लेकिन जुलाई-अगस्त- सितम्बर 2000 का नहीं मिला। भिजवा देंगे। 'देश की भाषा और इंडिया टुडे' लेख आप देखने वाले थे, उसका क्या हुआ? 'लेखक की साख का सवाल' जवाब पा सकेगा?

'फूल इमारतें और बन्दर' का अंग्रेज़ी तथा अन्य भारतीय भाषाओं में अनुवाद होना चाहिए और विश्वास करना चाहता हूँ कि होगा। आप पर प्रकृति और परमेश्वर की सचमुच कृपा है। बिना कृपा के लोग चुक जाते हैं जैसे मैं ही टूट गया, तब सृष्टि में ईश्वरीयता की अनुभूति होती थी। होती अब भी है, लेकिन ताँगे का घोड़ा मरणासन्न पड़ा है।

आपका

शैलेश मटियानी

16

8, श्याम विहार कालोनी,
हलद्वानी-263139,
उत्तर प्रदेश
31 अक्तूबर 2000
प्रिय गोविन्द भाई,

उपन्यास चार दिनों में ही पूरा पढ़ लिया था और फिर इसकी समीक्षा लिखने का मन बनाया और सिर में भीषण उमड़ने-घुमड़ने के बावजूद लिखना शुरू किया और कल पूरी कर ली है समीक्षा। दस पृष्ठों में लिखने के बावजूद परितोष नहीं हुआ। अगर स्वस्थ होताश, तो बीस-पच्चीस पृष्ठों तक जाती समीक्षा; क्योंकि इस बहाने उपन्यास विधा की कुछ आधारभूत शर्तों पर विस्तार से लिखता और उपन्यास पर भी ज़्यादा गहराई से। फिर भी ठीक-ठाक बन गई है, ऐसा अनुभव किया है।

'फूल, इमारतें और बन्दर' पढ़कर अनुभव किया है कि अब आप कोई सात-आठ सौ पृष्ठों का वृहद् उपन्यास भी पूरी तन्मयता से से लिख सकते हैं...और अभी कुछ अन्य उपन्यास भी, क्योंकि कथानक बुनने की महारत आप में आप में आ गई है।

बहुत अच्छा बन पड़ा है यह उपन्यास अपनी कुछ सीमाओं के बावजूद। मैंने समीक्षा में लिखा है कि इस उपन्यास को प्रत्येक उपन्यासकार को पढ़ना चाहिए, ख़ासतौर पर नई पीढ़ी के उपन्यासकारों को। उनके लिए 'फूल, इमारतें...और बन्दर' एक विरासत सिद्ध होगा। मुझे परितोष है, इस बात का भी कि मेरी लगभग पच्चीस वर्ष पहले की भविष्यवाणी सही सिद्ध हुई है। आपके और गिरिराज के बारे में कि ये दूर तक जायेंगे और देर तक लिखेंगे।

समीक्षा टाइप करा ली है। टाइप होते ही भेज दूँगा। अगर इस बीच राजेन्द्र भाई का पत्र आया, तो पहले 'हंस' को भेज दूँगा, उम्मीद नहीं होते हुए भी; क्योंकि नहीं छापी राजेन्द्र भाई ने यह समीक्षा, तो उनका छोटापन स्वयं उन्हें अनुभव होगा।

सिर की व्याधि ज्यों की त्यों है, लेकिन बवण्डर कुछ कम प्रतीत होता है। इसलिए गिरिराज जी के लिए लिखना प्रारम्भ कर दिया है। लिख सका, तो 40-45 पृष्ठों तक जायेगी, भले ही बिल्कुल सतही बनकर रह जाय। गहराई से लिखने की एकाग्रता चाहिये। सिर की व्याधि के चलते यह सम्भव नहीं है। मेरे हिन्दी वाले लेख का क्या हुआ? जुलाई, अगस्त, सितम्बर के 'अक्षरा' के अंक भिजवा देंगे।

शैलेश मटियानी

राजेन्द्र यादव

जन-चेतना का प्रगतिशील कथा मासिक 'हंस'

सम्पादक : राजेन्द्र यादव

16.10.87

प्रिय गोविन्द,

तुम्हारा पत्र मिला। पुरस्कार को लेकर तुम्हारी प्रतिक्रिया मालूम हुई। यानी तुम्हें आपत्ति ये है कि मैं या मेरे साथी 'हंस' के लिए रचानाओं का चुनाव तो कर सकते हैं लेकिन अतिरिक्त परिश्रामिक के लिए नहीं। लगता है कि बुढ़ापे की कमज़ोर आँखों के कारण तुम मेरा सम्पादकीय नही पढ़ पाये हों।

मैं खुद मानता हूँ कि कोई भी स्वतन्त्र रचनाकार किसी पुरस्कार के लिए रचना नहीं लिखता। हाँ, लिख चुकने पर उसने पुरस्कार या पारिश्रमिक प्रतियोगिताओं से बचा रखा हैं, यह सुखद स्थिति है। लेकिन मैं यह भी चाहता हूँ कि आगे से तुम अपनी हर पुस्तक पर यह सूचना ज़रूर प्रकाशित करो कि "यह पुस्तक नोबल-पुरस्कार से लेकर साहित्य एकेडमी, शिखर सम्मान या अन्य किसी भी पुरस्कार के लिए नहीं लिखी गयी, इसलिए उसे उस प्रतियोगिता से बाहर रखा जाए।" क्यों नहीं इस बात पर अपने विचार (आवेश नहीं) रखते कि मध्यप्रदेश, हिमाचल, राजस्थान या दिल्ली की सीमाओं में या 40-35-30 की उम्र के दायरे में पुरस्कारों को बाँधना भी गलत है। तभी केवल 'हंस' में प्रकाशित रचनाओं पर अतिरिक्त पारिश्रमिक देने के तर्क को लॉजिकली काट पाओगे। हाँ, अगर आपत्ति मेरे चुनाव पर है तो सूचनार्थ यह भी बता दूँ कि पुरस्कार के लिए 'हुज़ूर दरबार' का चुनाव भी मेरा था।

बहरहाल, मेरे ख़याल से पुरस्कार और पारिश्रमिक के लेने या ना लेने पर तटस्थ होना चाहिए (मैंने खुद न लेने का निर्णय किया हुआ है और आज तक कोई पुरस्कार नही लिया। हाँ, दर्जनो में निर्णायक भी रहा हूँ और दिये भी हैं शायद अपने तटस्थ आत्म-विश्वास के कारण) सबको दिये जायें, यह बात ज़रूर विचारणीय है। लेकिन मैं सोचता हूँ कि देने के चक्कर में पड़ा ही क्यों जाए, क्यों दूसरों के आगे

हाथ फैलाकर पैसे माँगे जाएँ और इसके बाद नीयत और निर्णय को लेकर दुनिया भर की बातें। ख़ासतौर से उस समय जब 'हंस' भंयकर घाटे में चल रहा हों। मैं तो सिर्फ़ यही चाहता था कि अपनी इन कुछ हरकतों के जरिये साधन-सम्पन्न सम्पादकों के दिल में शर्म और टुच्चेपन का एहसास जगा सकूँ ताकि लेखक को (मुझे, तुम्हें या गिरिराज जैसे लेखकों को नहीं) सम्मानजनक पारिश्रमिक देने का नैतिक दवाब महसूस कर सकें। इसलिए मेरे सामने यही विकल्प बचा है कि मैं इस योजना को ही स्थगित कर दूँ। क्या राय है?

आशा है स्वस्थ सानन्द है।

सस्नेह

राजेन्द्र यादव

2

जन-चेतना का प्रगतिशील कथा मासिक 'हंस'

सम्पादक : राजेन्द्र यादव

दिनांक : 12/1/89

प्रिय गोविन्द,

तुम्हारे पत्र का उत्तर महीने बाद दे रहा हूँ। पहले कानपुर ले गया था वहाँ उत्तर नहीं लिख पाया और यहाँ आने पर 'हंस' की आर्थिक और दूसरी व्यवस्थाओं में लग गया। शायद मन में साफ़ भी नहीं था कि क्या उत्तर दूँ। क्योंकि कभी यह पत्र मुझे बहुत ज़ैनुइन साहित्यिक सरोकार का पत्र लगता था तो कभी सहयोग करने की शर्त का।

मुझे मालूम है कि प्रगतिशीलता और जनवाद तुम्हारे लिए उसी तरह के बारूदी शब्द हैं जैसे कुछ लोगों के लिए बैंगन और करेला हो जाते हैं। बिना किसी ज़रूरत के इन लोगों की नीचता तुमने 'धीर समीरे' में भी उजागर की है। यहाँ सिर्फ़ मैं एक ही बात कहूँगा वर्षों से निकलने वाला 'नवयुग' जब 'धर्मयुग' के रूप में अवतरित हुआ तो महीनों यही चर्चा चलती रही कि क्या यह 'कल्याण' का दूसरा रूप है? मगर साल-दो साल में किसी को यह ख़याल भी नहीं आया कि पत्र अपने शीर्षक से

क्या कह रहा है। तुम जैसा पवित्र आस्थावादी भी इस बात को मानेगा कि आज हम 'धर्मयुग' में नहीं, राजनीति युग में रह रहे है, इसलिए पत्रिका की किसी एक लाइन को लेकर इतनी लम्बी बात करना ठीक वही स्कूली डिबेट है जहाँ किशोर लोग अपने वक़्तव्य को लेकर कुछ शब्दों की परिभाषाओं तक ही सीमित रखते हैं। ज़रूरी यह था कि 30-32 अंकों में जो कुछ निकाला गया है उस पर तुम्हारी राय मिलती। कहानियों के प्रति मेरी समझ गलत हो सकती है लेकिन मैंने किन्हीं और दबावों के कारण उन्हें चुना है, यह तुम, गिरिराज या शैलेश कोई भी नहीं कह सकता।

भारती के सम्पादन से मेरी तुलना के संदर्भ में मैं यह जानना चाहूँगा कि मैंने इन 30 अंकों में कौन-सा गुट बनाया है और पत्रों और लेखों में अपनी कितनी प्रशंसाएँ छापी हैं? क्या पत्रिका के सारे अंक यही सिद्ध करते हैं कि मैने अपनी व्यक्तिगत छवि बूस्ट करने के लिए इसका इस्तेमाल किया है? जहाँ तक रचनाओं के चुनाव का सवाल है कोई भी सम्पादक मशीन नहीं हो सकता। उसकी व्यक्तिगत पसन्द नापसन्द कहीं तो प्रतिबिंबित होगी? निर्मल के खण्डहरी एकान्त से निकलने की बात मैंने अपनी ओर से नहीं, उन पर निरन्तर लगाए जाते आरोपों से बचाव के लिए की थी। और इसलिए 'कम से कम' शब्दों का इस्तेमाल किया था। मैं 'हंस' में जिस भी लेखक को छापता हूँ, कोशिश करता हूँ उसके प्रति पूरा सम्मान बरता जा सके। जहाँ तक बल्लभ सिद्धार्थ का प्रश्न है, मैं उनके और तुम्हारे घनघोर आध्यात्मिक सवांद पढ रहा हूँ। एक ही कहानी को लगभग उसी भाषा और रूप में तीन या चार बार लिखने, पढ़ने और छापने की सहिष्णुता मुझमें नहीं है। उन्होंने फ्लाइज के दो या तीन अनुवाद भेजे थे। हो सकता है अगर मैं उसे छापता तो प्रेस जाने तक दो-एक संशोधित प्रारूप और आ जाते। मेरी दृष्टि से वे एक निहायत ही परफ़ैक्शनिष्ट और कांशस कथाकार हैं मगर ज़रूरी नहीं कि विदेशी रचनाओं के उनके चुनाव मेरे भी चुनाव हों या यह स्वतन्त्रता भी तुम मुझे नहीं दोगे? एक तो 'हंस' में अभी तक कोई धारावाहिक रचना नहीं छपी है फिर नाटक तो और भी नहीं। मै सार्त्र को बेहद ही महत्त्वपूर्ण विचारक और रचनाकार मानता हूँ मगर इस तरह की सम्पूर्ण रचनाओं के लिए 'पूर्वग्रह' और 'साक्षात्कार' जैसी पत्रिकाएँ ही सही जगह है। किसी और लेखक के बारें में बोलना हो तो वह भी बता दो। मासिक पत्रिका होने की यह मजबूरी तो है ही कि उसे अपनी समकालीन रचनाषीलता या वैचारिक मुद्दों के साथ अपने को जोड़े रखना होगा। वरना कालजयी साहित्य तो किसी विश्वविद्यालय या ट्रस्ट से एक-दो नम्बर की जिल्दों के रूप में ही निकाला जा सकता है।

इस सारे बहस मुबाहिसे के बाद मैं इसी नतीजे पर पहुँच रहा हूँ कि हममें कुछ जो समर्थ हैं वे बड़ी एहसानी मुद्रा से साहित्य में आए है। उन्हें साहित्य से सब कुछ चाहिए-यश मंच, प्रचार इत्यादि। हाँ अपनी ओर से वे केवल ऋषि बनकर अमूल्य वचन ही देंगे। मगर जो अपना तन-मन-धन लगाकर रोज़-रोज़ के युद्ध लड़ रहे हैं उनके प्रति ऐसी हिकारत का भाव तो न रखें, क्या यह प्रत्यश ज़रूरत से ज़्यादा है?

आशा है स्वस्थ व सानन्द हो।

सस्नेह,

राजेन्द्र यादव

3

जन-चेतना का प्रगतिशील कथा मासिक 'हंस'

सम्पादक : राजेन्द्र यादव

27/08/90

प्रिय गोविन्द,

लेखन के प्रति तुम्हारे विश्वास को देखकर बहुत बल मिलता है। काश मैं भी ऐसा ही कुछ अर्जित कर पाता।

कमलेश्वर वाला लेख भारती को भेजा है। शायद वह तुम्हें पोस्ट कर दे। कहानी की प्रति भेज रहा हूँ और तुम्हारी प्रतिक्रिया चाहूँगा।

अब फिर आकर जुट और जुत गया हूँ। बाहर निकलने पर ही ताज़ी हवा मिलती है।

कुछ करों, शीघ्र वर्ना भावी पीढियों के लिए संदेश दे जाऊँगा कि संसार के महानतम काम कैसे कुछ 'वैल मीनिंग' लोगों के कारण होने से रह जाते हैं।

भाभी जी को नमस्कार, मनु को प्यार

सस्नेह

राजेन्द्र यादव

श्रीकान्त जोशी

खण्डवा

रात्रि 09.05

मान्य भाई,

नमन

बिरला फाउण्डेषन के व्यास सम्मान पर हार्दिक बधाई। कई बार बधाई कहना अपर्याप्त हो सकता हैं, यह मन के प्रसन्नता के वजन को व्यक्त करने में अक्षम हो चुका है। आपकी 'मेरी प्रिय कहानियाँ' राजपाल से आई है और मैंने आज इस चयन की प्रथम कहानी के अक्षरों में आपको महसूस किया। आपकी भाषा में आपका व्यक्तित्व छिपता नहीं, अनुगूँज और वातावरण से भले-पूरे या लदे-फदे वाक्य हिन्दी की क्षमता को भी व्यक्त करते हैं। पर यह वक़्त उन बातों का नहीं। यह वक़्त है कि मैं आपका अपने कक्ष से आपको स्मृति-स्पर्श देते हुए अभिनन्दन करूँ। स्वस्थ होंगे।

दिनांक 8.12.98

शुभाकांक्षी

श्रीकान्त जोशी

2

जवाहर गंज,
खण्डवा (म,प्र,)
पिन-45001
29.9.2000
मान्य भाई

'समय और सर्जना' मिली, बहुत कृतज्ञ हूँ। इसको पढ़ नहीं रहा, इसका पारायण कर रहा हूँ। इस कृति के फ्लैप-लेखन से अक्षर-अक्षर सहमत हूँ। माखनलाल जी बाबई के थे और आप बाँदा के हैं, यह जानकारी भी मेरे लिए विशेष हैं। व्यक्तित्व में निर्मलता, माधुर्य और प्रसन्नता, खरता (निर्भीकता) बुन्देलखण्ड की ज़मीन में रही है, प्रकृति में सुलगती महकती। आपके लेखन में उसका प्रतिक्षण अहसास पा रहा हूँ। आपने प्रमाणित किया है कि यह बोध कितना वास्तविक है।

सानन्द होंगे।

आपका

श्रीकान्त जोशी

(सन्दर्भ : 'समय और सर्जना'- गो.मि. का निबन्ध-संग्रह)

गिरिराज किशोर

507, आई.आई.टी.
कानपुर
दिनांक सितम्बर 1982

प्रिय गोविन्द,

आशा है, तुम सानन्द हो।

पिछली आर दिल्ली गया तो पता चला कि तुम कमिश्नर होकर बम्बई चले गये हो। मेरी बधाई। बहुत प्रतीक्षित अवसर अब आया है।

मुझे तो इस बीच हाई कोर्ट जाना पड़ा। इन लोगो ने रजिस्ट्रार के पद पर हुए मेरे कन्फर्मेषन को निरस्त करके मुझे उसी वेतनक्रम में दया-भाव दिखाते ओ.एस. डी. के पद पर नियुक्त कर दिया था। 12 अप्रैल को यह निर्णय लिया गया था। मुझे हाई कोर्ट में रिट की शरण लेनी पड़ी। स्थगन आदेश तो नहीं मिला परन्तु अन्तिम सुनवाई की तारीख 18 अक्टूबर लगी है, आशा करता हूँ जल्दी फैसला हो जायेगा। जो भी होगा क्योंकि बावजूद सारी मेरिट्स के किसी भी मामले में कुछ नहीं कहा जा सकता कि कब कहाँ किसका जोर पड़ जाये।

इस समय मैं एक काम से पत्र लिखा रहा हूँ-मेरी बहिन डॉ. सत्या गुप्ता को जिनके साथ मैं सूटरगंज मे रहता था, यूटरस का कैंसर हो गया था। 16 जुलाई को ऑपरेशन करके उनका यूटरस निकाल दिया गया। आरम्भिक स्टेज थी। मैं तुम्हारी मदद चाहता हूँ टाटा इंस्टीट्यूट में क्या तुम कुछ मदद कर सकते हो? वहाँ किसी अच्छे डाक्टर से कहकर क्या कुछ इन्तज़ाम हो सकता है। जब तक वहाँ पर कोई साधन और सम्बन्ध न बने तब तक कुछ काम नहीं बनता। अगर तुम कुछ कर सको तो यह तुम्हारा मेरे ऊपर व्यक्तिगत उपक्रम होगा।

भाभी जी का क्या हाल है? बच्चों को प्यार। अपना फ़ोन नं. भी लिखना।

सस्नेह
तुम्हारा
गिरिराज किशोर

2

507, आई.आई.टी.
कानपुर
26/06/1985
प्रिय गोविन्द,

तुम्हारा उपन्यास 'तुम्हारी रोशनी में' पढ़कर एक दिन पहले ही समाप्त किया है। तुम्हारी ज़मीन से हटकर है। यह सही कि तुमने इसमें प्रतीकों का सहारा लिया है। भाषा को संवेदना के साथ जोड़ा है। लेकिन सुवर्णा के दो-तीन चित्र सामने आते है। ये एक-दूसरे में से घटाते भी हैं और उसमें जोड़ते भी हैं। एक तो यही कि सुवर्णा 'दुनिया' की ख़ूबसूरती अपने भीतर भरकर उसे ख़ुशी-ख़ुशी दूसरों में बाँटना चाहती है। लेकिन वह ख़ूबसूरती कौन-सी है? स्वाभाविक है जब तुमने 'दुनिया' की ख़ूबसूरती कहा है तो वह शारीरिक यानी भौतिक ख़ूबसूरती ही होगी। दूसरा चित्र भी इससे मिलता-जुलता है। उसके अन्दर देने को बहुत कुछ है। शारीरिक स्तर पर भी ओर भावनात्मक स्तर पर भी। इतना है कि न तो एक को देकर उसे सन्तुष्टि ही होती है और न एक से उसका पूरा ही पड़ता है, जो भी उसे भाता है और जब तक भाता है तब तक देती है फिर छोड़ देती है। उसका देना भावना से लेकर शरीर तक और एक सीमा तक ही का देना है। वह देना केवल देना नहीं। उसके माध्यम से लेना भी है। वह लेना एक अजीबोगरीब तरह का लेना है। देकर ले लेना। उच्छिष्ट के रूप में दूसरे को तड़पते छोड़ देती है। वह तड़पना, अपने पीछे तड़पते पूर्व-स्नेही को लहू-लुहान भागते देखना, उसे कहीं न कहीं सुख पहुँचता है। तीसरी बात वह अपने इस लेन-देन के सम्बन्ध के बारे में स्वयं स्पष्ट नहीं। यह अस्पष्टता अनन्त, श्याम, अरविन्द और यहाँ तक कि अपने बच्चों और पति रमेश तक के सम्बन्धों को लेकर उस पर हावी रहती है। दरअसल यह चरित्र अपने इतने अधिक विकल्पों के कारण हिन्दी साहित्य का एक महत्त्वपूर्ण चरित्र होते-होते रह गया है। इसका कारण केवल एक ही नज़र आता है, वह है इस पात्र के साथ लेखकीय संवेदना का भावनात्मक

रूप से जुड़ जाना। शायद यह चरित्र एक दूसरे तरह के बर्ताव की अपेक्षा रखता था। लेकिन लेखक उसके रूप की गरिमा के साथ अनन्त के रूप में भावनात्मक स्तर पर जा जुड़ा है। वह उसके सामने कभी-कभी बालक बन जाता है और उसका यही पक्ष सुवर्णा की अहमन्यता के माफ़िक पडता है इसीलिए वह उसे औरों से भिन्न भी लगता है। वह जानती है कि उसकी यह 'एडोलेसेन्स' हमेशा उसे सुवर्णा के आधीन रखेगी, एडोलेसैन्ट तो सभी प्रेमी हैं, पर उनमें अनन्त सबसे ज़्यादा है। वह झटका तो जा सकता है पर झटक कर पूरी तरह अलग हो जाने की सामर्थ्य उसमें नहीं।

उस चरित्र का यह रूप बावजूद लेखकीय संवेदना के उसे उस स्तर तक नहीं पहुँचने देता जहाँ पर उसे होना चाहिये था। तुम इसमें अपनी भाषा से भी अच्छी दिशा में हटे हो, प्रतीकों और संवेदना की गहराई की दृष्टि से गहरे भी उतरे हो परन्तु भावनात्मक जुड़ाव पात्र को ऊँचाईयों तक पहुँचाते-पहुँचाते उसी प्रकार रोक लेता है, जैसे किसी योद्धा को उसके स्वजनों का प्यार दिग्विजय से रोक लेता हो।

फिर भी इतनी तल्लीनता और आत्मीयता के साथ लिखे गये इस उपन्यास के लिए मेरी बधाई स्वीकार करो। यह हम सब लेखकों की विडम्बना होती है कभी-कभी हम अपने रचनात्मक लगाव को या तो गलत जगह उड़ेल देते है, या वह बिन्दु हमारी नज़र से बच निकलता है जहाँ हमारा असल स्ट्रोक होना चहिए। इस बात का एहसास तब होता है जब कुछ भी करना हाथ में नहीं रह जाता। लेकिन सुवर्णा की रूपज मांसलता और 'सेन्सुअसनेस' की बहुलता मुझे इस चरित्र की कभी न भूलने वाली देन लगी। यदि रचनात्मकता के उत्कर्ष को भुला दें तो यह भी हमारी एक लेखकीय अनिवार्यता होती है जो कहीं न कहीं रचनात्मकता पर सान लगाती है। मैंने ये सब बातें अपने ऊपर लागू करके, सह-रचनाकार के रूप में इस उपन्यास के माध्यम से अनुभव की हैं। तब लिखी हैं, बुरा मत मानना।

तुम्हारी कलम के दीर्घजीवी होने की कामना करते हुए।

सस्नेह,

तुम्हारा

गिरिराज किशोर

3

796 लखनपुर

कानपुर, 24

1/12/2000

प्रिय गोविन्द जी,

मैंने आपका उपन्यास 'फूल, इमारतें और बन्दर' पढ़कर आज ही समाप्त किया। मैंने यह भी सोचा पढ़ने के बाद तत्काल प्रतिक्रिया लिखना शायद ठीक न हो। लेकिन फिर लगा अभी पढ़ा है, सन्दर्भ याद हैं लिख ही दूँ। आपसे वायदा भी किया था।

उपन्यास को यदि इसी दृष्टि से पढ़ा जाय कि उच्चतम स्तरों पर किस तरह की राजनीति होती है तो इस उपन्यास में उसके काफ़ी प्रमाण हैं और ये सब ऐसे व्यक्ति को चकित करेंगे, जो इस राजनीति को कम जानते हैं या नहीं जानते। विवरणों में रोचकता भी है। इस तरह की राजनीति की और संकेत करने वाला पाकिस्तानी उपन्यास 'बेवतन' भी आया है। परन्तु हमारे यहाँ की राजनीतिक नौकरशाही, वहाँ की स्त्रैण राजनीति से अलग है। ज़्यादा दारुण और चोट करने वाली।

क्षमा करें! जिस फलक को आपने उठाया है उससे लगता है कि आप अपना जस्टीफ़िकेशन भी साथ-साथ दे रहे हैं। ज़्यादातर चरित्र पहचान में आते हैं। मोहन्ती यानी गोविन्द मिश्र केन्द्र में ज़रूर है, पर वह अपने से हटकर उन स्थितियों को टटोलने की कोशिश नहीं करता, जहाँ और लोगों के साथ शायद उससे भी ज़्यादा कुछ हो रहा था या होना है। रचना में संवेदना का तभी सम्प्रेषण होता है, जब लेखक अपने अनुभव को प्रक्षेपित करके व्यापक फलक देता है या बनाने की कोशिश करता है। यह पृष्ठभूमि बहुत समृद्ध है परन्तु इसके साथ ट्रीटमैंट या तो जल्दी में हुआ या उसे और पकना चाहिए था या फिर मन का गुबार निकालने की जल्दी थी। अन्तिम प्रकरणों से यह भी लगता है कि कहीं लेखक यह भी कहना चाहता है कि मंत्री को मोहन्ती के साथ उनकी करणी खा गई। यह बात इतने बड़े सन्दर्भ में बहुत

छोटी है। हर व्यक्ति जो पीड़ित होता है यही चाहता है कि उसके साथ उत्पीड़न करने वाले के साथ भी वही हो। अगर ऐसा होता है तो वह खुश होता है। यह रचना को छोटा कर देता है। क्षमा कीजिए, आपके और उपन्यास इस तरह की सीमित भावना से मुक्त थे। चाहे वह 'तुम्हारी रोशनी में' हो या 'लाल पीली ज़मीन' या 'हुज़ूर दरबार'। यह बात हो भी तो स्वत: सामने उभरकर आना चाहिए।

यह भी सही है कि कहीं-कहीं पर आपने मानवीय शुचिता के आत्मीय चित्र भी दिखाये हैं, परन्तु यह विचित्र लगता है कि लेखक उनका वर्णन तो करता जाता है, परन्तु संवेदना के स्तर पर जुड़ने का प्रयत्न नहीं करता। एक भी वाक्य वह ऐसा नहीं कहता जहाँ लगे कि यहाँ लेखक तटस्थ होकर उनसे गहरायी से जुड़ रहा है या ट्रासैंड कर रहा है। उसका जुड़ना केवल वर्णनात्मक है, जितना देखा, भोगा, वह कह दिया, भार उतर गया। मैं मानता हूँ कि हमारा साहित्य ज़्यादा वर्णनात्मक है परन्तु संवेदना का ज़रा सा संस्पर्श उसे अनुभव में परिणित कर देता है। पृथ्वीसिंह, प्रमोद आदि के वर्ग वाले दूसरों पर लेखक की नज़र ही नहीं जाती। वह 'मोहन्ती' के अलावा कुछ देखना ही नहीं चाहता। मोहन्ती तो उस खेल में बराबर का हिस्सेदार है। इंसानी सहानुभूति नहीं पाता।

यह बात आप जैसे संवेदनशील लेखक से अपेक्षित नहीं थी। संवेदनाओं को बाँटना ही रचनाओं को बड़ा बनाता है। आप इसे मेरी प्रतिक्रिया ही समझें। एक मित्र की प्रतिक्रिया, जो आपका प्रशंसक है, जिसे इतने पैने अनुभव को जाया होते देखकर दु:ख होता है।

नरेश जी नहीं रहे, इस बात ने मुझे बहुत आहत किया है। वे मेरे गुरुवत ही थे। अस्वस्थ हूँ, कोशिश करूँगा कि मैं आऊँ।

तुम्हारा

गिरिराज किशोर

4

796 लखनपुर
कानपुर, 24
02/01/2001

प्रिय गोविन्द भाई,

आपका 26.12.2000 का पत्र मिला। धन्यवाद। नया वर्ष आपको और भाभी को बहुत शुभ हो। माता जी कैसी है?

आपका यह उपन्यास जैसा कि मैंने प्रारम्भ में ही पत्र में लिखा था कि ऊपर की ढँकी हुई मंजिल को पूरी तरह खोलने का महत्त्वपूर्ण प्रयत्न है। उन बातों के बारे में लोग कम जानते है। इस दृष्टि से यह उपन्यास महत्त्वपूर्ण है।

मेरा जो कमेन्ट था, वह आपकी अर्जित रचनात्मकता को लेकर था। रचनात्मकता दो तरह की होती है–एक नकारात्मक मनोभाव को सम्पूर्ण संवेदना के साथ उद्घाटित करती है। दूसरी सकारात्मक रचनात्मकता जो मनुष्य को सकारात्मकता से भर देती है। दोनो ही संवेदना को सक्रिय करती है, मनुष्य को समझने, उसे व्याख्यायित करने में सहायक होती है। उदाहरण के लिए एक कहानी सुनी थी–जब चंगेज ख़ाँ आया तो उसने देखा कि एक बुढ़िया एक खाई के पास खड़े होकर रो रही है। उसने पूछा क्यों रो रही हो। उसने कहा मेरी पोती खाई में गिर गयी है, कोई निकाल नही रहा। उसने कहा–हम निकाल देते है। चंगेज ख़ाँ ने अपना चोंगा उतारा, उसकी बच्ची को निकाल दिया। इस तरह के लोगों में भी एक तरह की विकृत संवेदना होती है, भले ही हानिकारक हो, पर है।

वैसे भी आपके उपन्यास का मुख्य पात्र ऐसा पात्र है जो एक मौन्यूमैंट चरित्र बनाने की क्षमता रखता है। वह बन भी गया है। परन्तु न जाने क्यों मुझे उसमें कुछ कमी नज़र आती है। कहीं-कहीं जो कलाकार की तरह स्ट्रोक आप लगा सकते थे, उन्हें आप छोड़ गये- ऐसा लगता है। क्षमा करें एक लेखक के नाते और आपके पाठक के नाते ऐसा अनुभव करता हूँ। वह नकारात्मक संवेदना का केन्द्र है, परन्तु

न जाने क्यों आपने उसके अनेक बिन्दुओं को न छूकर थोड़ी जल्दी कर दी। किसी बड़े चरित्र का बन्दरगाह उसका घर भी होता है। वहाँ वह क्या कहता या वह उस चरित्र में बहुत कुछ जोड़ता है। कई ऐसे बिन्दु थे जहाँ उस नायक की व्यथा फूट सकती थी, जब वह अपनी पत्नी को पृथ्वीसिंह से (शायद) उपहार लेते हुए देखता है। वहाँ उसकी सार्थक अभिव्यक्ति होते-होते रह गयी।

मैंने अपनी बात शायद आप तक नहीं पहुँचा पायी। खैर। इस उपन्यास पर रामशंकर लिख रहे हैं? इसी अंक में देंगे, हो सका तो।

तुम्हारा,

गिरिराज

हृदयेश

136/2, शाहजहांपुर-242001

फरवरी 11, 1990

प्रिय भाई मिश्र जी,

मेरा आपसे व्यक्तिगत परिचय नहीं है न ही कभी पत्र-व्यवहार हुआ, किन्तु मैं यह मानकर चल रहा हूँ कि आप मुझे जानते हैं। इसी आधार पर मैं आपको यह पत्र लिख रहा हूँ।

मेरे पुत्र सुनील कुमार मेहरोत्रा की नियुक्ति उप सम्पादक के रूप में 'धर्मयुग' में हुई है। उसे 16 फरवरी को वहाँ ज्वाईन करना है। बम्बई उसके लिए बिल्कुल नई जगह होगी। उस महानगर में उसका कोई जाना सम्बन्धी नहीं है। मकान की समस्या उसके लिए सबसे विकट होगी। अभी वह अविवाहित है। यदि आप उसकी इस दिशा में कोई सहायता कर सकें और उसे यह अहसास दे सकें कि उसका वहाँ कोई अपना है, तो उसे नई स्थिति में सामना करने में बड़ा बल मिलेगा। वह एक सीधा-सादा और छल-कपट से दूर नवयुवक है। आप एक सापेक्ष व्यक्ति हैं। अभी तक वह भोपाल के एक दैनिक देशबन्धु में काम कर रहा था और वहीं से बम्बई पहुँचेगा। आपका फ़ोन नम्बर मुझे मालूम नहीं है। उचित समझें तो टाइम्स ऑफ इण्डिया के फ़ोन पर आप स्वयं ही उससे बातचीत कर लें।

आपके पत्र की मैं प्रतीक्षा करूँगा। आप उन चन्द लेखकों में हैं जो नियमित लेखन करते है। आप इन दिनों में कोई उपन्यास लिख रहें होंगे। मैं पिछले तीन माह से बीमारी से घिरा हूँ। कमर के दर्द को लेकर मेरा अब भी उपचार चल रहा है। पिछले लगभग एक वर्ष से मैंने कुछ नहीं लिखा है। स्वस्थ होने पर लेखन से फिर जुड़ना चाहूँगा। सानन्द होंगे।

आपका

हृदयेश

आनन्द प्रकाश दीक्षित

1

‘कलापी’, 162/5 ब-1 स,
डी.पी. रोड, औंध,
पुणे-411067 (महाराष्ट्र)
4 अप्रैल, 2018
आदरणीय मिश्र जी,
सादर सप्रेम नमस्कार!

24 जनवरी का लखनऊ से स्वस्थ लौटा, पर पुणे में हवाई अड्डे से निवास तक पहुँचने में रात में 1 घण्टे के लगभग जो सर्दी का आघात सीधे छाती पर हुआ, उसने दो दिन में ही अस्पताल पहुँचा दिया। अभी पिछली बीमारी से ठीक से उबरा न था कि यह निमोनिया घोषित हो गया। 15-20 दिन सैलाइन मिश्रित दवाइयाँ चढ़ती रहीं- लगातार। प्राण तो लौट आये पर डॉक्टरों ने कहा कि अब और दवाइयाँ नहीं बचीं जो कारगर हों और होमोग्लोबिन कम है, नया बन नहीं रहा है। नाड़ियों ने और सैलाइन आदि लेने की जगह ही नहीं छोड़ी। भगवान भरोसे घर जाइये और यही दवाइयाँ करते रहिये-हम तीसरे दिन वहीं आकर देखते रहेंगे। घर लौट आया। आयुर्वेद का पल्ला सँभाला। मरता क्या न करता। आज लगभग सवा दो महीने हो गये-पूरी तरह प्राण-संचार नहीं हुआ। खिचड़ी खाने तक में हाँफ जाता हूँ। मालिश वाला और नहलाने वाला एक व्यक्ति आता है। मुश्किल से एक-डेढ़ घण्टा आराम कुर्सी पर बैठ पाता हूँ कि विश्राम के लिए वापस चारपाई। रात भर नींद गायब-रोता रहता हूँ। कोई चारा नहीं। लगता है एक महीना, कम से कम, और लगेगा ठीक होने में।

इसी हालत में जब तब करके आपका नया उपन्यास, जो आपने कृपापूर्वक भेजा था, पढ़ गया। तीनेक दिन हो गये। बधाई आपको। आपने ताज़ा विषय उठाया है और बड़ी सूक्ष्मता से उसकी और उससे जुड़ी समस्याओं की छानबीन की हैं बड़े

सब्र और धैर्य का काम है- साथ ही विवेक की माँग करता है। पता नहीं आपने कैसे और कितने दिन लगाये होंगे इसके लेखन और पुनर्लेखन में? मेरी नादान समझ में यह एक कॉम्प्लैक्स, टफ किन्तु इन्युजिंग उपन्यास है। इमोटिव उपन्यास और प्रेम-कथाओं को पढ़कर प्रसन्न होने वाले पाठकों की सहृदयता की परीक्षा हो जायेगी। मैं चूँकि इधर लिखे गये उपन्यासों से परिचित नहीं हूँ, अतः नहीं कह सकता कि स्त्री-विमर्श लेखन वाले किसी उपन्यासकार/कवि ने ये सवाल उठाये हैं या इस तरह का 'लिव इन' से जुड़ा कोई उपन्यास लिखा है कि नहीं। मेरी समझ में आपने अनूठी पहल की है। किसी ने लिखा हो तो नाम बताइयेगा-पढ़ूँगा।

शेष यथावत्। आशा है आप सपरिवार स्वस्थ-सानन्द हैं। यथायोग्य सहित,

आपका

आ.प्र. दीक्षित

पुनः: अरेरा कॉलोनी में तो आचार्य विनयमोहन षर्मा जी रहते थे। अब वहाँ उनके परिवार में से कौन रहता है? क्या जबलपुर से उनके पुत्र वहाँ आ गए हैं? उनका नाम भूल गया हूँ।

आ.प्र. दीक्षित

(सन्दर्भ : गो.मि. का उपन्यास 'धूल पौधों पर')

2

'कलापी', 162/5 ब-1 स,
डी.पी. रोड, औंध,
पुणे-411067 (महाराष्ट्र)
17.05.2018

आदरणीय मिश्र जी

सादर नमस्कार

25.04.18 को आपका कृपाकार्ड यथासमय मिल गया था। मैं अपनी खस्ता हालात से विवश हूँ। अकेलापन दूर करने के लिए बात करने को मन हुआ, अतः यह पत्र आपका अमूल्य समय बरबाद करने के लिए क्षमा-याचना करता हूँ।

आपका कहना सही है कि उपन्यास ('शाम की झिलमिल') की रचना वृद्धावस्था के विषाद आदि का चित्रण करने के लिए हुई है। आपने अन्त तक पहुँचते-पहुँचते कुछ करणीय समाधान भी दिये है। नायक भी वृद्ध है ही, मेरी तरह विधुर। वृद्धों की समस्याएँ, स्त्री-पुरूष, सकुटुम्ब स्वतन्त्र, मध्यवित-धनी, अपंग-स्वस्थ, किन्तु साधनहीन, पठित-अपठित आदि भेद से असंख्य और नई-नई है। सब पर एक ही फार्मूला लागू नहीं होगा। और ज़रूरी नहीं है कि एक उपन्यास या कहानी में सबकी ठूँस-ठाँस की जाय। आपका नायक प्रबुद्ध है, स्वतन्त्र रहना चाहता है और इतना समर्थ अभी तो है कि स्वतन्त्र रह भी सकता है। सामने आने वाली समस्याओं या प्रस्तावों का विवेकपूर्ण विचार करके किसी परिणाम पर पहुँच सकता है। आगत समस्याओं आदि के साथ अपनी संतान या परिवार और पूर्व-प्रेमिका तथा सद्भाव-समर्पिता को तथा उनके प्रस्तावों को लेकर वह उनके स्वार्थ और निरपेक्ष भाव की परख (सोच-विचार) करता भी है। ख़ासा सतर्क व्यक्ति है, भावुक नहीं। समस्याओं की बड़ी बारीक छानबीन करता है। (यानी आप करते हैं) जो मुझे विशेष प्रभावित करता है, क्योंकि उससे उपन्यास मात्र घटनाओं का बण्डल नही बनता और तरल भावुकता के विरुद्ध प्रबुद्ध व्यक्ति की बौद्धिक सूझ-बूझ का परिचय देता है। आधुनिक (समकालीन) चिन्तन के लिए यह ज़रूरी भी था। इसीलिए मैंने उसे टफ़ किन्तु इंगेज़िग कहा। मुझे सचमुच उपन्यास उस दृष्टि से बहुत प्रभावशाली, नया और अच्छा लगा। पर इतनी बातों को जानते मानते भी मैंने जो उसे लिव-इन की समस्या से जोड़ दिया वह इसलिए कि बावजूद सन्तान के प्रस्ताव के उस वृद्ध की चिन्ताओं का मूल और विस्तार अधिकांश उसकी पूर्व-प्रेमिका के स्मरण और नयी समर्पिता के प्रस्ताव से जुड़ा है। दोनों मिला-जुलाकर, वृद्धता की समस्या को जागृत रखकर भी मेरी व्यक्तिगत राय में, यह कह लें औपन्यासिक पाठ के अनुभव में, समस्याओं को एक ओर ठेल कर लिव-इन की भावना को पाठक के मन में प्रमुखता से जन्म देती हैं। यह बुरा नहीं है, है यह भी इस प्रसंग में वृद्धता की समस्या है। इसका मूल कहीं युवा-युगल से अधिक जुड़ा है। बात को कोई किस सिरे से पकड़ता- कहता-रचता है, यह अलग है पर वृद्धों की यह समस्या नहीं हो सकती, मेरी दृष्टि में ऐसा नहीं है, बल्कि मैं कहूँगा कि यह उनकी एक विशिष्ट समस्या है और होनी चाहिए। युवाओं से अधिक उनका हक बनता है। संतान या परिवार जनों की सहायता सेवाओं से वंचित वृद्ध अगर ऐसा चाहते है या करते हैं तो परिवर्तित परिस्थितियों मे उनके साथ सहानुभूति बरती जानी चाहिए। इस पर बहस हो सकती है। हो पर बहस किस बात पर नहीं होती/हो सकती!

मैं वहाँ विरम जाता हूँ। कोई घटना मुझे इतनी प्रबल नहीं लगती कि मैं इससे अपना ध्यान हटा लूँ/ हटा सकूँ। यहाँ आकर मैं अपनी ही एक समस्या से उलझ जाता हूँ। इस बुढ़ौती में मेरी चिन्ता यह है कि क्या वजह है कि मैं (पाठक) किसी कृति में उसके रचनाकार के मन्तव्य से दूर रह जाता हूँ, क्यों नहीं मैं उसके मन्तव्य को उसके स्तर पर पकड़ पाता? यह समस्या सभी साहित्यिक विधाओं को लेकर है, विशेषत: कविता को लेकर तो और भी। प्राचीन नाट्यशास्त्र विचारकों की मान्यता है कि कवि और सुहृदय दोनों समान अनुभव करते है। भरत भी असुरों को यह कहकर समझा-बुझा देते हैं कि जो कथा (दृश्य) दिखाई जा रही है उसे क्रीड़ा मानकर देखो, वह अपने विरुद्ध है–यह मत समझो। यही बात वे देवताओं के विरुद्ध कोई नाटक मंचित करके उन्हें भी क्यों नहीं समझा सकते? क्यों आज का प्रेक्षक फ़िल्मी दृश्यों पर आपत्ति करता है, तोड़-फोड़ करता है। निराला जी की 'जूही क़ी कली' कविता को आचार्य म.प्र. द्विवेदी ने क्यों लौटा दिया था। क्यों वे निराला के मन्तव्य को ग्रहण न कर सके? मुक्तिबोध की कविता 'अँधेरे में' आलोचकों को भी भटकाती रहती है। शमशेर की कविताओं पर इतना विवाद क्यों है? यानि कैसे तय हो कि सही अर्थ क्या है? फिर यह भी है कि काल व्यत्यय के साथ कभी-कभी नये-नये अर्थ भी निकल आते हैं। प्रेमचन्द की तो एक कहानी 'कफ़न' ही आलोचकों- प्रेमचन्द के मर्मज्ञों के लिए एक समस्या बनी हुई है। कोई स्थिर मत नहीं है। क्या इसका अर्थ यह नही है कि कृति को पाठक अर्थ देता है। रचना के बाद वह लेखक के हाथ से छूट चुकी होती है। पक्ष-विपक्ष में बहुत से तर्क हैं या हो सकते है। सही निर्णय क्या है और कैसे हो? क्या आज के पुनर्पाठवादी पाठक के अर्थ को वरीयता दे रहे है?

मैं उलझ गया हूँ और प्रबोधन चाहता हूँ। आपको इसलिए तंग कर रहा हूँ कि कुछ तो समझूँगा। यथासम्भव मेरी सहायता कीजिए।

आशा है आप सपरिवार सानन्द है।

आपका

आ.प्र. दीक्षित

सेवा में,
श्री गोविन्द मिश्र जी,
भोपाल.

रामकमल राय

1

90 सी, बाघम्बरी रोड, 8

इलाहाबाद

29.02.83

भाई गोविन्द जी,

आपको लिखने की इच्छा तो उसी दिन से रही, जब से आप वृन्दावन में हम लोगों से अलग हुए। परन्तु ऐसे आत्मीय प्रसंग को पचाने में भी तो समय लगता है। इस बीच आपके लेख और कहानियाँ और यात्रावृत्त कई पत्रिकाओं में पढ़ने और देखने को मिल गये। फिर भी लिख नहीं पाया। आप मुझे बेहद अच्छे लगे, ऐसा लिखूँ तो आपको असुविधा तो नहीं लगेगी? हाँ सचमुच। जिसे अपना अभिन्नतम कोना पूरे आश्वस्ति-भाव से अर्पित किया जा सके, ऐसा। लेखक के रूप में तो आप पहले से ही अच्छे लगते थे। व्यक्ति रूप में जिस अल्हड़ मस्ती और बेबाकी के साथ आपको पाया, जैसे एक उपलब्धि लगी। विश्वास है अब आगे हम लोग मिलते रहने को बाध्य होंगे। आप प्रयाग आएँ यह कहना बड़ी औपचारिक बात होगी न। पर मन में तो यही उठता है बार-बार। वैसे मैं भी बम्बई आना चाहूँगा। पर यह सम्भव बनाना एक कठिन काम लगता है। पत्र देंगे।

आपका

रामकमल

(सन्दर्भ : वृन्दावन में अज्ञेय जी द्वारा आयोजित 'लेखक-शिविर')

केशव चन्द्र वर्मा

प्रयाग

26.01.89

प्रियवर,

आपका उपन्यास 'धीरे-समीरें' अभी ख़त्म किया है। सिर्फ़ बधाई कह देने से मैं अपने मन की सारी प्रसन्नता नहीं व्यक्त कर पाऊँगा। अभिभूत हूँ। मेरे कई प्रश्नों के उत्तर अपने विविध पत्रों के द्वारा आपने दिए हैं। हो सकता है बहुधा वे भी सब 'भुलावे' की ही कोटि में आते हों परन्तु वे न हों तो सपाट 'बीतने' को हम कभी भी वृन्दावन बनाने की कल्पना नहीं कर सकते। प्रगतिवादी और 'जनवादी' लेखक-वर्ग की जो परतें आपने उघाड़ी हैं, जितना नंगापन दिखाया है- उतना ही इस दुर्भाग्य को भी रेखांकित करता है कि लेखकों की नई पीढ़ी अब भी 'यश से' और 'अर्थकृते' दोनों के लिए ही उस तबके के 'आकाओं' का मुँह निहारता है। कहाँ है अब 'दादा रविशंकर' जो हिम्मत से कह सकें- 'उस भूमि को जानना है तो राधाकृष्ण से कैसे बचोगे? क्योंकि आदमी में तो वही वह है। जो इस दन्द-फन्द में नहीं आए- उन्होंने अपनी दूसरी दुकानें खोल ली हैं सार्त्र, काफ़्का, कामू की (और अज्ञेय की भी)। ऐसे माहौल में 'धीरे-समीरे' का लिखा जाना और इतनी गहराई से जीवन और मृत्यु के बीच बीतते जाने की व्याख्या और सबसे बढ़कर यह कि उसे इतने सरस और सार्थक ढंग से पाठक तक सम्प्रेषित कर देना अपने में ही एक उपलब्धि है। मैं अपने मित्र श्रीलाल शुक्ल का आभारी हूँ कि उन्होंने मुझे यह पुस्तक पढ़ने के लिए इतना ज़ोरदार आग्रह किया (अन्यथा मैं पढ़ता नहीं इसको)।

आप शायद यहीं अभी होंगे। पत्र आपको बम्बई में मिलेगा। आऊँगा तो अवश्य भेंट होगी।

इसी रंग में कुछ और लिखा हो- या लिखें तो मेरी उत्सुकता रहेगी। सानन्द होंगे। पत्र लिखेंगे आप तो अच्छा लगेगा।

सस्नेह,

केशव

श्री गोविन्द मिश्र

बम्बई

राजी सेठ

एम-16, साकेत,
नई दिल्ली-110017
19.6.87
प्रिय गोविन्द जी,

यह पत्र अस्पताल में बैठे डॉक्टर की प्रतीक्षा करते लिख रही हूँ। कुछ ऐसा हो गया है कि आपको पत्र लिखने का सिलसिला बन ही नहीं पाता। यहाँ का जीवन किस तरह स्नायु-संस्थान की घुटन का कारण बनता है, शायद एहसास न हो पाए। पुरुषों को शायद कुछ अधिक छूट मिल पाती होगी। यह नहीं कि संघर्ष कम हैं पर उतने...वैसे...मेहंदी की पिसाई जैसे बारीक नहीं है। यहाँ सबकुछ ठीक-ठाक दीखता है...फिर भी नहीं होता...छोटी-छोटी बातों भी चींटियों सी चलती कतार निगल लेती है सारी इक्वानिमिटी।

यह भी कितना त्रासद है कि अपने आत्मीयों से भी संवाद की मुद्रा जीवन के प्रति शिकायतों, उलाहनों से भरी लगे। ताज़गी कहाँ है, जो हो सकती है।

बहरहाल, कहना यह था कि सेठ सा॰ का ऑपरेशन अब बम्बई की बजाए मद्रास में होगा। शायद जुलाई के प्रथम या दूसरे सप्ताह में (देखिए क्या तारीख़ मिल पाती है) बम्बई में कुछ तो सी.जी.एच.एस. का मसला टेढ़ा था, कुछ इस बारे में मद्रास की उत्तमता की सूचना। सोचा आपको लिख दें। प्रतीक्षा रहेगी और कहीं बाहर जाने को होंगे तो योजना में बाधा आएगी।

उपन्यास पूरा कर लिया- बधाई, और उससे अधिक उस तत्त्व के लिए जो आत्मसम्पन्नता के गहरे रूप में आपमें दिखाई देने लगा है। वैसी तटस्थता... अ-सांसरिकता अच्छी है—ज़रूरी भी है बशर्ते कि मिल सकती हो। जीवन में एक तीखा मोड़ आ जाने पर (चाइल्ड डैथ) आपने उसे कमाया है। यह कीमत बड़ी है पर नगण्य यह भी नहीं। कम समय रहता है इसलिए इन बातों को छेड़ने का मन नहीं चाहता। यह बातें तभी हो सकती हैं जब मिल बैठने का समय हो। यों जिस दूरी तक

व्यक्तित्व का निथरना दीख रहा है उस दूरी तक लेखन में आना बाकी है...यह मेरा एहसास है–शायद सत्य न भी हो...क्योंकि इधर आपका लिखा कहाँ पढ़ पाई हूँ। 'तुम्हारी रोशनी में' मैंने आपकी इधर अन्तिम पुस्तक पढ़ी थी- दो बार। उसी में से ऊपर लिखे एहसास को कमाया है। उस पुस्तक विषय पर इतना कुछ कहना-सुनना था, इसीलिए आपको लिखा न गया।

पुनश्च: पत्र को यूँ ही भेज देना उचित होगा। पूरा करने की आशा में अटक जाने का ख़तरा है। भाभी को स्मरण दें। सेठ सा. का अभिवादन लें। बिटिया को प्यार।

सस्नेह,

राजी

2

एम-16, साकेत,
नई दिल्ली-110017
01.11.88

प्रिय गोविन्द जी,

'धीर समीरे' मिला। आभार और अभिनन्दन। आप वहाँ हैं जहाँ जीने का अर्थ ही अपनी सृजनात्मकता के साथ तादाम्य है! जीने का ढंग ही है अपने को अभिव्यक्त करना। यह निरायासता सुखद है। आपको तो और भी सुखद लग रही होगी। धीरे-धीरे बहते रहने जैसी। यह एक्सप्रैषन आपने ही कहीं ('भारत किरण' के छपते पत्रों में) व्यक्त किया है। मन में चिपका रह गया है।

उन पत्रों में सृजित संवाद भी बहुत ही सार्थक लग रहे हैं। पत्रिका को इस विषय में लिखा भी है।

'धीर समीरे' खामोशी से पचाऊँगी नहीं, आश्वस्त रहें। मैं वैसे ही जाने कितनी-कितनी बातों पर लज्जित महसूस करती हूँ। टोटैलिटी में जो दबाव संवेदना पर पड़ता है उससे सृजनात्मक रूप से एकरस न होने के कारण सब कुछ उखड़ा-पुखड़ा है, जिसमें मुख्यत: तो यहाँ का जीवन और जीवन के भार हैं। बाहर जाना एक विकल्प है पर क्या उस स्थिति को ही विकल्प बन जाना चाहिए। अपने परिवेश से इस स्तर का रिश्ता मेरी समझ से श्रेयस्कर नहीं। लग रहा है, आगे कुछ सम्भव हो सकेगा।

फिलहाल तो सफ़ेदी सफ़ाई चल रही है घर में। आपको एक खूब लम्बा पत्र सोचा था इसलिए इतनी देरी हुई। बाद में लगा प्रतीक्षा में तो स्थिति ही जड़ होती जा रही है सो यह जल्दबाज़ी के कारनामे।

'तुम्हारी रोशनी में' अब मेरे मन में आपकी रचनात्मकता के प्रति एक परिप्रेक्ष्य बन गया है, और चूँकि दो-तीन लेखकों पर मुझे विस्तार से लिखना है (पार्ट ऑफ़ माई बुक) तो उसके वेस्ट या इग्नोर होने की प्रतीति मन में नहीं है। 'धीर समीरे' पर प्रतिक्रिया तो आपको पढ़ते ही लिखूँगी यह तय है। बाकी किताबें तय होगीं विस्तार से। आपका दिल्ली में न होना संवाद के स्तर पर खूब-खूब अखरता है। बल्लभ को भी नहीं लिखा गया।

दिवाली की आप सबको शुभकामनाएँ। आपके मन में 'करुणा की धार' वह स्ट्रोक मैंने पहचान कर ही आपसे परिवर्तन की बात कही थी और जिस दर्शन से वर्बली आप परहेज की बात करते रहे थे, उसमें 'आप' हैं। यह परिवर्तन 'वरणांजलि' की इमर्जेन्सी के बाद से दीखा है।

हम दोनों का बहुत-बहुत स्नेह।

राजी

3

एम-16, साकेत,
नई दिल्ली-110017
15.5.92

प्रिय गोविन्द जी,

'युद्ध' कहानी पढ़ी। एक यातनादेह कहानी। दो पीड़ा बिन्दुओं के बीच 'मैं' को अवस्थित करती हुई। एक थॉटफुल दस्तावेज़...पीड़ा की निरन्तरता पीढ़ियों से पीढ़ियों तक। यही कथा के बीच की कथा है।

इस पीड़ा से कोई निस्तार नहीं, क्योंकि कष्ट अस्तित्व के हैं। स्प्रिट वांट्स टु ट्रांसेण्ड, फाइण्ड वेज़, बट कांट। शरीर, सांसारिकता, और रिष्ते सबसे बड़ी मर्यादा है। इन्हीं में जीने की त्रासदी छिपी है, इनसे कोई निस्तार नहीं, सिवाय अपने निजत्व को, जब कभी भी, टुकड़ों में, किश्तों में जीने की चेष्टा में रहना। उसी एक प्रच्छन्न महाकाय महेच्छा की अभिव्यक्तियाँ हैं हर कोई। अपनी-अपनी लय पर अपने-अपने

स्तर पर हर किसी का अपना-अपना। यह बात कहानी में उभरी है- तीनों की। तीनों बिन्दु से परिधि के फैलते हुए- टकराते हुए...टकराहट से घबरा कर उसी एक निजी प्रतीक्षा की शरणस्थली में जाते हुए।

पीढ़ियों की कहानी होने के बावजूद यह अस्तित्वक पीड़ाओं की गूँज मन में छोड़ती हैं, क्योंकि 'मैं' में न्यस्त सारा पीढ़ीगत, संस्कारगत विभिन्नता का आक्रोश एक उसी जगह पर आकर पंक्चर होता है जहाँ एक उदास कमजोर निस्संग लड़के की स्मृति और स्थिति दो-दो बार चेतना पर आघात करती है। वहाँ एक उदास लड़का 'मैं' की तरह ही चूड़ी पर चूड़ी बिठाने तथा सबको परिधि से बाहर फेंकने की आतुरता के हाथों तैयार हो रहा है।

वहाँ एक अण्डस्टैंडिंग उदारता जन्मती है, सहभागी सदयता, अपनी पीड़ा के रास्ते दूसरे की पीड़ा को छू पाने की संवेदना।

कहानी के फलक में उपन्यासिकता का वितान है, शायद इसलिए लगता है कि बोधों की गठरियाँ जहाँ-तहाँ बँधी रह गई हैं; अनलाइक योर अदर स्टोरीज़, कहानी की काया में एकसार नहीं हो पाई। अन्त के पैरा भर में भावात्मक उत्कर्ष भी उतना नहीं सधा कि पूरी रिलीज़ की अनुभूति पैदा कर सकता। (संग्रह में रखते समय देख लीजियेगा।)

मुझे व्यक्तिगत रूप से, इस कहानी के माध्यम से गोविन्द मिश्र नाम के व्यक्ति के साथ-साथ चलने का बोध हुआ। पाठक की हैसियत में रहते यह एक अप्रियकर स्थिति है। पढ़ने में खलल पड़ता है, पर आपके सरोकारों की दिशा समझ में आती है। कहानी ने विस्तृत फलक पाटा है। इधर आपमें इन सारी समस्याओं के उद्वेग सक्रिय लगते हैं। ऑल टोल्ड आन्तरिक ज़रूरतों (पिता की, पुत्र की) का चेहरा और चटक हो जाए तो द्वन्द्व अच्छा बन पड़े।

मुझे अच्छी लगी है कहानी। गहरी उदासी में धांस गई है। कहानी में देर तक बने रहने या उपकरण बनी यह उदासी। साधुवाद।

लिखें, जमकर लिखते रहें। अभिव्यक्ति के अवरोध की अकुलाहट, एक दूसरा यातनाकुंड है। उससे रक्षा हो।

हम दोनों का बहुत-सा स्नेह।

राजी

4

एम-16, साकेत,

नई दिल्ली-110017

24.6.92

प्रिय गोविन्द जी,

इस बात से सच में बहुत क्षुब्ध होती हूँ। एक तो पत्र लिखा नहीं जाता, लिखो तो मिलता नहीं। ऐसा पहले भी आपके बम्बई प्रवास में हुआ। नेचर्स डिज़ाइन्स... बट व्हाई?

अच्छा हुआ पत्र की फ़ोटोकॉपी रख ली थी। वह भेज रही हूँ- निचोड़ है प्रतिक्रिया का। आपको गरिष्ठ भी लग सकता है, बट बियर विद इट। अनफोल्ड इट। कहानी ('युद्ध') में एक सन्दर्भ है- "उसकी आँखों में तब वे ही रंग उतरा आए थे..." (पृष्ठ-22) यही स्मृति और असली स्थिति मुझे कहानी के चरम बिन्दु लगे हैं, जिसके माध्यम से पिता पुत्र के निजत्व की ज़रूरत को छू पाता है, और यही क्षोभ के पंक्चर होने का कारण बनता है, और पिता एक उदात्त उदार मन:स्थिति को छू पाता है। यह स्थल और इन्टैन्स और मैलो हो तो कहानी का प्रभाव बढ़ जाए। फिलहाल यह शब्दों से कन्वे ज़्यादा होता है भावना से कम।

यह कोई ऐसी स्लिप नहीं है, जिसका ज़िक्र करके मैं ऐसी सुन्दर कहानी लिखने के बावजूद भी आपको ठेस पहुँचाऊँ, पर चूँकि कहानी कभी संग्रह में जाएगी इसलिए कह देना समुचित लगा।

मैं आपकी कहानियों पर प्रतिक्रिया नहीं करती, कहना गलत है। पिछले सालों में स्वयं ही व्यवस्थित रह पाना नहीं हुआ। इधर कुछ सही क़िस्म की मानसिकता के आने की अनुभूति में हूँ- रचना-प्रवृत। इस फेज़ की शुरुआत कृषिनगर संगोष्ठी से हुई। अपने क्रिएटिव सेल्फ़ की क्षमताओं और दिशा संपन्नता की दिशा को जाँचने का मौका अधिक मिला। एक भीतरी प्रफुल्लता भी रही। बहुत-सी रचनाओं पर साइमलटेनियसली काम करना मेरा गुण-दोष दोनों हैं। गुण की चर्चा करना व्यर्थ है,

दोष यह कि रचनाओं को प्रकाशन की पूर्णता तक आने में देर लगती है, अलमारियों में धँसी रहती हैं। एक बार चेष्टा की थी कि एक ही किताब के पीछे लगी रहूँ, पर असफल हुई। लगा, कोई तथ्य हाथ में रह जाते हैं, उसके भीतर का अवकाश गायब हो जाता है जो रचना को परिप्रेक्ष्य देता है, भावात्मक उत्कटता भी, सो छोड़ दिया। आपके मुहावरे में 'डगर-डगर चाल' स्वीकार ली। रचना जब पूरी होने को होती है, इनवॉल्वमेंट की उस स्टेज में ही मुझे साइमलटेनियटी से मुक्ति मिलती है। इसलिए कविताएँ, लेख, समीक्षा, कहानी सब साथ चलते हैं। अरसे से लग रहा है, दूसरों पर कोसने-लादने की बजाए अपनी प्रवृत्ति और प्रकृति को समझना ज़्यादा सार्थक होता है। कुछ बन भी जाता है।

अजीब तरह के संयोग में एक लघु उपन्यास (या लम्बी कहानी) शुरू हुआ है। (अभी पिछली शुरुआतों से मुक्ति नहीं मिली कि एक और यातनाकुंड) प्रयोगों की एक इनबिल्ट टंकार शायद लेखक के अपने भीतर भी होती होगी- अचेत रूप से कि खलखला कर बाहर आने को प्रवृत्त हो जाता है। मुझे तो रह-रहकर लगता है कि मेरे लिए 'एकांत' का महत्त्व ज़्यादा है, बजाए मूड के। एकांत (जब सच में महसूस हो रहा हो) मैं तुरन्त रचना प्रवृत्त होती हूँ। शिमला प्रवास, जो मुख्यत: गर्मी से बचाव के कारण था और लेखकगृह में (जून के महीने में भी) बुकिंग मिल जाने के कारण...फलदायी कहा जाएगा। कविताएँ, लेख, एक कहानी और इस उपन्यास की शुरुआत-आई नीड पैटिंग...नो?

शिमला का लेखकगृह एकाध कमरों को छोड़कर सबस्टैण्डर्ड है पर मैं उधर से बेहया हो जाती हूँ, क्योंकि एकांत मिल जाता है। मौसम से लड़ना नहीं पड़ता। खाने-पीने की भी सुविधाएँ गैस्टहाउस में ही चाहें तो काफ़ी पुअर हैं, बट अगेन आई डू नॉट माइण्ड पर्सनली, इट इज हार्ड फॉर हबी नॉट मी। पानी का भी अभाव है, पर गुज़ारे लायक जुट जाता है।

धर्मशाला लेखकगृह में अश्क जी ढाई महीने तक रहें। कुल्लू भी अच्छा सुना है, जाकर नहीं देखा। आप कभी जाएँ तो निश्चय ही काम कर सकेंगे पर इतनी दूर आना कितना श्रेयस्कर होगा, वह एक अलग बात है। पता भेजती हूँ। एक सप्ताह पहले लिख देने से साधारणत: स्थान मिल जाना चाहिए।

'युगसाक्षी' के लिए रचना देना होगी। 'शिखर' के लिए किसी दूसरे उपन्यास का सुझाव हो तो लिखें। केशव का पता बदल गया है वैसे तो वह आपको लिखेगा। उसके पास भी आपका नया पता भेजना है।

केशव नराइन, सेट नं.-40/टाईप-4,
कसुम्पटी गवर्मेन्ट फ्लैट्स,
शिमला-171009
फ़ोन- ;त्ध्द 77153, ;त्ध्द 78535

शेष शुभ। मिसेज मिश्रा को स्मरण दें।
इस बार क्या लिखा?

सस्नेह,
राजी

5

एम-16, साकेत,
नई दिल्ली-110017
4.3.2001

प्रिय गोविन्द जी,

फ़ोन पर सेठजी से आपकी बात हुई, उससे पहले पत्र लिखना चाहती थी। 'अकार' में छपी आपकी कहानी 'अक्षम' विशेष अच्छी लगी। कोट के अस्तर की तरह कहानी का अन्तरंग खुलता जाता है- प्रभावी तरीके से। उपन्यास आपका, अभी पढ़ा नहीं गया। जाता तो आपको पत्र देती। स्वास्थ्य कुछ अजीब तरह से शिथिल हो गया है। लेखकों जैसी दिनचर्या भी नहीं मेरी। 'अक्षरा' के लिए सदा कुछ देना चाहती हूँ पर उतना लिख कहाँ रही हूँ। इधर पुस्तकों के पुनर्मुद्रण की स्थिति आ जाने से तीन पुस्तकें सम्भाल कर देनी पड़ी हैं। बल्लभ कब आए थे? अपने समाचार दें।

स्नेह
राजी

6

एम-16, साकेत,
नई दिल्ली-110017
7.6.2005
प्रिय गोविन्द जी,

'साक्षात्कार' में आपका इन्टरव्यू। बिल्कुल निजी मुलाकात जैसा। अच्छा लगा। बहुत-सी बातें विचारणीय। इन बातों की एक अविभाजित संगति बैठती है आपके व्यक्तित्व के साथ। व्यक्तित्व के कई आयाम भी इस संवाद में उद्घाटित हुए हैं। कुल मिलाकर अच्छी अनुभूति। आपकी पिछली दिल्ली विजिट के बाद एक पत्र कदाचित लम्बा स्वत:स्फूर्त आपको भेजा था। कोई पहुँच न आने से लगा कि आपको मिला नहीं। एक्नॉलेजमेंट ज़रूरी सा था, उत्तर की अपेक्षा नहीं थी उस आत्माव्यक्ति के चलते। लेखन को लेकर परिस्थिति बहुत-बहुत विषम। निजी स्पेस अवरुद्ध, क्योंकि एक्सटर्नल्स हावी हैं।

स्नेह,
राजी

विश्वनाथ प्रसाद तिवारी

सम्पादक : दस्तावेज़,
बेतियाहाता, गोरखपुर-273001
फ़ोन-0551-2335967
16.6.2008

बन्धुवर मिश्र जी,

'कोहरे में कैद रंग' पढ़ गया। इसमें आत्मकथा जैसी आत्मीयता है। बल्कि यह भी संभावना है कि कुछ थोड़े से काल्पनिक प्रसंगो के साथ यह आत्मकथा ही हो। इसका कथा-शिल्प और अस्थिपंजर कुछ इसी प्रकार का है। जो लोग आपसे परिचित हैं और जिन्हें आपसे बातचीत या विचार-विमर्श करने का अवसर मिला है उन्हें महसूस होगा, गोया आप लिख नहीं रहे बल्कि आमने-सामने बैठकर सहज बातचीत कर रहे हैं। उपन्यास के आरम्भिक अंशों में यदि विवरण और ब्यौरे हैं तो परवर्ती अंशों में चिन्तन और आत्ममंथन। शुरू में 1947 के नगर-कस्बे के स्थापत्य, उस समय के लोगों के रहन-सहन और उनकी मानसिकता को सजीव करने वाले चित्र हैं। स्थानीय बोली के शब्द परिवेश और चरित्रों को और भी दीप्त करते हैं। उपन्यास में सबसे ज़्यादा आकृष्ट करता है भाव और भाषा का अनुशासन। कहीं न अनुभव की स्फीति है, न भाषा की। यह आपकी लेखकीय प्रौढ़ता, तटस्थता और सन्तुलन के कारण है। दृश्य यथार्थ के परे जाकर अदृश्य यथार्थ को पकड़ने की गहराई सर्वत्र दिखाई पड़ती है। जीवन और रचना-प्रक्रिया पर गम्भीर बहस उपन्यास को गम्भीरतर बनाता चलता है। प्रेम, विवाह, दाम्पत्य, स्त्री-पुरुष मनोविज्ञान, भारतीय मध्यवर्गीय मानसिकता, स्वाधिनता और व्यक्तिगत सम्पन्नता-आदि ऐसे बिन्दु हैं जिन पर उपन्यासकार विशेष रूप से गम्भीर विचार करता है–उलट-पुलट कर अनुकूल और प्रतिकूल तर्कों के साथ। सम्भवत: यही आपका मुख्य सरोकार भी है, पर किसी नारीवादी या पुरुषवादी नारे के तहत नहीं बल्कि चिन्तन प्रक्रिया में ही तह तक पहुँचने की कोशिश करते हुए। प्रेम और विवाह तथा व्यक्ति और

परिवार भारतीय समाज की बुनियादी और विचारणीय चिंताएँ हैं। मेरे विचार से इनकी अवधारणाओं पर गहन मंथन होना चाहिए और केवल भारतीय संदर्भ में नहीं बल्कि वैश्विक संदर्भ में इनकी परिणतियों पर भी विचार होना चाहिए। 'प्रेम' क्या है और 'व्यक्ति' इसके साथ किस परिणति तक पहुँचा है, यह अभी भी विचार और आकलन की माँग करता है। कभी-कभी इनको लेकर मन में एक यूटोपिया बन आता है जो मृगजल की तरह वास्तविक का भ्रम पैदा करता हुआ भी अवास्तविक रह जाता है। इस पत्र में इतना ही। शेष अगले पत्र में। आशा है आप स्वस्थ-प्रसन्न और कुशलपूर्वक हैं।

आपका

विश्वनाथ प्रसाद तिवारी

राजेन्द्र मिश्र

एच.आई.जी.-सी/6,
शैलेन्द्र नगर, रायपुर (छ.ग.)-492001
फ़ोन-2423051
13 अप्रैल, 05

प्रिय गोविन्द जी,

इस बार भोपाल में आपसे भेंट हुई। सचमुच अच्छा लगा। आपने कृपापूर्वक जो पुस्तकें मुझे दी थीं, उनमें से जैनेन्द्र पर केन्द्रित मोनोग्राफ़ तथा 'और यात्राएँ' का तो लौटते समय ट्रेन में ही पढ़ लिया।

यहाँ आकर कहानियाँ भी पढ़ रहा हूँ–धीरे-धीरे। याद आता है कि कुछ कहानियाँ, जैसे 'पगला बाबा', 'मायकल लोबो' आदि पढ़ी हुई हैं। लेकिन, एक संग्रह में अन्य कहानियों के पास-पड़ोस में उन्हें फिर पढ़ना नए अनुभव से गुज़रना है।

आपकी भाषा अपनी सभी इन्द्रियों में से संसार को छूती, सुनती, देखती और सूँघती है। तथाकथित यथार्थवाद के मजबूत घेरों से यथार्थ को उबारने का उद्यम शायद तभी सम्भव हुआ है। आप जानते ही नहीं पहचानते भी हैं कि रचना, अनुभव को उसके स्त्रोत में देखने का ही दूसरा नाम है। इससे भी बड़ी बात यह है कि गति को पीठ दिए बगैर बार-बार आपकी कृतियाँ, स्थिति की खोज में मुक्ति का अवकाश गढ़ते जान पड़ती हैं।

अतर्रा के आसपास के भूगोल में जिद्दी और मुँहफट होने के संस्कार हैं। यही वह स्थानीयता है जो आपकी भाषा को धूप और पानी देती है: इतना ही नहीं वह अपनी भीतरी ऊर्जा से अपना अतिक्रमण भी आप करती है।

ये कुछ ध्यान में आ रहे मोटे-मोटे 'इम्प्रेशन' हैं जिन्हें संकोच के साथ लिखकर भेज रहा हूँ।

रचनारत् दीर्घ जीवन की कामनाओं के साथ-साभार

आपका

(राजेन्द्र मिश्र)

जितेन्द्र भाटिया

602 गेटवे प्लाज़ा
हीरानंदानी गार्डन्स,
पवई, मुम्बई-400076

भाई गोविन्द जी,

आपका पत्र ठीक समय पर मिल गया था, लेकिन मैंने सोचा कि आपका उपन्यास पढ़ चुकने के बाद ही विस्तार से लिखूँगा। इस बीच बहुत सारी यात्राएँ भी रहीं।

आपको मेरा उपन्यास पसन्द आया, यह जानकर बहुत अच्छा लगा। आपने इतने बढ़िया तरीके से पूरी किताब को विश्लेषित किया है कि मेरे लिए आगे कुछ जोड़ने को नहीं रहा। मेरी कोशिश थी कि कथा का नायक कहीं से भी अपने को गौरवान्वित या जस्टिफाई करने की जहमत न उठाए, न ही अपने लिए बचाव का कोई चोर रास्ता बनाता दिखाई दे। आपकी प्रतिक्रिया से कुल मिलाकर बहुत आशान्वित हुआ हूँ। इधर एक लम्बी कहानी 'अंधों का देश' आई थी 'कथादेश' में। अन्य चीज़ों की तरह वह भी लगभग अचर्चित ही रही, हालाँकि मैंने अपनी तरफ़ से उस पर काफ़ी मेहनत की थी। आपने पढ़ी हो तो प्रतिक्रिया देंगे। इधर 'नया ज्ञानोदय' के लिए कुछ अच्छी चीज़ें अनूदित करने का सिलसिला शुरू किया है। इस दौरान सम्पादक ही बदल गए। खैर, दिसम्बर अंक में इवान क्लीमा का एक छोटा-सा आलेख है, जो मुझे बेहद पसन्द आया था। यदि अंक आपके पास हो तो ज़रूर देखें।

अब आपके उपन्यास की बात। 'कोहरे में कैद रंग' एक उम्दा रचना है, आपकी समूची लेखन प्रतिभा के बरक्स। उसका प्रारम्भिक हिस्सा तो विलक्षण है। बचपन का पिता वाला हिस्सा ख़ास तौर पर। पता नहीं क्यों, पिता अपनी सारी असफलताओं और असमर्थताओं के बावजूद एक विराट व्यक्तित्व के रूप में सामने आते हैं। जिस मोड़ पर पिता लड़के को छोड़कर लौट जाते हैं, उससे आगे हरी तलैया वाली पहाड़ी पर लड़का मानो एक समूची दुनिया का सामना करने के लिए तैयार हो जाता है। यही स्थिति दादा से जुड़े प्रसंगों की है। बाद में हॉस्टल वाले प्रसंग

में पिता की विराट उपस्थिति फिर महसूस होती है। और इन सबके बीच ठंडे पानी में नहाते मुल्लू मामा और बोर्डिंग हाउस के रामेश्वर भाई और वे तमाम लोग जो हैं भी और नहीं भी हैं। मुझे उपन्यास का शीर्षक इन सभी पात्रों के इर्दगिर्द बेहद सच्चा होता सा महसूस हुआ था। इससे आगे सरस्वती की उपस्थिति भी सम्मोहक है। लेकिन उपन्यास के उत्तरार्ध ने मुझे कुछ हद तक निराश किया। रेवा एक झटके के साथ कहानी में अवतरित होती है और पाठक, जो अभी दादा की मृत्यु पर बाल कटवाते लड़के की तकलीफ से उबर भी नहीं पाया है, अचानक एक दूसरी ही दुनिया में धकेल दिया जाता है, जिससे एडजस्ट करने में काफ़ी समय लगता है। इससे आगे विवाह संस्था की असफलता की अपेक्षाकृत सुपरिचित तस्वीरें और उपन्यास का घटनात्मक हिस्सा है। कहीं-कहीं अतिरिक्त विश्लेषण भी है, जो शायद नहीं भी होता तो काम चल जाता। मैंने समूचे उपन्यास को काफ़ी एन्ज्वाय किया, लेकिन पता नहीं क्यों, ऐसा लगा कि पूर्वाद्ध की शिद्दत और कसक उत्तरार्द्ध में नहीं आ पायी। जहाँ तक मेरा सवाल है, उपन्यास अगर बचपन और एडोलेसेंस के कोहरे में कैद रंगों के ही इर्द-गिर्द रहता और किसी तथाकथित लेखकीय मुकाम तक न भी पहुँचता तो भी बात उतनी ही मुकम्मल रहती।

अभी-अभी वाणी से आई एक किताब 'समकालीन हिन्दी उपन्यास: समय और संवेदना' देख रहा था। उसमें 'कोहरे में कैद रंग' पर प्रो. सुवास कुमार ने लिखा है। आपने देखा होगा।

इधर जयपुर, मुम्बई और चेन्नै के बीच भटकता रहा हूँ। अब फिर लौटकर जयपुर जा रहा हूँ। आप कभी वहाँ आने का प्रोग्राम ज़रूर बनाएँ। भोपाल से तो ओवरनाइट जर्नी ही है अब। आप आएँ तो अच्छा लगेगा। मैं 25 दिसम्बर से 6 जनवरी तक वहाँ हूँ और उसके बाद फिर 20 जनवरी से आगे वहाँ रहूँगा। मेरा फ़ोन 9324223043 आपके पास है। जयपुर का फ़ोन 01413257074 सिर्फ़ मेरे वहाँ रहने के दौरान ही चालू होता है। मैंने इस बीच एक-दो बार मोबाइल पर आपसे बात करने की कोशिश की पर नम्बर नहीं मिला।

और सब ठीक, जैसा पहले था।

जयपुर का पता:

101, वरुणि अपार्टमेंट्स, 285-286, आदर्श नगर, जयपुर-302004

आपका

(जितेन्द्र भाटिया)

लक्ष्मीधर मालवीय

1

जापान

6.5.85

प्रियवर मिश्र जी,

आपका पत्र पाकर सुखद आश्चर्य हुआ। कई वर्ष पहले 'लाल-पीली ज़मीन' पढ़कर मैंने हुलास भरा एक पत्र आपके नाम भेजा था, दिल्ली वाले पते पर। उत्तर नहीं मिला तो अपने को समझा लिया कि जैसे हिन्दी लेखक उपन्यास-कहानी के सिवा और कुछ तो लिखते ही नहीं, वैसे ही मिश्र जी ने भी पत्रोत्तर नहीं दिया। पिछले वर्ष आप पर हुए वज्रपात की जानकारी होने पर लिखने के लिए कलम उठाई, फिर यह सोचकर रुक गया कि आप पति-पत्नी के हृदय में सदा-सदा को रह जाने वाला घाव कर वह तो चला गया, एक अपरिचित व्यक्ति का पत्र आपको मात्र औपचारिक ही लगेगा।

अब आपको आपका परिचय दे दूँ। आपकी सभी प्रकाशित कृतियाँ मैंने वहाँ से मँगाकर न केवल पढ़ी हैं बल्कि अपनी निजी प्रतियाँ होने के कारण पेंसिल से ख़ूब निशान भी लगाए हैं ताकि लिखना सीख सकूँ। 'लाल-पीली ज़मीन' दूसरी-तीसरी बार पढ़ा था, यहाँ जापानी छात्रों के साथ पाठ्य-पुस्तक के रूप में। देखिए, ढूँढूँगा, यदि आपके इस उपन्यास पर 'उनके द्वारा लिखे गए निबन्ध' मिले तो आपको भेजूँगा। विदेशी पाठकों की प्रतिक्रिया ख़ासी दिलचस्प लगेगी आपको। 'धाँसू' तथा 'हुज़ूर दरबार' के कुछ हिस्से मुझे अच्छे लगे थे लेकिन 'लाल-पीली ज़मीन' आपकी अब तक प्रकाशित सभी रचनाओं में मुझे सबसे अधिक पसन्द आया। इसका कारण उसकी 'आंचलिकता' कदापि नहीं है। यदि कारण अभी गिनाने लगूँ तो लिखने की दूसरी बातें छूट जाएँगी। आपकी भाषा तो है ही, जिसमें एक क़िस्म की 'मलंगई' है। मेरी बूढ़ी नानी का तकिया कलाम था- 'हम हैं बुन्देलखन्डिन!' वैसी ही। और अधिक नहीं लिखूँगा क्योंकि मैं अपने प्रिय लेखकों की प्रशंसा उनसे नहीं करता, इस डर से कि कहीं वे बिगड़ न जाएँ!

आपके पत्र से प्रो. देब, डॉ. दस्तूर वाले अपने इंग्लिश डिपार्टमेंट की याद आ गई। इनसे मैंने भी पढ़ा है।

जापान आया मैं सन् 66 में। उसके पहले राजस्थान विश्वविद्यालय में मास्टरी करता था। आपने जिन कारणों से बाँदा-अतर्रा-गोरखपुर छोड़ा है, शायद वही कारण मेरे साथ भी रहा हो। राजा सत्यव्रत की मछली की तरह मुझे वह विश्वविद्यालय- वह शहर छोटा लग रहा था, या शायद मैं ही बाढ़ छोड़ रहा था और वह मैदान मुझे छोटा मालूम दे रहा था। भविष्य में कभी जापान भी वैसा ही लगने लगा तो कहीं और चला जाऊँगाा। असली वजह यह थी कि 'वहाँ' से मैं उकता गया था, स्वयं चंचल स्वभाव का होने के कारण। जापान से विज़िटिंग प्रोफ़ेसरी का न्यौता मिला तो स्वीकार कर लिया। वास्तव में तो लालच दूसरे थे। जानता था कि यहाँ फ़ोटोग्राफ़ी फ़िल्म- पेपर और ऑयल पेंट-कैनवास सुलभ होंगे और सबसे ऊपर यह कि हफ़्ते के तीन दिन बेचकर शेष चार दिन अपने लिए कमा सकूँगा। यह तो पता था कि वापस नहीं लौटूँगा, क्योंकि घर-जैसी भावना मन में है नहीं, फिर उसमें वापसी के लिए लीक भला क्या होगी। वहाँ-यहाँ दक्षिणी अमरीका में हर जगह, कहीं भी अपना टेन्ट लगाकर या बिना टेन्ट केवल स्लीपिंग बैग में खुले आकाश के नीचे सोते-सोते बीच रात में नींद खुली तो किसी भी 'घर' की याद ने वापस बुलाने का इशारा नहीं किया। मेरे एक प्रिय जापानी छात्र ने एक बार कहा था कि आपके स्वास्थ्य को देखकर आपकी हत्या कर देने की इच्छा होती है। मेरी पत्नी अकिको मुझे 'यामा ओतोको- जंगली पहाड़ी' कहकर मेरी खिल्ली उड़ाती हैं। स्नेही मित्रों ने शायद मुझे भीमसेन ही समझ रखा है। वास्तव में ऐसा है कुछ नहीं। हाई ब्लडप्रेशर के कारण कभी-कभी इतना अधिक चक्कर आता है कि खड़े होना तो दूर बीच में कलम बन्द कर फ़र्श पर लेट जाता हूँ। जैसी तेज़ ज़िन्दगी जीना मुझे पसन्द है और जिसे मैं बराबर जीता आया, गहज ज़िद से, उसका यह परिणाम है, फिर मैं शिकायत किससे करूँ। यह ज़िद नानी की लाल पीली ज़मीन से मिला संस्कार होगा। हूँ मैं वही सत्यव्रत वाली मछली-बड़ा हो रहा हूँ–डिलन टॉमस के शब्दों में "The ball, threw while playing in the park/ Has not yet touched the ground."

सप्ताह के तीन दिन यहाँ विश्वविद्यालय में पढ़ाता हूँ। तोक्यो भी पढ़ाने जाना होता है। ज़िन्दगी की रफ़्तार तेज है ही। पढ़ाने के लिए तैयारी करने के बाद भी काफ़ी समय मिलता है जिसमें मैं खुद को बैठाकर पढ़ा और लिखा सकूँ। फ़ोटोग्राफ़ी कर सकूँ, बड़े एनलार्जमेंट स्वयं कर सकूँ। लिखता बराबर रहा। जापान में-जापानी

पृष्ठभूमि पर अपने लेखन को दस वर्ष बाद प्रकाशित होने दिया ताकि स्वयं मुझे ऐसा न लगे कि मैं टूरिस्ट उपन्यासकार हूँ। भारत में रहते समय मेरा केवल एक उपन्यास प्रकाशित हुआ था 'दायरा', जो ममता कालिया जी तथा मेरे भूतपूर्व सहपाठी मित्र दूधनाथ सिंह को अब भी पठनीय लगता है, लेकिन मुझे नहीं। यहाँ आने के बाद चार-पाँच कहानी संग्रह-उपन्यास छपे हैं। इनमें से 'रेतघड़ी' उपन्यास शायद आपको पसन्द आए। लिखते तथा प्रकाशित होते रहने पर भी लेखक मैं अपने को नहीं मानता। दिन के पच्चीस घण्टे लेखन को दिये बिना भला कोई लेखक कैसे हो सकता है। माल्कम लावरी का उपन्यास 'Under the V आप पढ़ें तो मेरा आशय स्पष्ट हो जाएगा।' फिर लिखना मेरे लिए निहायत 'पित्तमारी का काम है। चाहे तीस पन्ने की कहानी हो या पाँच सौ पृष्ठों का उपन्यास, तीन-तीन, चार-चार बार आद्यन्त एक-एक शब्द लिखाये बिना मेरा पिंड ही नहीं छोड़ता। ठीक से लिखना आया नहीं और आप लोग ट्रेड-सीक्रेट की तरह लिखने का तरीका गुप्त रखे हैं, बताते ही नहीं। फिर मुझे लिखी-लिखाई आपकी- दूसरे लेखकों की अच्छी कृतियाँ मिल जाएँ तो मैं स्वयं लिखने में मूड़ मारने की बजाय उन्हें क्यों न पढ़ूँ। अहदी तो मैं नहीं हूँ, लेकिन दूसरों की रचनाएँ पढ़ने में जो सुख मिलता है, वह लिखने में कहाँ! गो, इसके लिए कूड़ा रचनाएँ भी पढ़नी पड़ती हैं। मास्टरी का धंधा ही ऐसा है।

या कहानी-उपन्यास लिखने के पहले तैयारी करने में सुख मिलता है। लगभग वैसा ही जैसा पचास दंड और सौ बैठक लगाने के बाद मिलता है।

अपनी प्रकाशित रचनाएँ मैं केवल एक बार पढ़ता हूँ, मुद्रण की अषुद्धियाँ सुधारने के लिए। इनमें से 'रेतघड़ी' उपन्यास तथा 'हिम उजास' कहानी-संग्रह आपको अच्छा लगेगा, ऐसा अनुमान है मेरा। यदि इन्हें कभी पढ़ें तो मेरी कमियाँ मुझे अवश्य बताएँगे, मैं उससे सीख सकूँगा। 'यह चेहरा क्या तुम्हारा है' मैंने चोट खाने के बाद जवाबी चोट पहुँचाने के इरादे से लिखना शुरू किया था, 'शरादपि शरादपि' मरने के ब्राह्मण संस्कार से लेकिन लिखने के दौरान बीते चार वर्षों में यह ओछी प्रतिक्रिया उसमें नहीं रह गयी, इसका भरोसा होने पर ही मैंने उसे प्रकाशन के लिए दिया। मेरा 'पिरानिया' शीर्षक उपन्यास आपको अवश्य पसन्द आएगा। पिछले चार वर्षों से मैं चींटी की तरह उस पर काम कर रहा हूँ।

या इन सबसे भी ज़्यादा आपको अच्छा लगेगा, मेरे साथ कैम्पिंग करना। आप जापान आएँगे तो हम जापान सागर-तट की ओर वाले किसी सुन्दर स्थान पर दो-चार दिन टेन्ट में रहेंगे।

न जाने किसने आपसे यों ही मेरी प्रशंसा कर दी और आप उसकी बातों में आ गए!

अगली बार भारत जाना है मुझे मार्च 87 में ज़्यादा दिन तो रह नहीं गए!- तब आपसे अवश्य मिलना चाहूँगा। दिल्ली या बम्बई यहाँ से उतनी दूर भी नहीं है न, जितनी दूर इलाहाबाद से बाँदा!

आप मुझसे हर प्रकार से बड़े हैं लेकिन वय में साल-दो साल छोटे ही होंगे इसलिए 'खींचते रहना' जैसी बात आपके मुँह से मुझे अच्छी नहीं लगी। आप ही नहीं हम लोग जो ज़िद्दी हैं, उन्हें कड़ियल भी होना है।

आपका पत्र पाने के पहले ही मैंने 'तुम्हारी रोशनी में' मँगाया है। 'मुझे घर ले चलो' भी मँगा कर पढ़ूँगा।

विश्वास है आप स्वस्थ होंगे।

सस्नेह, आपका

ल.ध. मालवीय

पुनश्च: मुझे ऐसा याद पड़ता है कि आप ही के किसी लेख में मैंने शायद फ़िराक का एक मिसरा पढ़ा था– "चारों तरफ़ परछाइयाँ परछाइयाँ"। बाद में बहुत खोजा लेकिन मिला नहीं। अगली बार पत्र लिखें तो उसमें बता देंगे, उपकृत होऊँगा।

पत्र रजि. से भेज रहा हूँ ताकि मुझे अपनी ओर से भरोसा रहे।

राजकुमार गौतम

1

65/83, सेक्टर-3,

रामकृष्ण आश्रम मार्ग, गोल मार्केट,

नई दिल्ली-110001

2 अप्रैल, '84

आदरणीय गोविन्द जी,

28.3 का आपका पत्र। आभार।

'फिलहाल' की कटिंग साथ भेज रहा हूँ। देख लेंगे।

मुझे आपकी शिखर वाले लेख पर प्रतिक्रिया अच्छी लगी है। यह मेरे लिए सुखद है कि मैं आपके द्वारा (भी सोचे गये) 'रेखांकित' अंशों पर उंगली रख पाया और यह भी कि आपके उपन्यास कहीं (अन्यत्र) नहीं ले जाते। रचना को संघर्ष के लिए प्रेरित करने वाली बात भी...।

मैं आलोचना के माध्यम से अपनी बात को थोड़ा साफ़ कर रहा हूँ। मैंने पिछली बार भी आपसे आलोचना में सृजन करने की बात लिखी थी। उसी समकालीन चिन्ता के साथ चलते मैंने आपकी 'यात्रा' पर लिखा है, उपन्यासों पर-शास्त्रीय ढंग से नहीं। आपने आख़िरी पैराग्राफ़ में देखा भी होगा जब मैं इस यात्रा के निष्कर्ष पर पहुँचा तो खुद ही भटक गया। यात्रा के सबूत से बड़ा सबूत किसी मंजिल का नहीं हो सकता- मेरा ऐसा मानने को मन करता है। फिर यह क्या बहुत ज़रूरी है कि वह आलोचना के निष्कर्षों की मोहताजी किसी रचना की प्रथम प्रवक्ता बनकर बैठ जाये? आलोचना के जरिए रचना की मुँह-दिखाई से काम नहीं चल सकता क्या? छोटे देवर की निर्दोष मुँह-दिखाई-सी पवित्र दृष्टि सा! या...भावुक होने की स्वतन्त्रता केवल रचनाकार की ही बपौती है, किसी भी कोण से क्या आलोचक रचना पर मोहित नहीं हो सकता?

ये मेरे नहीं- आलोचना के समकालीन सवाल होने चाहिए। इसी के उलट आप क्या रचना में जीवन का आलोच्य पक्ष नहीं देखना चाहेंगे, उसे रेखांकित करना क्या पात्रों का अ-जीवन हो जायेगा?

बहरहाल, ये लम्बी बातें फिर कभी!

छिटपुट के अलावा मैं भी आजकल एक उपन्यास में कैद हूँ। देखें, कब तक छोड़ता है।

एक काम है आपसे-

पिछले दिनों मैं मृणाल पांडे से मिला था, बातों में निकला कि 'लाल-पीली ज़मीन' उपन्यास का वे सार-संक्षेप 'वामा' के लिए चाहती हैं। मैंने प्रस्ताव किया कि मैं कर सकता हूँ- तो वे बोलीं कि गोविन्द जी ने पहले पूछ लेने को कहा है- जो करेगा, उसका नाम। इस बीच शायद 'वामा' से आपको पत्र भी मिला है।

यदि आप मुझे ठीक पाते हों तो लिख दें, जिन अवयवों को कथासार में आना चाहिए, उन्हें भी अवश्य। वैसे तो जो भी घटना- पात्र धड़केगा- उसे मैं ले ही लूँगा।

सहमति की स्थिति में आप मृणाल जी के नाम एक मेरे नाम का अनुमति-पत्र सीधे मुझे ही भेज दें। मैं उनसे मिलकर बातें कर लूँगा।

यह काम बहुत जल्दी- यानी लौटती डाक से कर दें।

बाकी ठीक है। दिल्ली कब आ रहे हैं? पत्र दें।

आपका ही,

राजकुमार गौतम

2

65/83, सेक्टर-3,
रामकृष्ण आश्रम मार्ग, गोल मार्केट,
नई दिल्ली-110001
26-6-84

आदरणीय गोविन्द जी,

आज दिन में 'लाल पीली ज़मीन' को छाँटकर, हाथ के लिखे 19 पृष्ठों के कद के साथ 'वामा' के लिए मृणाल जी को दे आया। लगभग पूरा जून ही इस ज़मीन पर मौजूद रहा और उपन्यास को बारम्बार पढ़कर आपके धैर्य पर मोहित होता रहा। 'ऐक्शन' से लगभग 'भरपूर' इस उपन्यास में जो घटित होता है वह इतना अधिक स्वाभाविक हे कि मानवीय क्रिया-व्यापार की मनोवैज्ञानिक पृष्ठभूमि के जानकार और विषद् जानकार के ही वश की बात होती है- ऐसे चरित्रों से काम लेना। शान्ति, मामा, कैलाश, शिवहरे, केशव, बोस, कलक्टर...और सभी, इतने जीवित कि काग़ज़ पर दौड़ते नज़र आएँ।

खैर! एक बार मेरी बधाई और ले लें।

हालाँकि मैंने अपने तईं कोशिश यही की है कि उपन्यास की आत्मा कहीं से खुरदुरी न हो; फिर भी आप तसल्ली के लिए एक बार मृणाल जी से पूछ लें तो भला कैसा रहेगा?

नई पुस्तकें आ गई हैं क्या? कृपया बता देंगे।

इधर मैंने भी एक छोटा-सा उपन्यास पूरा किया है।

शिमला में आपकी याद इस बार साथ थी।

सशुभ आपका,
राजकुमार गौतम

बल्लभ सिद्धार्थ

1

मऊरानीपुर, झाँसी

18 दिसम्बर, 82

प्रिय गोविन्द,

बहुत लम्बी प्रतीक्षा और खीझ के बाद तुम्हारा पत्र। बहुत अच्छा लग रहा है। तुम्हारी कहानी 'ख़ाक इतिहास' सचमुच तुम्हारे लेखन के नये फेज को रेखांकित करती है। यों इसका साफ़-साफ़ एहसास तुम्हारे उपन्यास के खण्ड 'समाधि का एक क्षण' को पढ़ने से हो गया था। पहला मौका है जब तुमने अनेक पात्रों की तकलीफ को गहरी संवेदना से देखा हैं। 'सफरिंग इज द ओनली इनफाइनाइट थिंग इन दिस वर्ल्ड' तुम अब अपने अन्तर में जा रहे हो ऐसा दिखता है। मुझे लगता है ख़ास बात यही है कि हम चीज़ों के प्रति अपने अन्तर्मन की किस गहराई से रिएक्ट करते हैं। यह बात शुद्ध रूप से हमारी चेतना और उसे रचने वाले तत्त्वों की होती है।

मैं अपनी कहानी के पीछे भूत की तरह लगने की कोशिश में जुटा हुआ हूँ। पिछले दिनों बेहद-बेहद एकाकी और डिप्रेस्ड रहा...एक अन्तर्यात्रा....सो मच सो दैट यू बिगिन टू फील द रौक बौटम अन्डर योर फीट, इसी रौक बौटम की तलाश जीवन और लेखन में है...और इसे पाने की अन्तर्यात्रा बेहद सँकरी सुरंग से होकर तुम्हारे अन्दर के अनन्त में होती है। अजीब-सी बातें दिमाग़ में आती हैं।

मैं अभी समझ नहीं पाता कि बम्बई आ सकूँगा या नहीं। पर कोशिश पूरी करूँगा। उन्होंने मुझे एक विषय भी दिया है। मैं नहीं जानता इन चीज़ों पर कैसे लिखा जाता है...तुम तो ज़रूर कुछ लिख रहे होगे वहाँ पढ़ने के लिए। अगर वह मेरे पास भेज दो तो बड़ा अच्छा रहे। यह समझ लूँगा कि कैसा लिखना चाहिए और शायद मेरे दिमाग़ में भी कुछ बातें आएँ, वे तुम्हें लिख भेजूँगा। और तो सब ठीक है।

तुम मज़े में होगे। सा.हि. के उस अंक के बारे में बताना जिसमें तुम्हारी कहानी 'उल्कापात' छपेगी। तुम्हारा इधर का लेखन मन में गहरी दिलचस्पी जगाता है। उपन्यास में जुट जाओ। और यह दिल्लगी देखो मैं बार-बार तुम्हें उकसाता हूँ और

खुद चार साल से एक कहानी लिए बैठा हूँ, बहरहाल गान्धारी की तरह अब अगर यह भ्रूणपात है तो वही कर रहा हूँ। यों सारी कड़ियाँ, सारे इक्वेशन बना लिये हैं। बेहद नोट्स बनाये है इसके। अच्छा उत्तर जल्द देना। वृन्दावन में रमेश शाह मिलें तो उनसे कहना मैं उन्हे नमस्कार कहता हूँ और पी.सी.बी. की वह मैग्जीन तलाश ली है। ज्योत्स्ना जी आएँ तो उनसे भी नमस्कार कहना।

अच्छा बहुत स्नेह सहित तुम्हारा-

-बल्लभ

'सफरिंग...दुःख...जीवन में वही एकमात्र अनन्त चीज़। रौक बौटम अंडर योर फीट, इसी रौक बौटम की तलाश लेखन और जीवन में...और इसे पाने की अन्तर्यात्रा बेहद सँकरी सुरंग से होकर तुम्हारे अन्दर अनन्त में होती है....

पत्र में उपर्युक्त रेखांकित करना चाहता हूँ। इन पर थम कर सोचना होगा।

बल्लभ

2

मऊरानीपुर

2-8-83

प्रिय गोविन्द,

तुम्हारा कार्ड कल मिला था। मेरे पिछले पत्र मिल गये होंगे।

तुमने अपने एक पत्र में लिखा था कि अब पढ़ने की ओर मुड़ रहे हो। यह सचमुच बहुत अच्छा है। एक बार दिल्ली में रवीन्द्रनगर के अहाते में घूमते हुए तुमने कहा था- सबसे बड़ा साहित्य वही होता है जो यातना से जन्मता है। मेरा भी यह निश्चित ख़याल हैं। तुम्हारे पास दोस्तोव्हस्की, सोल्जेनित्सिन की किताबें हैं। इन्हें खूब ध्यान से एक-एक चीज़ को समझते हुए पढ़ जाओ...और भी बहुत-सी किताबें।

लेखन के बारे में कुछ दिनों से मेरा निश्चित मत बनने लगा है कि इसमें हमारे अपने अनुभवों को मानवीय टर्म्स में स्पेस टाइम के परिप्रेक्ष्य में कह देना। इससे भी आगे ऋत् (कौसमिक लॉ) के परिप्रेक्ष्य में कह देना। मैं नहीं समझ पाता कि मै अपनी बात स्पष्ट कर सका या नहीं।

यह पत्र बहुत उखड़ी और अव्यवस्थित मन:स्थिति में लिख रहा हूँ। तुम्हें अजीब लग सकता हैं

एक अर्से से भयावह शून्य में...भयावह यन्त्रणा में प्राणपण से आलोक के लिए छटपटाता हुआ मन। रचना और जीवन के अर्थ का बहुत धुँधला आभास और उसकी ओर बढ़ना जैसे नाखूनों के सहारे किसी दुर्गम चट्टान की चोटी तक पहुँचने की डैस्पैरेट कोशिश। तुमने रेडियो पर कहा था- जीवन कला से बड़ा हैं मुझे लगता है दोनों एक-दूसरे के पूरक हैं। एक-दूसरे को रिफ्लैक्ट, परिष्कृत और संशोधित करने वाले। भाषा बिल्कुल नहीं बन रही है। समझ में नहीं आता जो कहना चाहता हूँ, वह कह पा रहा हूँ या नहीं।

ऐसा ही 'कटघरे' के तीसरे खण्ड के साथ हो रहा है- 'यक्षप्रश्न', महाभारत में युधिष्ठिर-यक्ष संवाद से लिया गया शीर्षक और उसके अन्तर्गत आज के जटिल जीवन के जटिल प्रश्न और उनके समाधान....और शक्ति और प्रकाश के लिए प्रार्थना। 'कटघरे' का चौथा खण्ड 'प्रार्थना' है- जीवन के तर्क की सम्पूर्ण स्वीकृति। इसमें सम्पूर्ण दहन के बाद अपने ही भीतर एक स्वर्ग की तलाश...कुछ ही क्षणों के स्वर्ग की।

और तुम क्या कर रहे हो, एक यन्त्रणा की इन्तहा से गुजरने के बाद गुजरते हुए। कृष्णमूर्ति ने कहा है-यन्त्रणा को रेजिस्ट नहीं करना चाहिए...लैट इट ओवर कम यू...

तुम्हारे लिए बहुत-बहुत प्रार्थनाओं के साथ-

'लीड काइन्डली लाइट

आई डू ऑस्क टु सी द डिस्टैंट सीन, वन स्टैप इज इनफ़ फॉर मी।'

यह प्रार्थना मुझे बहुत अच्छी लगती है। 'द सोल एण्ड द बौव्ड वायर' में सोल्जेनित्सिन की कविता याद आती है। कुछ इस तरह है-

"एक वृहत्तर अर्थ के परिप्रेक्ष्य में ही
आलोकित होते हैं जीवन के मोड़...
अपने को वापस दिये गये प्याले से
जीवन के जल को उलीचता हुआ मैं सोचता हूँ कि
हे ब्रह्माण्ड के ईश्वर
मैंने तुझे भुला दिया था....
तुने मुझे नहीं भुलाया।"

बेहद-बेहद अभिभूत: आलोकित करने वाली कविता।

इस बात पर बम्बई में तुमसे बहुत-बहुत बातें करने का विचार है और तुम अब मन से स्वस्थ तो हो न? तुम्हारी बड़ी चिन्ता लगी रहती है, हालाँकि जानता हूँ कि तुम बहुत मजबूत नैतिक शक्ति वाले आदमी हो।

"कोशिश करो, कोशिश करो, कोशिश करो जीने की
गड़कर जमीन में भी" (मुक्तिबोध)

बहुत स्नेह सहित

बल्लभ

(सन्दर्भ : बल्लभ सिद्धार्थ का उपन्यास 'कठघरे')

3

मऊरानीपुर (झाँसी)

15.12.1983

प्रिय गोविन्द,

मैं जो बात कहने की कोशिश करता रहा, वह बहुत स्प्ष्ट रूप से दोस्तोव्हस्की में है। अपने विश्वासों के अनुसार अपराध कर चुकने के बाद, भयानक आत्मसंघर्ष से गुजरने के बाद जब रास्कोल्निकोव सोनिया से कन्फैस करता है तो वह सफरिंग को स्वीकार करने की बात कहती है और रास्कोल्निकोव यह करता है, लोग उसे विक्षिप्त समझकर हँसते हैं। और सोनिया उसके साथ साइबेरिया जाती है जहाँ वह अपने अपराध के लिए दंड भोगता हुआ, प्योरिफिकेशन की प्रक्रिया से गुजरता है...इस बीच के स्थल कितने गहरे, हिलाने और परिष्कृत करने वाले हैं, उन्हें सिर्फ़ पढ़कर ही समझा और महसूस किया जा सकता है। यह भी लगता है कि दोस्तोव्हस्की से कम प्रतिभा और कम आस्था का व्यक्ति उसे व्यक्त ही नहीं कर सकता था। कैसा लेखन है! रोमांच होता रहा जब तक उस भयावह...नसों को तोड़ने वाले और अन्त में दिव्य-से अनुभव से गुजरता रहा-

"दे वाण्टेड टु स्पीक बट कुड नाट। टियर्स स्टुड इन देयर आइज।

दे वयर बोथ पेल एण्ड थिन, बट दोज सिक पेल फेसेस वेयर ब्राइट

विध डॉन आफ ए न्यू फ्यूचर, ए फुल रिसरेक्शन इन-टू ए नयू लाइफ, दे वैयर रिन्यूड बाई लव। द हार्ट आफ ईच हैड इनफिनिट सोर्स आफ लाइफ फार द हार्ट आफ द अदर। (क्राइम एण्ड पनिशमेंट)

(वे बोलना चाहते थे पर बोल नहीं सके। उनकी आँखों में आँसू ठहरे हुए थे। दोनों दुबले और पीले थे, लेकिन वे बीमार और पीले चेहरे भी एक नये भविष्य के उगने से उज्ज्वल थे, एक नये जीवन में पूरा-पूरा उठ जाना। उन्हें प्रेम ने फिर से ताजा कर दिया था, दोनों के हृदय एक-दूसरे के लिए जीवन के अनन्त स्त्रोत।)

ये सारी बातें घटती है...एकदम सम्भव, लेकिन यन्त्रणा की स्थिति में। काल्पनिक कतई नहीं। रेजिंग आफ लेजारस बाइबिल का। प्रेम जो विलास, मनोरंजन नहीं होता, जीने की प्रकिया में एक जोड़ जो वहशी संसार में अपने दायित्व को निबाहने की शक्ति देता है।

तुम्हें शायद पता नहीं, मेरे दिमाग़ में एक बड़ी अविश्वसनीय अनुभूति पड़ी हुई है सात सालों से लिखने के लिए- जन्मान्तर। हताशा और घोर डैस्परेशन के वर्षो में जिन अनुभवों और निष्कर्षो से गुजरा, वे आज विचित्र लगते है। उनको समझने के लिए वर्षों परेशान रहा। रसैल, कृष्णमूर्ति, सोल्जेनित्सिन, महाभारत, गीता, उपनिषदों से होता हुआ पुश्किन और दोस्तोव्हस्की तक आ गया। अब आश्वस्त हो रहा हूँ कि वह सब फैण्टेसी नहीं थी...वास्तविकता थी। मुझे लगता है लिखने के लिए ज़रूरी होता है कि संसार, मनुष्य और अपनी पूरी गहराई के साथ और इन तमाम एब्सर्ड-सी दिखने वाली स्थितियों के बीच अपने होने के अर्थ को समझा जाय। डोंट शन सफरिंग....इस बात से आश्वस्त हो चुका हूँ। 'कटघरे' के तीसरे खण्ड की थीम यही है। मै बिल्कुल नहीं समझ पाता इसे कब पूरा कर सकूँगा। पर यह जिस रूप में आयेगी, स्वभावतः उसी में जाने दूँगा। रचना की शक्ति मेरी समझ में यही होती है कि वह तुम्हें कितना सस्टीनेन्स देती है, कितना मुक्त करती है, और कितना तुम्हें तुम्हारे अर्थ की तलाश में और बढ़ाती है। और बस, इसके आगे कुछ नहीं। तुम सोल्जेनित्सिन को पढ़ जाओं, एन्नी फ्रैंक को, दोस्तोव्हस्की को, दोस्तोव्हस्की... जीनियस लेखक कैसा होता है। पर अब भी मुझे लगता है सोल्जेनित्सिन जैसा पढ़ने को शयद कुछ है नहीं कहीं। उससे बेहतर पढ़ने की उम्मीद करना व्यर्थ है। यह कोई तुलना नहीं। लेखन वह है जो तुम्हें तुम्हारी आत्मा के रू ब-रू खड़ा कर दे।

तुमने अभी तक पत्र क्यों नही दिया। मैं अपनी कहानी को पूरा करने में जुट जाना चाहता हूँ। काफ़ी डैस्परेट हो रहा हूँ पर लिखना भी तभी होता है जब यह यन्त्रणा बर्दाश्त होने से इन्कार कर देती है...जब लगता है कि अब नहीं लिखूँ तो पता नहीं क्या हो जायेगा। एक सिद्धान्त बनाया था–जो रचना अपने रचे की प्रक्रिया में तुम्हारी जितनी बड़ी यन्त्रणा को सहज बनाती है, वह उसी अनुपात में अच्छी होती है तुम अपनी राय लिखना।

हिन्दी में सचमुच कुछ नहीं पढ़ पा रहा। इसके बाद एन्ना कैरिनिना पढ़ना है। एक खफ्त घर कर गयी है कि देखूँ और समझूँ इन महान लोगों में वह क्या है जो इन्हें महान बनाता है। अच्छा तुम क्या लिख रहे हो? उत्तर तुरन्त देना।

तुम्हारा,

बल्लभ

4

मऊरानीपुर (झाँसी)

राज, 23-8-1984

प्रिय गोविन्द,

तुम्हारा 14 अगस्त का पत्र। इससे पहले मैं 11-8 को उपन्यास रजिस्टर्ड पार्सल द्वारा भेज चुका हूँ। उपन्यास की मिलने की सूचना जल्दी देना, मुझे चिंता लगी रहेगी ।

पहले दो अध्याय छोटे हैं। खासकर पान-मसाला जैसे अध्यायों की तुलना में। मेरे विचार से इसका भी कुछ सन्तुलन ज़रूरी है। अन्तिम अध्याय, साफ़ लगता है, तुम जैसा महसूस करते थे, या चाहते थे, लिखना, कह नही पाये। दरअसल इतने सघन और दुर्लभ अनुभवों के लिए यह शब्दावली सक्षम नहीं। मैं समझता हूँ जब मैं कहता था की हमें नयी भाषा की तलाश की ज़रूरत होती है किन्हीं अनुभूतियों को व्यक्त करने के लिए, तो उसका मतलब ऐसी ही अनुभूतियों से था जो इतनी प्रामाणिक होते हुए भी, भाषा में व्यक्त होने पर या तो वल्गराइज़ होती है या कुछ विरूपित। उनकी पवित्रता दिव्यता, सघनता नहीं आ पाती। इस अध्याय में साफ़-साफ़ तुम अभिव्यक्ति के लिए जूझते बल्कि छटपटाते दिखते हो। एक बात और भी, 'सत्य' के साथ हमारा साक्षात्कार अनुभूति या इन्ट्यूशन के माध्यम से होता है जो सिर्फ़ 'रीजन' नहीं है। अत: कई बार ऐसा होता है कि हम अपने किसी गहन अनुभव को लिखने या सुनाने बैठते हैं तो वह विश्वसनीय नहीं लगता। दूसरे, क्या हमें खुद नही लगता है कि हम जो कह रहे हैं, वह हमारे उस प्रत्यक्ष अनुभव की मात्र डिस्टौर्टेड परछाँई-भर है, वह नहीं जिसे हमने रेशे-रेशे से अनुभव किया था। पर अभिव्यक्ति की माँग होती है कि जो कहो, उसे तार्किक ढंग से...मैं समझता हूँ

ऐसी जगह थोड़ी बहुत कविता का सहारा लेना चाहिए, और नयी भाषा की तलाश करनी चाहिए। इसके अलावा इसी अध्याय में सुवर्णा की मन:स्थिति खोलोगे कैसे? उपन्यास प्रथम पुरूष के कथ्य के रूप में है। ऐसा कर सकते हो कि उसे सुवर्णा द्वारा अनन्त को लिखे गये पत्र में कहला दो। और जो अनन्त ने महसूस किया, उसे एक लम्बे एकालाप या डायरी के रूप में। पर यह अध्याय बहुत महत्त्वपूर्ण है। जब तक खुद तुम्हें ना लगे की अपने को ठीक से व्यक्त कर पाये हो, इस पर परिश्रम करते रहना चाहिए। अन्तिम अध्याय को 'पुनर्जन्म' के वज़न पर ही होना चाहिए। इसमें फिलहाल, अभी फैलाव और रूमानियत और भावुकता ज़रूरत से ज़्यादा है। इसे और सघन और घनत्वपूर्ण बनाओ, ठोस। तुम यह कर सकते हो। सुवर्णा में फीलिंग जागना, यह बात ठीक है अन्त के रूप में। प्रकृति वाली भी बात भी सही लगती है। पर दोनों पात्रों की मन:स्थितियों को ठीक से उतारा जाना चाहिए, और लॉजिकली, विश्वसनीयता के साथ। उपन्यास का अन्तिम स्टैंजा अच्छा है। यह ठीक है कि उपन्यास हाई नोट पर समाप्त हो....पाठक को अनुभूति की एक ऊँचाई पर छोड़ता हुआ...जहाँ उसे लगे कि उसे अपने भीतर पैदा होने वाले प्रकाश का आभास पाया है...उजास। और वह प्रकाश की अवतारणा की मन:स्थिति में आ जाये, और बस अन्त। सहसा, पाठक को लगे उसने प्रकाश का आभास पा लिया है...और प्रकाश के लिए कोई छटपटाहट-मेरी तलाश उसके अन्दर शुरू हो जाये। दोस्तोव्हस्की के 'क्राइम एण्ड पनिशमेन्ट' में एक बात नोट की है तुमने? नायक कन्फैस करके जेल की यन्त्रणा का वरण करता है और उसकी प्यूरीफिकेशन की प्रक्रिया के दौरान लेखक संकेत भर देता है और पाठक उसके 'रिसरेक्शन' के लिए छटपटाकर रह जाता है।

मैंने ठीक कहा था कि अपने उत्साह को दबाकर लिख रहा हूँ। मेरा विश्वास है कि यह उपन्यास तुम दिमाग़ी कोशिश करते तो ऐसा कभी नहीं लिख सकते थे... बस लिख गया है। इसलिए अधिकांश, और कुछ हिस्से ख़ासकर कितने अच्छे हैं तुम्हे पता नहीं। जहाँ तक मेरा सवाल है, मैं बहुत निश्चिन्त हूँ तुम देखना। मैं यह नहीं मानता कि हिन्दी में सभी लोग इतने नासमझ होंगे कि इसकी पहचान न कर सकें। जिन लोगों ने 'लाल-पीली ज़मीन' और 'हुज़ूर दरबार' पर लिखा है, उनकी प्रतिक्रियाओं को मैं बहुत दिलचस्पी से देखूँगा। इससे उनकी अपनी समझ भी उजागर होगी। बहरहाल, एक बार फिर-आफ्टर आल यू हैव अराइव्ड। बस, इन तीन अध्यायों पर और जी-तोड़ मेहनत कर डालो- एक-दो बार। तुम्हारे शब्दों में-

प्रकाश को गहन होने दो। उपन्यास को गहरा होने दो। ज़िन्दगी की बहुत सच्ची और प्रामाणित तस्वीर दी है तुमने...और भी कई बातें...। मैं इस विषय पर आगे लिखता, पर मुझे ऐसी बातें लिखनी नहीं आती। मिलेंगे तो बात करेंगे।

तुम्हें पता है मैंने आलोचना बिल्कुल नहीं पढ़ी। न मुझे आती है। जब किसी पर किसी आलोचक का लेख पढ़ता हूँ तो सिर्फ़ कौतूहल और खीझ होती है। आलोचक अपनी मानसिकता और समझ के लिए आख़िर कर ही क्या सकते हैं? एक अन्तिम सवाल यह भी आता है कि मूल्यों के बारे में उसका सचमुच कहीं कोई 'कमिटमेंट' है क्या? या फिर वह सिर्फ़ हल्ला-गुल्ला मचाकर, समय-समय पर तरह-तरह की हरकतें दिखाने वाला कोई नट है? बहरहाल! यह आलोचक (पेशेवर) मुझे अजीब तरह का उपजीवी प्राणी लगने लगा है, जिसका जितना कम नोटिस लिया जाय, लेखक के रूप में उतना ही अच्छा है। तुम भी इसकी फिक्र करना छोड़ो तो बढ़िया।

मुझे लगता है तुम्हारा यह पहला उपन्यास है जिसमें लय...(लय शब्द ठीक नहीं लगता) त्वरा (लय़्रकन्टीन्युटी, चरम या एपैक्स की ओर विकसित होती हुई) बहुत कम भंग हुई है, और वह बहुत स्पष्ट है। तुमने कभी सोचा है कि हमारे साथ बाहर घटने वाली घटनाएँ हमारे सोच को, यहाँ तक कि हमारे लेखन के तरीके को किस कदर प्रभावित करती हैं? पर यह बात शायद अप्रासंगिक है!

और...? मैं ठीक हूँ। आना चाहता हूँ पर पता नहीं, आ पाता हूँ या नहीं। मेरे 'कटघरे' के तीन खण्ड पूरे हो चुके हैं। 'यक्षप्रश्न' आधे से ज़्यादा लिख गया हूँ। अन्तिम 'प्रार्थना' लिखना है। लिख ही जायेगा। असल में इधर काफ़ी त्रस्त रहा इतना कि जड़ होने लगा, पर अब सब ठीक है।

रात काफ़ी हो गयी हैं आँगन में बारिश हो रही है। मैं तुम्हें इतना लिख गया- एक बैठक में, अच्छा लग रहा है और अचरज हो रहा हैं जब टाइप-राइटर लेकर बैठा था तो लगता था कुछ नहीं लिख पाऊँगा। उत्तर तुरन्त देना। सानन्द होंगे। मैं ठीक हूँ।

तुम्हारा अपना

बल्लभ

(सन्दर्भ : गो.मि. का उपन्यास 'तुम्हारी रोशनी में')

5

मऊरानीपुर (झाँसी)

10 दिसम्बर, 85

बहुत प्रिय गोविन्द,

तुम्हारा पत्र अन्ततः 5.12.85 का बहुत अच्छा लगा। मन में स्फुरण-सा भर गया है। इसी के प्रभाव में छोटे-मोटे वे काम कर डाले जो पता नहीं कब तक टलते रहते। एक बार फिर अपने को आश्वस्त किया है कि मैं अब लिखने में, उसी निष्ठा से साथ जुटने जा रहा हूँ।

सारिका में तुम्हारी कहानी 'मायकल लोबो' पढ़ी। बिल्कुल लगता है कि 'यू हैव अराइव्ड'। तुम इतनी आस्था, करुणा पैदा करने वाली कहानी लिख सके, यह मेरे लिए सुखद आश्चर्य है।

'तुम्हारी रोशनी में' पर पत्र भी पढ़े। तात्त्विक बात सिर्फ़ जैनेन्द्र जी ने कही हैं। डायरी के अंशों का जिक्र किसी ने नहीं किया, इसका अचरज है।

'ख़ाक इतिहास', 'वरणांजलि', 'पगला बाबा', 'मायकल लोबो'। तुम्हारे लेखन का अजीब-सा ग्राफ़ बनता है।

'मायकल लोबो' कहानी मुझे बहुत अच्छी लगी। कुछ वैसी ही, जैसी कहानियाँ मैं खुद लिखना चाहता हूँ। इसमें सबसे बड़ी बात यह कि पात्र खूब जीवन्त है और मनोवैज्ञानिक ट्रीटमेंट है उसका इसमें। कहानी एक करुण और आस्था-भरा अनुभव बनती है। तुमसे भरपूर करुणा मिली है पात्रों को। पहले तुम प्रकृति के प्रति संवेदनशील और कहानी के पात्रों के प्रति जड़ हुआ करते थे। उसमें यह बात नहीं। गहन करुणा और आस्था है कहानी में। पहली बार पढ़ने में मेरे ऊपर अभिभूत होने जैसा प्रभाव पड़ा था- 'वे शब्द...स्वर में कैसी वेदना...आवाज़, अर्थ और रोशनी के फ़र्क़ ख़त्म हो गये थे घर, सीढ़ियाँ, बरामदा, छप्पर, बेटी और वह...इनकी अलग-अलग पहचानें नदारद थीं। सिर्फ़ रोशनी थी। रोशनी में उतराते गूँज के टुकड़े थे, सब कहीं, पर कहीं नहीं...'

"मैं पूरे सात साल सोया रहा..."

और ऐसे कई अंश। और प्रार्थना के साथ कहानी का अन्त। तुम ऐसा लिख सकते हो, मेरे लिए यह बेहद सुखद और रोमांचकारी अनुभूति है।

एक परफैक्ट कहानी। तमाम दृष्टियों से तुम्हारी अब तक की सबसे अच्छी, या अच्छी कहानियों में से एक। तुम चेतना के जिस धरातल पर पहुँच रहे हो इसका थोड़ा-बहुत अनुमान लगा सकता हूँ

'मायकल लोबो' की कतरन को मैंने अपने पास की संग्रहणीय कहानियों में रख लिया है। एक शब्द कहानी की संवेदना में नहीं खपता- गिरजे का घण्टा। यहाँ घण्टियाँ होना चाहिए था। लिखते वक़्त शब्दों की ध्वनि का ख़याल रखना चाहिए।

मेरे अन्दर इस बीच निश्चित ही कुंठाएँ आयी हैं, पर अज्ञेय के साथ होने वाली तुम्हारी बात को लेकर कोई कुंठा नहीं थी। यह तो तुम आपसी बातचीत में भी कहते रहते हो। मै खूब समझता हूँ अपनी कुंठाओं और हताशाओं से बचने का सिर्फ़ एक रास्ता है मेरे सामने- अपने को लेखन में झोंक दूँ। मेरे पास वर्षो से लिखने को इतना पड़ा है, इकट्ठा होता जा रहा है। बस, जमकर बैठ नहीं पाता। कोशिश ज़रूर करता रहता हूँ। देखो।

तुम इतनी वयस्तता के रहते भी इतना समय लिखने के लिए निकाल लेते हो और एक मैं हूँ जिसे समय ही समय है, जिसने अपने ज़िन्दगी को ढाला ही इसी तरह है कि पढ़ने-लिखने को खूब समय रहे, पर लिख नहीं पाता। सारा दोष मेरा अपना हैं अपने पर शर्म आती है।

ठीक है अब जनवरी में ही आना। आकाशवाणी छतरपुर में प्रमोद सिन्हा आ गये हैं। एक बार उनके कहने पर वहाँ एक कहानी रिकॉर्ड भी करा आया हूँ। तुम्हारी बहुत चर्चा करते हैं। उनकी पत्नी उषा चौधरी लेखिका हैं। उनके पास से उनका उपन्यास- 'वे कभी नहीं लौटे' लेता आया हूँ, पर अभी पढ़ नहीं पाया।

शेलेश जी से पूछ लो कि कहानी कब तक छपने की उम्मीद है। अगर देर हो तो नम्रतापूर्वक वापस मँगा लो। पर उन जैसे व्यक्ति को आहत नहीं होनो चाहिए। शकुन्तला जी से मेरा नमस्कार कहना। वेटी मनु को स्नेह। उत्तर जल्द देना ।

तुम्हारा अपना

बल्लभ

6

गरौठा (झाँसी)

12 सितम्बर, 87

प्रिय गोविन्द,

तुम्हारा पत्र कल रात को मऊ पहुँचा, आज दोपहर को घरवालों ने मेरे पास गरौठा भिजवाया। जाहिर है कि मैं ट्रेन के समय तक, इस वक़्त यहाँ से चलकर झाँसी नहीं पहुँच सकता। तुमसे मिलने का एक सुयोग निकल गया।

मैं पिछले डेढ़ महीने से ज़्यादातर यहीं हूँ। कभी जीवन में कुछ वर्ष अपने लिए मिलेंगे, इस आशा से अपने लिए एक घर बनवा रहा हूँ। चाहता हूँ बनकर तैयार हो जायेगा। अपने साथ किताब ले आता हूँ। पढ़ने के लिए खूब समय मिल जाता है।

तुम्हारा एक पत्र मऊ में मिला था। अपनी कहानी 'नित्य प्रलय' जो 'धर्मयुग' में छपी थी, मैंने तुम्हारे पास भेज दी थी तथा उसके बाद एक और पत्र लिखा था। दोनों पत्र मिले होंगे। तुम अपना उपन्यास डाक से मेरे पास भेज दो! आजकल क्या नया लिख रहे हो? कहाँ-कहाँ छप रहा है? बताना। उत्तर जल्द देना।

तुम्हारा

बल्लभ

पुनश्च: 'वर्तमान साहित्य' में शेलेश मटियानी के लेख में तुम्हारी कहानी 'वरणांजलि' का विस्तार से ज़िक्र था। अजीब बात यह थी कि उन्होंने इसे 'कफ़न' के दूसरे छोर पर रखकर देखा। पर बहुत-सी बातें उनकी नब्ज़ से छूट गयीं। कहा जा सकता है कि जब हम आलोचना की सुविधा के लिए रचना को (जो कि एब्सट्रैक्ट का मूर्तन होता है) खानों में रखकर देखते हैं तो ऐसा हो जाता है। पर आलोचना के लिए ज़रूरी होता है कि चीज़ को बिल्कुल लेखक के कोण से देखा और अनुभूत किया जाये। गहन अनुभूति...इसे रचना में कहा जाना चाहिए। ऐसा मेरा विश्वास है।

मैंने पिछली गर्मियों में सार्त्र के नाटक 'द फ्लाइज़' का अनुवाद किया था। फिलहाल उसे बार-बार पढ़ और संशोधित कर रहा हूँ। उसकी विशेषताओं के बारे

में, उसे व्याख्यायित करते हुए एक लम्बा पत्र राजेन्द्र यादव को लिखा है। वे लम्बाई होने के आधार पर 'हंस' में छापने में असमर्थता दिखा रहे हैं। मेरा कहना यह है कि लम्बाई के बावजूद इसे 'हंस' में छपना चाहिए- यह नाटक इतना विलक्षण है।

तुमने कभी अकेलेपन के बारे में सोचा है? मुझे लगता है अन्ततः हम बिल्कुल अकेले होते हैं। कभी कुछ दूर तक कोई साथ देने को मिल जाता है, पर हैं अन्ततः अकेले। जीने के सारे स्रोत अपने अन्दर ही तलाशने होते हैं- प्रार्थना बल देती है। बहरहाल।

पहले कभी सपने देखे थे...कभी जीवन में कुछ वर्ष अपने लिए मिलेंगे- इस आशा से अपने लिए घर बनवा रहा हूँ। चाहता हूँ अपने जीवन का अन्तिम खंड अपने तरीके से सोचते, लिखते और रहते हुए बिताऊँ...

7

मऊरानीपुर (झाँसी)
22 जनवरी 88

बहुत प्रिय गोविन्द,

तुम्हारा 15 जनवरी का पत्र। बहुत अच्छा लगा है। 'धीरे समीरे' प्रकाशन के लिए गया, राहत मिली है। अब तुम नया लेखन हाथ में ले सकोगे। यों तीन-चार दिन पहले 'धर्मयुग' में इसके खण्ड भी पढ़े थे। नन्दू भाई का चरित्र मोहता है, और ब्रज-भाव- लगता है यही एक शब्द व्यक्त करता है- खूब जीवन्त और भिगोता है। ब्रज-भाव...जिस भाव से उपन्यास लिखा गया, वह पूरी तौर से मूर्त और सजीव है पूरे उपन्यास में। अंश पत्नी को भी पढ़ाये थे उसकी समझ में आ गया और उसे बहुत पसन्द आया। यानी सुधी और ग़ैरसुधी दोनों ही तरह के लोगों के लिए ग्राह्म। यह एक बड़ी बात है।

लोकप्रियता या यश हालाँकि लेखन की कसौटी या मूल्य नही होते, पर लगता है इस उपन्यास के भाग्य में दोनों ही है। 'कथा-भूमि' की एक प्रति मेरे पास शीघ्र भिजवा दो।

इस बीच 'द फ्लाइज' के अनुवाद को दो-तीन बार और रिवाइज करके टाइप कर लिया। सचमुच इस बार यानी अन्तिम ड्राप्ट बनाते समय रचनात्मक सुख मिला। कथ्य के साथ सारे के सारे पात्र आत्मसात् हो गये थे। फिर उन्हीं तत्त्वों ,भावों और

स्थितियों को उकेरने में पूरी रचनात्मक लिबर्टी ली। अनुवाद कैसे करना चाहिए, यह काफ़ी समझ में आया। इसके अलावा, भाषा'...जैसे अपने-आप आविष्कृत हुई। इसी की तलाश में यह काम हाथ में लिया था और नाटक लिखने की तकनीकी कलात्मक और बारीकियाँ। सार्त्र का यह नाटक अद्‌भुत है। जितनी बार पढो, लगता है नई चीज़ें, तात्त्विक चीज़ें समझ में आई हैं। एक जीनियस की जीनियस रचना कैसी होती है, मैं शायद कभी भी इसकी कला से अभिभूत होना बन्द नहीं कर सका था तो कोशिश की थी कि ये सारी बातें अनुवाद में आये। मुझे लगता है मैं सफल हूँ...। इसलिए इसे किसी पत्रिका में छपा देखने का कौतूहल है। मुझे लगता है विश्व साहित्य में यह अपनी तरह का अकेला नाटक है। कितनी विराट, कितना जटिल, कितना कलात्मक...उफ्!

इसका वैचारिक द्वंद्व और समाधान नौ महिने दिमाग़ पर छाये रहे। अब इससे मुक्त होकर 'कटघरे' का अगला खण्ड लिखना चाहता हूँ। उम्मीद है अब अभिव्यक्ति और भाषा कुछ ज़रूर सीखी होगी अवचेतन ने। अब उसे आजमाना चाहता हूँ।

'मक्खियाँ' का प्रकाशन पुस्तक रूप में चाहता हूँ। यों कोशिश करूँगा कि इसके पहले वह किसी पत्रिका में प्रकाशित हो जाय। राजेन्द्र यादव के पास पिछला ड्राफ्ट पड़ा है, अब इसे फिर से भेज कर साफ़ और निस्संकोच जवाब मागूँगा। नाटक की खूबियों का जिक्र करते हुए एक लम्बा पत्र भी लिखूँगा ताकि वे देखें कि 'हंस' में इसका छपना 'हंस' के लिए अच्छा है।

पिछले वर्षों बुरी तरह व्यस्त और त्रस्त रहा हूँ। लेखन लगभग छूट-सा गया था। अब समझ में आता है कि अपने को बहुत डिनाई नहीं करना चाहिए। अगर लेख्न नहीं सधेगा तो मैं ही नहीं सधूँगा। फिर जीवन से कर्त्तव्य और कमिटमेन्ट कैसे पूरे होंगे!

अच्छा, उत्तर शीघ्र देना। शकुन्तला जी को नमस्कार।

तुम्हारा अपना

बल्लभ

8

मऊरानीपुर (झाँसी)

13-4-88

प्रिय गोविन्द,

तुम्हारा पत्र। अन्ततः।

'कथा' एक बहुत पुरानी थीम...उसे लिख डाला है। अगर ज़्यादा बार लिखता तो और भी ज़्यादा निखरती। पर अपनी आदत के ख़िलाफ़ उसे जल्द निपटा दिया। सोचता हूँ अगर किसी संकलन में गई तो फिर से एक-दो बार लिखकर ठीक करूँगा उसके अलावा 'आत्मा और कँटीले तारों का घेरा' भी फिर से लिख डाला। दोनों को 'सारिका' और 'धर्मयुग' में भेज दिया। अब छप जाएँ तो ठीक। वापस आएँगी तो कहीं और भेज दूँगा। तुम्हारा कहना सही हैं। मैं महत्त्वाकांक्षी बिल्कुल नहीं, पर बडे लेखकों के असंख्य प्रकाश-कणों में से जो अपने में जज्ब हुए है, उनमें से कुछ तो व्यक्त हो। 'कटघरे' की थीम जिस वक़्त उठायी, उसी समय लगा था कि यह मेरी क्षमताओं से बहुत बडी है। पर इसे एक चुनौती की तरह उठा दिया था और इतने सालों में भी यदि वह पूरी नही हुई तो अफसोस बिल्कुल नहीं। इसमें फिर प्राणपण में जुटूँगा। अपने को निचोडूँगा, तपाऊँगा, नष्ट करूँगा। मुझे पता है ऐसी रचना तुमसे किस बात की माँग करती है। वह पूरी अभी तक नही हुई तो एक ही कारण है- मैं उसे उसका देय देने से कतराता रहा हूँ। जिस दिन तत्पर हो जाऊँगा, वह पूरी हो जायेगी।"

'कथाभूमि' मिल गई और उसे दो बैठकों में पूरा पढ़ गया। मन खूब रमा। 'वह ऋजुता' ही क्यों, 'मेरे सपने', 'मेरी रचना-प्रक्रिया', 'बुद्धि का ज़हर' और 'प्रार्थना' सभी बहुत अच्छे लिखे हैं तुमने, ख़ास बात ये कि मैंने इनके मार्फत तुम्हारी मानसिकता को समझने की कोशिश की और अच्छा लगा है। तुम्हारी चेतना अब लगभग वहाँ पहुँच गयी है जहाँ जो भी लिखोगे, अच्छा लिखोगे। मुझे लगता है यह अभी और शूट करेगी...इसे बेहद सावधानी से सस्टेन किये रहना। इसका क्शरण

कभी इतनी आकस्मिकता से होता है कि हैरत होती है। चेतना का रचनात्मक तल, इसे कृष्णमूर्ति, सोल्जेनित्सिन और महाभारत पर छपी एक किताब में काफ़ी कहा गया। अगर कहोगे तो नोट्स तलाश कर तुमको लिख भेजूँगा। वैसे कोई ज़रूरत नहीं।

तुम यों भी आरोहण कर रहे हो, और मैं आनन्दित होता हुआ देख रहा हूँ।

सारिका के लिए दिये गये तुम्हारे वक़्तव्य भी खूब हैं। इलाहाबाद...नहीं जमे। 'भारत किरण' में सोल्जेनित्सिन के भाषण का अनुवाद ठीक हुआ है। 'हंस' के अप्रैल अंक में ब्राडस्की का नोबल पुरस्कार भाषण छपा है। उसने भी दोस्तोव्हस्की के उसी कथन को दोहराया है- सुन्दरता संसार को बचायेगी। लेकिन दोनों भाषणों को साथ रखकर पढ़ने के बाद सोल्जेनित्सिन और ब्राडस्को का अन्तर साफ़ हो जाता है।

'मक्खियाँ' का एक बार और अनुवाद करके राजेन्द्र यादव के पास भेजा था। उनका पत्र आया है कि फिलहाल नहीं छाप सकते। इसके अलावा मक्खियाँ की तुलना प्लेग से की है और सार्त्र की कहानी 'दीवार' के बारे में कहा है कि इसी थीम को सार्त्र ने 'मैन बिदाउट शडोज' में दोहराया है। यह मुझे धुएँ में लट्ठ घुमाने जैसी बात लगती है। अब मैं असमंजस में हूँ। सोचता हूँ उन्हें लिख ही दूँ कि ऐसा बिल्कुल नहीं है। 'मक्खियाँ', मैं हर बार दोहराऊँगा, अद्भुत है। यदि सौन्दर्य की यह परिभाषा कि उसे जितनी बार देखो, नया लगता है, सही है, तो इसकी कला का जवाब नहीं। हालाँकि मेरी राय को कोई प्रमाण नहीं माना जा सकता; लेकिन क्या यह यों ही है कि मैं अपना उपन्यास छोड़कर इसमें साल-भर लगा रहा। दीवानगी की हद तक। और यह हैरत की बात है कि कोई पत्रिका इतना कूड़ा-कर्कट छापे, पर 'मक्खियाँ' को नहीं। एक ऐसा नाटक, जिसका विश्व साहित्य में कोई जवाब नहीं। इसका अनुवाद सचमुच इस इच्छा से किया था कि हिन्दी वाले देखें कि महान् रचना वास्तव में क्या होती है। पर नहीं छपती, न छपे। मेरा मन साफ़ है। मैंने अपना धर्म निबाहा। अब जहाँ मेरा वश नहीं, वहाँ मैं कर ही क्या सकता हूँ! यों इस पर एक लम्बा लेख लिख रहा हूँ। यह जानते हुए भी कि मुझे लेख लिखना नहीं आयेगा। पर एक कोशिश वह कितनी भोंडी क्यों न हो, ज़रूरी लगती है। 'मक्खियाँ' को समझने के लिए कई बार पढ़ना चाहिए। हर बार नये-नये अर्थ और कलात्मक बारीकियाँ खुलती और चमत्कृत करती हैं। अब एक अजीब बात देखो। सोल्जेनित्सिन को कहानियाँ और नाटक नहीं लिखने आते, उपन्यास लिख जाते हैं। और सार्त्र को उपन्यास और कहानियाँ वैसे नहीं लिखने आते हैं जैसे नाटक। यानी लेखक की

गति किसी ख़ास विधा में होती है। तुमने सोल्जेनित्सिन का 'द कैंडिल इन द विण्ड' पढ़ा है? पढ़ोगे तो लगेगा तुमने अपने कई लेखों में जैसे 'बुद्धि का जहर' में, उसी के स्टैण्ड को दोहराया है। विज्ञान के बारे में उसमें कहा गया है कि विज्ञान ठीक है, पर उसका विकास आत्मा के प्रकाश में होना चाहिए। और जीवन की सार्थकता उपभोग की चीज़ों को बढाने या उन्हें हासिल करने में नहीं, आत्मा के विकास में है, इत्यादि-महाभारत वाली बातें...। राजेन्द्र यादव को लिख दिया है कि मैंने अपने को इस निराशा के लिए तैयार कर लिया है कि 'मक्खियाँ' न छपे। उसे वापस भेज दें। वापस आने पर तुम्हारे पास भेज दूँगा। बीच में जबलपुर गया तो परसाई और ज्ञानरंजन से मिला। बहुत देर तक बातें हुईं। तुम्हारा ज़िक्र आया। वे लोग जो स्टैण्ड साहित्य में लिए हैं, उसके बारे में खुलकर कहा और लगता है इन लोगों से संवाद इस बार बन गया। ये लोग सब्र से सुनते रहे और ज़्यादा देर चुप रहे। इस बार ज्ञानरंजन से कुछ प्रेम-सा हो गया...

और तो सब ठीक है। मैं अपने अधूरे लेखन को पूरा करने में जुटने का प्रयत्न कर रहा हूँ।

ठीक है, तुम वह सामग्री चन्दा के हाथ भेज देना। मैं तुम्हारी शोध छात्रा को दे दूँगा। लेकिन मेरी पुस्तकें जो उसने मँगवाई थीं, अभी तक उसी के पास हैं। यदि उसे ज़रूरत न हो तो वापस कर दे, ऐसा उसे लिख देना। या उसका पता लिख दो तो मैं ही लिख दूँगा।

तुमने नाटक लिखा है, यह जानकर कौतूहल हुआ और अच्छा लगा। मैं वर्षों से खुद नाटक लिखने की सोच रहा हूँ। दो लिखे भी थे। एक पूरा, एक अधूरा। कहानियों के बाद उन्हें पूरा करना है।

अच्छा! सानन्द होंगे।

तुम्हारा

बल्लभ

पुनश्च: इस बीच दोस्तोव्हस्की का 'ब्रदर्स कोरोमोज़ोव' का पहला खण्ड फिर पढ़ गया। उसे एक जीनियस की महानतम रचना कहा गया है। इसका पात्र अल्योशा 'मोहित' करता है। वह दार्शनिक है। संसार, ईश्वर, जीवन के अर्थ सम्बन्धी सारे प्रसंग वही उठाता है। 'ग्रैंड इनक्विज़टर' को दोस्तोव्हस्की ने स्वयं की सबसे अच्छी कृति कहा है, उसे गौर से पढ़ा। नोट्स लिये। बाकी तो अभी कुछ नहीं साफ़। बाइबल और क्रिश्चियनिटी के सिद्धान्तों के विषद् वर्णन है, पर उसके लिए सोचता हूँ दाँते को पढ़ना ज़्यादा ठीक है।

'पहल' के हाल के अंक में सुकरात के दर्शन, उनके समाज और उनको मिले मृत्युदंड के प्रसंग का मार्मिक वर्णन एक लेख में है। पढ़ने लायक है। इच्छा हो तो कतरन भेज दूँगा। एक बात बहुत अच्छी लगी उसकी। सुकरात बहुत कुछ कबीर की तरह थे, हर पल 'अनहद नाद' सुनते हुए-से।

अच्छा!

तुम्हारा

बल्लभ

9

मऊरानीपुर (झाँसी)

11-5-1988

प्रिय गोविन्द,

मई 88 के 'भारत किरण' में छपे तुम्हारे 'मिट्टी जल...जल मिट्टी' के बारे में।

सबसे पहले यह कि तुम्हारी इस लेखमाला को पढ़कर जैसे क्रमशः छाती पर लदा हुआ टनों बोझ उतरता जा रहा है। जो तुमने कहा है, लगभग वैसी ही बातें, यदि मुझे लेख लिखना आता होता तो मैं भी लिखता। तुम्हारे लिए कृतज्ञता या आभार जैसे शब्द बहुत छोटे और ओछे लगते हैं तुम मेरे पूरक हो मेरे आल्टर इगो। जो मैं लिखना चाहता था, जैसा मैं लिखना चाहता था मानवीय मूल्यों की, आत्मा और ईश्वर की स्थापना साहित्य में...वह काम तुम कर रहे हो। मैं सिर्फ़ 'भारत किरण' की लेखगाला के प्रसंग में नहीं, तुम्हारे तमाम विचारों के प्रसंग में कह रहा हूँ जो 'कथाभूमि' से लेकर तुम्हारी किताबों; मुझे घर ले चलो या 'साहित्य का सन्दर्भ' जैसी किताबों में विशेषतः फैले हुए हैं। कुछ अन्तर के साथ। मैं शायद और विस्तार और बारीकियों में उतरना पसन्द करता, होना तो यह चाहिए था कि मैं तुम्हारे हर लेख के बारे में तुम्हें विस्तार से लिखता पर अब यह लगभग असम्भव है। अब इतनी कोशिश ज़रूर करूँगा कि तुम्हारा जो भी चिन्तन पढ़ूँ उसके बारे में तुम्हें अपनी राय, सहमति या जहाँ कहीं असहमति हो- जो काफ़ी कम होगी–तुरन्त लिख दूँ। तो 'भारत किरण' में छपे 'जल मिट्टी...' के बारे में।

कला का सबसे बड़ा धर्म मेरे ख़याल से भी यही है- दारुण यन्त्रणा के क्षणों में आदमी को सस्टेन करना, हताश न होने देना...दु:ख के सकारात्मक आयाम का दर्शन करने की क्षमता देना। क्रौस ढोते हुए आस्था बनाये रखना- मानवीय मूल्यों में। प्रकृति की इसी चेष्टा में सहयोग करने के लिए कि जीवन का, जीवन-धर्म का निर्वाह हो। चेखव का वह जुमला दरअसल पुरुष नहीं, नारी पात्र द्वारा बोला गया संवाद है। भयावह यन्त्रणा के क्षणों में मुझे याद आता है, कबीर की इस पंक्ति के साथ- 'देह धरे को जगत में दु:ख भोगत सब कोय, ज्ञानी भोगे ज्ञान से मूरख भोगे रोय।' कहने की ज़रूरत नहीं, कबीर चेखव से कोसों आगे हैं। लेकिन बड़े लोगों में ऐसी तुलना ज़रूरी नहीं। कला जीवन का फ़र्क जो तुमने बताया, सही लगता है; पर इसे थोड़ा-सा एलाबोरेट करना चाहिए था। सोल्जेनित्सिन ने साफ़-साफ़ यन्त्रणा के सकारात्मक पक्ष और उपयोग बताये हैं। मैंने अपने अनुभव से उन्हें सही पाया है...यह बात अलग है कि उन्हें हमेशा के लिए आत्मसात् नहीं किये रह सका। अपने को ट्रांसैड हम सिर्फ़ दो ही मन:स्थितियों में करते हैं- चरम दु:ख में या चरम आह्लाद में। दोनों ही में जो अखण्ड शान्ति और पूर्णता है, उसमें लगभग समानता है। परिणााम में। क्योंकि एक्सटेसी के बाद तात्कालिक इच्छा अपने को समाप्त कर देने की होती है। इस ख़याल से कि कल्पित सुख से असंख्य गुना बड़ा यह सुख अपने को दोहरायेगा- इसकी न तुम्हें उम्मीद होती है, न ज़रूरत...बस लगता है जीवन का सब कुछ पा लिया। ऐसा प्रेम के क्षणों में....जब तुम्हें लगता है तुम पर ईश्वर की करुणा की वृष्टि हो रही है। लेकिन वह इच्छा एक संभ्रम लगती है तत्काल और फिर जीवन-मुक्त जैसी स्थिति। बिल्कुल जैसा आदि शंकराचार्य ने कहा है... कभी-कभी अश्वघोष या घनानन्द जैसी मन:स्थिति जैसे-जैसे समय गुजरता जाता है लेकिन सबसे अधिक किसी वृहत्तर उद्देश्य को समर्पित होता हुआ तुम्हारा जीवन लघुतर अणुतर होता हुआ। जब तक तुम प्रकृति की विराटता में विसर्जित होकर आने का उसका अंश महसूस नहीं करने लगते। और फिर पतन...यह भी कभी-कभी हो जाता है। यों उन्मेष के शिखर से फिसलना तो निश्चित है; पर कोशिश होनी चाहिए कि हम पर्वत की जड़ तक न फिसलकर, अपने को किसी ऊँचे प्लेटो पर पठार पर स्थिति कर लें।

प्रकृति के वृहत्कर्म में योग देता हुआ साहित्यकार या मनुष्य के रूप में हम। इसके बारे में महाभारत में खासकर गीता में बहुत सटीक ढंग से बताया गया है। उसे लिखूँगा तो पत्र लम्बा हो जायेगा।

हर सृजन के पीछे कोई बड़ी पीड़ा है, प्रसव वेदना- तुम्हारी यह स्थापना नयी भले न हो मौलिक तो है ही (प्रकृति से भी आगे 'ऋत' (कॉस्मिक लॉ) प्रकृति को अनुप्राणित, संचालित करता हुआ)। पर उससे लेख शायद अधिक जटिल और बारीक हो जाता।

यातना को अपने जीवन का अभिन्न हिस्सा बनाना यह सचमुच कुछ प्रकृति और कुछ हम तय करते हैं। हम अपने लिए उन रास्तों का चुनाव कर सकते हैं जहाँ आत्मोत्थान हैं। सोल्जेनित्सिन ने अपने 'आत्मा और कँटीले तारों का घेरा' में इस पर विस्तार से लिखा है। बिल्कुल ऋषि की तरह। सोल्जेनित्सिन खैर ऋषि तो हैं ही। यातना सचमुच अन्ततः अविभाज्य है। तुमने बढ़िया और मार्के की बात कही है।

और मुझे इसमें कोई आश्चर्य नहीं कि अपने दुःख को असीमितता में तुम सोल्जेनित्सिन जैसी कोई बात सोच गये।

या उससे आगे की बात भी। मेरे साथ ऐसा हुआ है। मसलन प्रेम की एक्सैटसी के दौरान मुझे लगा था कि अन्ततः और मूलतः संसार की बनावट नैतिक है और वह नैतिकता के नियमों से परिचालित है अतः नैतिक बने रहने में ही मुक्ति है। बाद में यही बात आर्थर कोसलर में पढ़ी। यन्त्रणा से आत्मा का परिशोधन, यह बात वर्षों तक मुझे अपनी खोज लगती रही। फिर जब 'क्राइम एण्ड पनिशमेंट' की भूमिका पढ़ी तो हैरत और कुछ अफसोस में डूब गया कि यह तो क्रिश्चियनिटी की बेसिक टेनेट है। और तमाम रहस्यात्मक बातें कभी रू-ब-रू देखी थीं, आज अविश्वसनीय लगती हैं। जैसे गहन और पूर्णता देने वाले प्रेम में यह साफ़-साफ़ अनुभूति कि तुम अपनी संगिनी को पता नहीं, कितने जन्मों से जानते थे और अब तक की जीवन में तुम्हारी हर चेष्टा, तुम्हारे साथ घटने वाला हर सुख-दुःख तुम्हें इसी नियत चरम घटना की ओर ला रहा था। नियति...हाँ! इससे बड़े-बड़े लोगों ने इनकार नहीं किया।

तुमने चाहा है अपने को पूर्णरूपेण प्रकृति के हवाले कर दो, एक पत्ता जैसे वह हवा में तिरता है। यह काव्यात्मक रूपक तो ठीक है, लेकिन इसकी व्याख्या होनी चाहिये। ख़ैरियत है तुमने 'द फ्लाइज' के ओरेस्टस की तरह मकड़-जाल की भाँति नहीं कहाँ अनकमिटेड स्वतन्त्रता भयावह शून्य है...कैसा, यह जानने के लिये 'द फ्लाइज' ज़रूर देखना चाहिये। और तुम्हारा बौद्धिकता से यह परहेज ठीक नहीं। बौद्धिकता और भावना, प्रेम, इंट्यूशन आदि में कोई विरोध दरअसल है नहीं। क्यों न बौद्धिकता और भावना से एक-दूसरे को परिष्कृत करते हुए जीवन जगत और आत्मा-परमात्मा को समझा जाय। कम-से-कम जहाँ तक बुद्धि की गति है वहाँ तक तो ज़रूरी है ही। दांते, व्यास सब कहते हैं। तुलसीदास शायद नहीं कहते, लेकिन

विरोध भी शायद नहीं करते। बुद्धि की सीमा समाप्त होने पर तो अनुभूति या प्रतीति अवश्यम्भावी हो ही जाती है।

शैलजा तुम्हारी किताबें और काग़ज़-पत्तर दे गयी है। इन काग़ज़ों का क्या करना है। क्या इन्हें उस लड़की को देना है जो छतरपुर में तुम पर शोध कर रही है। 'मुझे घर ले चलो' में तुम्हारा नाटक पढ़ा है। खूब सधा हुआ और कसा है। इसमें कुछ और नाटकीयता लाई जा सकती थी, कुछ और कहा जा सकता था, तुम आज के वक़्त की समस्याओं पर नाटक क्यों नहीं लिखते! तुम खूब बढ़िया और साउण्ड तरीके से फिलोसोफाइज़ कर लेते हो। यानी तुम्हारा चिन्तन बहुत बढ़िया और साउण्ड लगता है।

और तो सब ठीक है। कल अचानक एक घटना घट गयी और फिर 'भारत किरण' में तुम्हारा लेख पढ़ते हुए अपने प्रेम के मोह से मुक्त होने की प्रक्रिया शुरू हो गयी। मैं 13 वर्षों से ख़ासकर, बेहद-बेहद दहता रहा इस मोह में। मैं सिर्फ़ मोह कह रहा हूँ। प्रेम से मुक्त तो मृत्यु के क्षण में भी नहीं होना चाहूँगा। पर अब मन स्वस्थ है, मस्तिष्क काँच की तरह साफ़। तुम्हारे लेख के माध्यम से मेरा एक उपकार हो गया, जाने कितनों का हो रहा होगा।

सानन्द होंगे। मेरा पिछला पत्र मिला होगा।

सस्नेह

बल्लभ

चलते-चलते मलखान कविराज द्वारा सुनायी गयीं ईसुरी की पंक्तियाँ-

वखरी रैयत हैं भारे की, दयी पिया प्यारे की
ई बखरी के दस दरवाज़े बिना कुची तारे की।
ईसुरी कात चांय जब ले लो, हमें कौन उवारे की।

बखरी माने शरीर। है कबीर वाली बात।

पुनश्च: मैं चाहता हूँ शान्त रस में कुछ लिखूँ। कोई लम्बी चीज़।

10

मऊरानीपुर (झाँसी)

26-3-89

प्रिय गोविन्द,

तुम्हारा 19-3 का पत्र। बहुत अच्छा लगा है। पिछले महीने से अप्रत्याशित परिवर्तनों से गुज़र रहा हूँ। कोई घटना घटती है और तुम्हें हिलाती-कँपाती हुई गुजर जाती है। गर्दो-गुबार बैठने पर तुम पाते हो कि तुम्हारे आसपास का संसार, सन्दर्भ और तुम बिल्कुल बदल गये हो। नयी स्थिति से साक्षत्कार का यह अन्तराल त्रसाद और भयावह होता है। और होश आते-आते तुम्हें समझ में आने लगता है कि नयी चुनौतियों का सामना किये बगैर जीना असम्भव है, और तुम बाहर-भीतर अपने को एक प्राणान्तक तरीके से सन्निद्ध करने लगते हो...

पिछले दिनों अपनी पिछले 28-29 सालों में लिखी-प्रकाशित-अप्रकाशित कहानियों की पाण्डुलिपियाँ अग्नि को अर्पित कर दीं। वे पत्रिकाएँ भी, जिनमें वे छपी थीं। कहानियों की कतरने निकाल लीं। इसके अलावा, लेखक, सम्पादकों के सारे पत्र और कुछ पाठिकाओं के सारे पत्र...जिनसे बाद में काफ़ी गहरा परिचय हो गया था, सभी अग्नि को समर्पित। तुम्हें यह एक डिप्रैशन की मन:स्थिति लग सकती है। थी भी, पर अपने को, अपने सन्तुलन को बनाये रखने के लिए यह ज़रूरी हो गया था। तीन-चार दिन गहरी तकलीफ रही, बाद में जैसी कि उम्मीद थी, सहज हो गया।

तुम्हारी बहुत-सी बातें अब समझ में आती और सच लगती हैं–जैसे जीवन में चाही हुई फुर्सत, निश्चिन्तता अब नहीं मिलेगी। बीतने का बहुत तकलीफदेह एहसास, और जो लिखना-छापना हैं उसे भी तुरन्त पूरा करने की ज़रूरत।

मैं तो अब कुछ पढ़ ही नहीं पाता। लगता है कुछ बचा नहीं। दोबारा बैठता हूँ तो लगता है कि आनन्द नहीं आ रहा। सो अब पूरा समय और पूरी शक्ति अपने खुद के अछूते लेखन को पूरा करने में लगाना चाहता हूँ। तुम उस स्थिति, उस डिप्रैशन की कल्पना कर सकते हो, जब तुम्हें लगे की अब तुम्हें सिर्फ़ प्रार्थना बचा सकती है

हाँ, ऐसा इस दौर में बहुत लगता हैं पर मन पर मैल की पर्तें जमी हैं, सो प्रार्थना भी नहीं सधती। शायद यह अनिश्चितता, नया त्रास मन को उतना शोध दें।...बहरहाल।

'मक्खियाँ' के बारे में साक्षात्कार से पत्र आया है कि वे विचार कर रहे हैं। मंचन के लिए भी सम्पादक ने रंगमण्डल के रेपेर्टरी चीफ़ से सम्पर्क को कहा है। भारत भवन के भू.पू. असि. डायरेक्टर अलखनन्दन ने नाटक की एक प्रति चाही है, शायद ये ही उसे अलग से खेलें। जो भी हो, अब लगता है इसकी सार्थकता लोगों को मिलेगी।

तुम जीवन की भाग-दौड़ में व्यस्तता में से अब उससे बचने के तरीके निकाल रहे हो: और मेरी बाध्यताएँ और कर्त्तव्यों की माँग है कि पढ़ने-लिखने को कम समय दूँ और अपने परिवार के लिए समर्पित हो जाऊँ, यानी दोनों में किसी तरह का सामंजस्य सन्तुलन स्थापित करूँ। इसका एक ही तरीका समझ में आता है बेतहाशा काम...काम...राउण्ड द क्लॉक, जैसा इमर्जेन्सी के मुश्किल दिनों किया था।

पर कहा है, सब कुछ यानी यह भी अपने हाथ में नहीं। सो प्रार्थना। दांते ने कहा है- प्रार्थना मदद करती हैं। मेरा भी अनुभव हैं और इस स्टेज का स्लोगन है- 'विवेक...विवेक।' सो 'हारिये ने हिम्मत बिसारिये ने राम' और 'जाही विधि राखे राम ताही विधि रहिये' तुमे मुझे इस त्रासद अन्तराल में जल्दी-जल्दी लिखा करो। ज़रूरत है तुम्हारे पत्र, तुम्हारी बातें शक्ति और रोशनी देती हैं।

शकुन्तला जी से मेरा नमस्कार कहना। कहना मैं उनके लिए बहुत चिन्तित और दु:खी हूँ और प्रार्थना करता हूँ

अच्छा, तुम कब इस तरफ आ रहे हो! उत्तर शीघ्र देना।

तुम्हारा अपना

बल्लभ

पुनश्च: 'भारत किरण' का बन्द होना तकलीफ देता है। तुम पत्रों वाली सीरीज़ पूरी कर लो और उसे छापने के लिए दे दो। मेरी इच्छा है कि इस किताब पर तुम्हारे साथ मेरा नाम भी जाये। तो पत्रों पर पूरा अधिकार तुम्हारा है। मैं अपनी इच्छा-भर लिख रहा हूँ। अच्छा।

(सन्दर्भ : गोविन्द मिश्र-बल्लभ सिद्धार्थ की यह संयुक्त पुस्तक 'संवाद अनायास' शीर्षक से पहले राजकमल प्रकाशन द्वारा, पुनर्मुद्रण अमन प्रकाशन, कानपुर से प्रकाशित है।)

उर्मिला शिरीष (गोस्वामी)

399/3, शक्तिनगर,

भोपाल-462024

31.12.95

आदरणीय मिश्र जी,

सादर नमस्कार।

आपका पत्र मिला, धन्यवाद।

कहानियों पर आपकी सटीक और स्पष्ट प्रतिक्रिया पढ़कर बहुत खुशी हुई। मुझे इस बात का अफसोस जरा भी नहीं हुआ कि आपने प्रशंसा का एक शब्द नहीं लिखा। मैं अभी इसकी अपेक्षा भी नहीं करती हूँ। जब मुझे पूर्ण विश्वास हो जाएगा कि यह कहानी प्रशंसा लायक ही है तभी मैं आपसे यह अपेक्षा करूँगी। बहुत सोच रही हूँ उन कमियों को दूर करने की कोशिश हर हालत में करूंगी देखिए कब तक सारी चीज़ को पकड़ सकूँगी।

आदरणीय श्रोत्रिय साहब को दिखा लिया करूँगी। शायद आपको पता न हो माह के प्रथम सप्ताह में उनका जबरदस्त एक्सीडेंट जीप से हो गया था। ईश्वर की कृपा और सबके भाग्य से वे सुरक्षित हम सबके बीच हैं। अन्यथा वैसा एक्सीडेंट बहुत कम होता है। आजकल वे आराम कर रहे हैं। बहुत तकलीफ हुई उन्हें। मेरे पति डॉक्टर हैं और वैसे भी आ॰ सर का हम सबकें ऊपर अपार स्नेह है। इसलिए आना-जाना बना रहता है। जीप किसी ऑफ़िसर की थी और राजनीतिक दबाव में आकर यहाँ के डॉक्टरों ने (जे.पी. हॉस्पिटल) उनके साथ बहुत अन्यायपूर्ण व्यवहार किया है। खैर आप चिन्ता न करें, अब सर एकदम ठीक होते जा रहे हैं।

'तुम्हारी रोशनी में' पर बड़े बड़े लेखकों की प्रतिक्रियाएँ पढ़कर बहुत अच्छा लगा। उस उपन्यास पर लिखी कुछ समीक्षकों की समीक्षा पढ़कर क्षोभ हुआ था वो अब दूर हो गया है।

हालाँकि आपके सामने मैं कुछ भी नहीं हूँ पर प्रयास कर रही हूँ। कई पत्रिकाओं में कहानियाँ छपी हैं और छप रही हैं। दो लघु उपन्यासिकाएँ भी आ रही है।

आपने वक़्त निकालकर कहानियाँ पढ़कर अपनी राय से अवगत कराया उसके लिए मैं हृदय से आभारी हूँ सदा रहूँगी।

सादर,

उर्मिला गोस्वामी

प्रियंवद

15/269, सिविल लाइन्स,
कानपुर
21.2.81

आदरणीय गोविन्द जी,

आज 'धर्मयुग' में 'जंग' की पहली किशत पढ़ी। आपके जाने के बाद देखा तो 'लाल पीली ज़मीन' यहाँ कहीं नहीं मिली। 'मेरी प्रिय कहानियाँ' अवश्य पढ़ डाली।

कहानियों के बारे में मेरे कुछ कहने का कोई अर्थ नहीं है। गति, भाषा चित्रात्मकता सब है। ख़ासतौर से संग्रह की पहली कहानी 'कचकौंध' की भाषा पढ़कर आनन्द आया। इसलिए कि आपकी प्रिंस हैनरी पीती सूरत घूमती रही और वह भाषा पढ़ता रहा। एक बात ज़रूर कहूँगा। आपने भूमिका में लिखा है कि एक प्रेम कहानी लिखने की महत्त्वाकांक्षा अभी तक है सचमुच? और यह कहानी 'दर्द' की भी होनी चाहिए। ऐसा दर्द जिसे आदमी अपनी धरोहर बना ले और जब चाहे उसे अपने सीने से लगाकर रो सके। ऐसा दर्द अभी किसी कहानी में नहीं मिला।

आशा है आप आराम से पहुँच गए होंगे। आपके साथ दो दिन रहने का सचमुच सुखद अनुभव रहा। आपके 'लड्डू और मलाई पान' मुझ पर उधार है। शेष कुशल है।

मेरे लिए कोई काम हो तो लिखिएगा।

आपका,
प्रियंवद

(सन्दर्भ : 'जंग'- गो.मि. की कहानी)

2

11.11.82

आदरणीय गोविन्द जी,

प्रणाम।

आपकी कहानी 'ख़ाक इतिहास' पढ़ी। इस कहानी में विशेष बात आपकी भाषा और शिल्प में थोड़ा बदलाव है। मैं नहीं जानता कि मैं कहाँ तक सही हूँ लेकिन यह भाषा एक ताजगी लिए है। यूँ कहूँ कि 'रसपरक' है। इस भाषा का अनुभव आपकी और रचनओं मैं नहीं होता। कहानी बहुत अच्छी बन पड़ी है। मैं व्यक्तिगत तौर पर तो चाहूँगा कि यह रसता आपकी भाषा में बरकरार रहे।

एक विशेष बात और है। आपके कहने से मैंने अशोक अग्रवाल को पत्र लिखा था। बदले में पाण्डुलिपि वापस आयी है। बिना किसी शब्द टिप्पणी या कारण के। मैं प्रकाशक के पहले अनुभव से ही इस कदर आतंकित हो गया हूँ। कि मेरी हिम्मत इस दुनिया में पैर रखने की नहीं होती। आप जैसा कहें। मैं आपके बिना एक कदम भी नहीं चलूँगा और न ही स्वयं किसी प्रकाशक के पास जाऊँगा। आप उचित समझें तो अशोक अग्रवाल से पूछे कि उसने ऐसी ग़ैर जिम्मेदाराना और अजनबीपन की हरकत क्यों की। क्या वह पैसे के धरातल पर बात करना चाहता है तो में वह भी कर सकता हूँ।

पत्र का इंतज़ार कर रहा हूँ। मेरा संग्रह छपना आपके ऊपर ही छोड़ता हूँ। मेरे लिए कोई काम हो तो लिखे। आशा करता हूँ बम्बई में सानन्द होंगे।

आपका,

प्रियंवद

3

30.11.83

आदरणीय गोविन्द जी,

प्रणाम,

कैसे है आप। बहुत दिन से आपके बारे में कुछ मालूम नहीं पड़ा। आशा करता हूँ स्वस्थ एवं आनन्द होंगे।

कल 'दरख़्तों के पार...शाम' लाकर पढ़ी। आपकी पहली किताब 'धुंध भरी सुर्खी' भी पढ़ी थी मैंने। इस तरह के यात्रा वृतान्त अब नहीं लिखे जाते जबकि यह विधा किसी भी तरह उपन्यास या कहानी से अच्छी लगती है। पुस्तक में बाद के अंश बहुत अच्छे हैं, चेकोस्लोवाकिया के। आपने शायद पहले के प्रसंग जल्दी में भी बेमन से लिखे हैं। बाद के प्रसंगों में ज़्यादा खुलकर और रोचकता के साथ लिखा गया है। पूरी पुस्तक पढ़कर एक बात मैं दावे के साथ कह सकता हूँ। आपको शायद अजीब लगे कि मैं इस पुस्तक को पढ़कर यह नतीज़ा क्यों निकाल रहा हूँ, लेकिन मुझे विश्वास है कि मैं गलत नहीं होऊँगा। पूरे सम्मान के साथ लिख रहा हूँ कि इस उम्र में भी आपके अन्दर एक जबरदस्त प्रेम करने की भावना अभी है। मैं क्या सहीं हूँ लिखिएगा।

आपसे मिलने का मन करता है। आप कभी भी कानुपर के आसपास या लखनऊ आएँ तो मुझे ज़रूर लिखें। मैं कही भी आ सकता हूँ।

मेरी किताब छप गयी है। आएगी तब आपको भेजूँगा और लिखूँगा।

और क्या लिख रहे हैं। उपन्यास का क्या हुआ।

वैसे इस पुस्तक की छपाई ज़्यादा बढ़िया नहीं है, खासतौर से कवर। आपने इस प्रकाशक को बेकार किताब दी।

अपने बारे मैं लिखिएगा। अगले वर्ष बम्बई अवश्य आऊँगा। पत्र की प्रतीक्षा कर रहा हूँ। अनिल कैसा है। कुछ सुधरा कि नहीं?

आपका,

प्रियंवद

15/219, सिविल लाइन, कानपुर

(सन्दर्भ : गो.मि. की यात्रा पुस्तकें–'धुन्ध भरी सुर्खी' और 'दरख़्तों के पार शाम')

4

कानपुर

22.1.84

आदरणीय गोविन्द जी,

प्रणाम,

अभी बहुत कुछ पढ़ा आपका लिखा। शिखर में, सारिका में और फिर धर्मयुग में। धर्मयुग में जो आपने लिखा उसे मैं कहानी नहीं कहता बल्कि ज़िन्दगी का एक टुकड़ा था वह। आपने अपनी कलम से कभी-भी इतनी बढ़िया चीज़ नहीं लिखी। वैसे भी इसे सर्वश्रेष्ठ होना ही था क्योंकि यह सीधी आत्मा से निकल कर आ रही थी और इसलिए भी कि आपने संवाद करती जाती शैली में इसे लिखा। यह शैली सबसे ज़्यादा संतोष और आत्मीयता देती है, जिससे संवाद किया जा रहा है।

लगता है आप आजकल बहुत लिख रहे हैं। यह सुखद स्थिति है और हम लोगों को काफ़ी कुछ पढ़ने को मिलेगा।

मेरा कहानी संग्रह आ गया है। मैं आपके पास भेजूँगा। आपको 'सारिका' के लिए मेरे संग्रह पर समीक्षा लिखनी होगी। आप पर अपना इतना अधिकार तो समझता ही हूँ मैं और वैसे भी आपका स्नेह और आशीर्वाद चाहिए मुझे। मेरी एवं आपकी कहानी 'सारिका' जनवरी द्वितीय अंक में हैं। कृपया देखकर बताइएगा कि क्या है। आपसे मिलना बहुत चाहता हूँ देखें कब संयोग बनता है। अनिल कैसा है।

पत्र दीजिएगा और कोई कार्य हो मेरे लिए तो लिखें।

आपका,

प्रियंवद

5

3.4.85

आदरणीय गोविन्द जी,

प्रणाम।

कैसे हैं आप? बहुत दिन से कोई खबर नहीं मिली। अभी 'तुम्हारी रोशनी में' पढ़कर ख़त्म किया है।

पूरी पुस्तक एक बैठक में पढ़ गया हूँ। सुखद है कि आपने 'प्रेम' के विषय को मूल्यों और बहुत हद तक 'आध्यात्मिकता' के साथ जोड़ने की कोशिश की है। आजकल इस भावना का लोप सा होता जा रहा है। यह कन्सैप्ट ही ख़त्म सा हो रहा है और ऐसी स्थितियों में दोनों आयामों में जूझती 'सुवर्णा' के माध्यम से दोनों की व्याख्या सुन्दर है पर अन्त अगर ज़्यादा पोज़िटिव होता और ज़्यादा स्पष्ट तो? सुवर्णा की संघर्षपूर्ण मन:स्थिति को एक ठहराव मिल जाता, एवं स्पष्ट विचारधारा मिल जाती तो कुछ अधिक सकारात्मक होता। वैसे यह बहुत मामूली बात हैं और किसी भी लेखक की अपनी मन:स्थिति है। मुझे उपन्यास अच्छा लगा और बधाई।

भाषा को लेकर एक बात कहूँगा। सम्भवत: विषय के कारण इसमें कुछ अतिरिक्त सतर्कता बरती है आपने और शायद इसीलिए कहीं-कहीं भाषा की बनावट कथ्य को दबा लेती है। शायद कोई प्रयोग भी किया हो आपने भाषा के स्तर पर। जैसे शब्दों की पुनरावृत्ति 'महक-महक, उछल-उछल'- ऐसा बहुत बार आया है जो भाषा पर अतिरिक्त दबाव लगता है।

राजकमल ने 'कवर' बढ़िया नहीं छापा। कम से कम अपने स्तर का नहीं। कभी पूछिएगा जरा।

और कैसे हैं आप। पत्र लिखिएगा। कानपुर आने का कार्यक्रम है क्या कोई, मेरे लिए कोई कार्य हो तो लिखें।

आपका,

प्रियंवद

पुन::मुझे विश्वास है कि आपकी अभी 'बोसीदनी' पढ़ने की मानसिकता नहीं बनी होगी।

(सन्दर्भ : 'बोसीदनी'- प्रियंवद का कहानी संग्रह)

6

25.1.88

आदरणीय गोविन्द जी,

प्रणाम।

कैसे हैं आप? बहुत दिनों से आपकी कोई खबर नहीं मिली। अलबत्ता कहानियाँ ज़रूर पढ़ता रहा।

आपका संग्रह 'पगला बाबा' मिला। उसके लिए मैं आपका कृतज्ञ हूँ कि आपने मुझे याद रखा। संग्रह की एक-दो कहानियाँ छोड़कर लगभग सभी पढ़ी हुई है।

कहानियाँ पढ़कर मुझे एक बात अवश्य लगी। आपके चिन्तन में 'धीरे-धीरे' एक वीतरागता या निस्संगता का भाव आ रहा है। इधर की रचनाओं में भी ऐसा ही लगा। हो सकता है मैं गलत हूँ पर लगता रहा जैसे धीरे-धीरे आप व्यक्तिगत रूप से चीज़ों को छोड़ते जा रहे हैं। एक उस आदर्श स्थिति के लिए जैसी सन्यास आश्रम के लिए बतायी गयी है। मैं नहीं जानता मैं कितना सही हूँ पर मुझे लगा जैसे आयु का एक लम्बा समय देखने के बाद तबीयत उचटने लगती है और ऐसा ही होता है।

कृपया बताइएगा कि मैं क्या सही हूँ?

कब मुलाकात हो पाएगी?

मिलने का बहुत मन करता है।

आपका,
प्रियंवद

पुनः: क्या नीला तिल भी होता है?

7

5.2.95

आदरणीय गोविन्द जी,

प्रणाम,

अभी-अभी 'पाँच आँगनों वाला घर' पढ़कर बन्द किया है। अत्यंत विनम्रता और आपके स्नेह के अधिकार के साथ कुछ बातें कहना चाहता हूँ।

मुझे लगता है कि आपने एक बहुत बड़े कैनवास को दिमाग़ में तैयार किया था। चार पीढ़ियों में फैला एक परिवार और लगभग 50 वर्षों का समाज, राज्य परिवेश। परिवार के मूल्यों और स्थितियों के साथ बदलते उनके उलझाव, गुत्थियाँ वगैरह।

इतना बड़ा फलक, इतना बड़ा कालखण्ड एक बहुत बड़े उपन्यास की अपेक्षा रखता था। विस्तार से...थोड़ा रुक-रुक कर चरित्रों को गहराते हुए पूरी बात चलती रहती। लेकिन ऐसा कुछ छूट गया। घटनाएँ घटती हैं बस भयानक तेजी के साथ। वह 'डैंसिटी' या सघनता उसमें पैदा नहीं हो पायी। सारे चरित्र अधिक विस्तार और गहराई से उकेरे जाना माँगते लगते रहे। टुकड़ों-टुकड़ों में उनको पकड़ने में वस्तुतः कोई भी चरित्र पूरी तरह प्रभावी नहीं हो पाया।

सामाजिक, राजनैतिक परिवर्तन भी जिस विश्लेषण और व्याख्या की अपेक्षा करते थे वे मात्र सूचनात्मक हो गए। पार्टीषन, गाँधी की मृत्यु, चीनी आक्रमण, आपातकाल, वी.पी. सिंह मण्डल वगैरह।

मुझे लगता है अचानक आप कहीं बहुत जल्दी में आ गए। 'लाल पीली ज़मीन', 'हुज़ूर दरबार', या 'तुम्हारी रोशनी में' जैसे कसाव और सघनता भी मुझे थोड़ी कम दिखी।

बावजूद इन बातों के उपन्यास रोचक है, मैं लगभग एक बैठक में पढ़ गया। घटनाओं की गतिशीलता पकड़े रहती है। टुकड़ों में भी चरित्र दिलचस्पी पैदा करते हैं। भाषा, संवाद में आप समर्थ हैं। जहाँ संवेदना है वहाँ उपन्यास पूरी तरह पकड़ता है। मुझे ख़ासतौर से जो अच्छा लगा वह आपकी चिन्ता, आपके सरोकार, विचार... जिनको मैं भी पूरी तरह मानता हूँ। वर्तमान की इन सब स्थितियों को एक गम्भीर संकट समझता हूँ, जो अच्छा था वह छूट रहा है, ऐसा लगता है।

मुझे लगता है कि एक बहुत बड़े फलक का उपन्यास एक बहुत गहरी और नयी समस्या से जुड़ा उपन्यास बहुत छोटे में सिमट गया। आप चाहते तो एक वृहद उपन्यास में उसे उठाते और कि वह 'झूठा सच', 'उदास नस्लें' या 'बूँद और समुद्र' जैसी रचना हो जाती।

मैंने जो महसूस किया फौरन लिख दिया।

मुझे प्रतीक्षा रहेगी कि और लोग इस उपन्यास के बारे में आपको क्या प्रतिक्रिया देते हैं।

मेरे लिए कोई कार्य हो तो लिखे।

आपका,

प्रियंवद

8

19.9.2000

आदरणीय गोविन्द जी,

प्रणाम,

अग्निहोत्री जी का कार्यक्रम बहुत विश्वसनीय नहीं था। उनकी योजना थी कि धर्मवीर भारती की एक पुस्तक का विमोचन हो और उन पर कुछ लोग बोलें। मैंने आपका नाम दिया था। पुष्पा भारती को आना था, नामवर सिंह को विमोचन करना था। पर जैसी कि मुझे आशंका थी, कुछ नहीं हुआ, कोई नहीं आया। पाठक लेखक संवाद भी योजना में थी। उसमें ज़रूर रामदरश मिश्र, हिमांशु जोशी, महीप सिंह थे। उस कार्यक्रम की असलियत बड़ी विचित्र है। मैं जानता हूँ पर बताने वाली नहीं है। उसमें शामिल होने से किसी लेखक की गरिमा नहीं बढ़ती। सच पता होने से तो कोफ्त ही होती है। मैं इसीलिए फ़ोन करने से बचता रहा। मैं संकट में था। आपको आने के लिए कहने की विश्वसनीय स्थितियाँ नहीं थीं, और बात करने पर अग्निहोत्री जी अन्यथा ले ही लेते। हालाँकि मैंने एक दिन सुबह सात बजे के आसपास फ़ोन किया था आपको। पर घंटी होती रही। शायद आप थे नहीं। पर अच्छा ही हुआ कि इस कार्यक्रम में आने के लिए मैंने आपसे नहीं कहा...मेरी इज़्ज़त बची रही।

'अकार' पत्रिका पर काम चल रहा है। आपको अगर याद हो तो एक बार कानपुर में पत्रिका निकालने पर चर्चा भी हुई थी। तब से ही मन में था। गिरिराज जी सम्पादक बनने के लिए तैयार हुए हैं। प्रयास है कि पहला अंक जनवरी में आ जाए। आप सबकी पत्रिका बन सके और सार्थक कुछ हो जाये ऐसी ही भावना है...देखिए।

आपके उपन्यास की उत्सुकता से प्रतीक्षा कर रहा हूँ। पढ़कर लिखूँगा आपको।

आपने पत्र में लिखा है कि ज़्यादा कुछ नहीं हो पा रहा। गिरिराज जी तो खैर लिख ही लेते हैं। पर सबके लिए यह सम्भव नहीं है। इनटैन्सिटी समय लेती है। वह रोज़ लिखने पर सम्भव नहीं है। आपका लिखा हुआ वैसे भी कम नहीं है।

क्या यह सम्भव है, और आपको उचित लगता है कि बल्लभ जी मेरे उपन्यास पर लिख सकें और मैं कुछ सीख सकूँ। राजेन्द्र यादव ने अपने पत्र में 'परछाईं

नाच' के साथ 'कठघरे' का खूब ज़िक्र किया है। बल्लभ जी को मैं बहुत अधिक समर्थ और पढ़ा हुआ लेखक मानता हूँ। उनकी बात मेरे लिए बहुत महत्त्वपूर्ण होगी। आपकी बात वह टालेंगे नहीं यह भी मुझे पता है। यदि आप उचित समझें तो 'अक्षरा' में उनसे ही लिखा लें, हालाँकि उनके लिए यह थोड़ा परेशानी का सबब होगा पर मैं चाहता हूँ कि कुछ सीखूँ और इस उपन्यास की कमियों को भविष्य में दूर कर सकूँ।

'अक्षरा' में रचना न दे पाना मेरे लिए अधिक शर्म की बात है। इधर उपन्यास में ही लगा रहा था। अब कुछ कहानियाँ लिखनी ही हैं। थोड़ा समय दीजिए बस।

'कथाक्रम' लखनऊ का कार्यक्रम बना लीजिए। एक बार सबसे मुलाकात हो जाती है। मेरे लिए कोई कार्य हो तो लिखें।

आपका,
प्रियंवद

9

16.10.2000

आदरणीय गोविन्द जी,

प्रणाम,

तीन दिन पहले 'फूल इमारतें और बन्दर' मिला। पूरा पढ़ गया। हमेशा की तरह लगभग एक बार में ही। अभी कुछ देर पहले ही पढ़कर ख़त्म किया है। फौरन ही लिख भी रहा हूँ। शायद यह बेहतर होता कि एक दो दिन सोचकर कुछ लिखता। लेकिन फिर वह एक प्रायोजित प्रतिक्रिया होती न कि एक पाठक की तत्काल प्रतिक्रिया। बहुत सम्भव है कि इस वजह से कुछ बातें गलत लिख जाऊँ या सोचकर लिखता तो शायद बचा जाता या उसमें कुछ और दृष्टियाँ आ जातीं। यह एक 'ईमानदार गर्माहट भरी प्रतिक्रिया है इसलिए यही लिखना ठीक लगा है। जैसा कि आपने मुझे लिखा था, हमारे बीच कुछ भी गलत समझे जाने की सम्भावना नहीं हैं, इसीलिए मुक्त होकर लिख रहा हूँ।

मेरी यानी प्रियंवद की समस्या यह है कि वह मोहन्ती को अच्छी तरह पहचानता है, सालों से देखता और सुनता आ रहा है। इसलिए मोहन्ती पर सोचते समय या लिखते समय या उसे पढ़ते समय भी बहुत कुछ साथ-साथ चलता रहा। इस बात की तसल्ली रही कि मोहन्ती सचमुच वैसा ही निकला जैसा मैं समझता था। मोहन्ती

ने अपने बारे में न तो कुछ छुपाया न बढ़ा-चढ़ा कर बताया। यहाँ तक कि अपने द्वन्द्व में भी वह ईमानदार ही है। यह पहला सुकून उपन्यास के साथ रहा। इसमें अगर फ़र्क़ पड़ जाता तो शायद उपन्यास को पढ़ते समय थोड़ी दिक्कत होती या झुँझलाहट-सी रहती।

जो मोहन्ती को नहीं जानते, उनके लिए उपन्यास कैसा है या होगा। मेरा ख़याल है कि वे भी इसे इत्मीनान से पढ़ जाएँगे, क्योंकि यह एक ऐसे विषय, क्षेत्र और स्थितियों के बारे में है, जो मुझे लगता है कि सम्भवत: हिन्दी में पहली बार आयी है-'दारूलशफ़ा' या याद करूँ तो एकाध नाम और छोड़कर। किसी भी तन्त्र की सबसे आन्तरिक (न्यूक्लीयस) स्थितियाँ मुझे लगता है बहुत साफ़ तरीके से दिखती है। तो उपन्यास आराम से पढ़ा जाता है। अपनी बात धीरे-धीरे सलीके से कहता जाता है, और अन्त तक आते आते एक निष्कर्ष सा भी दे जाता है, या देने की कोशिश करता सा लगता है।

अब कुछ दूसरी बातें, जो किसी उपन्यास के सैद्धान्तिक, शास्त्रीय या वैचारिक मुद्दों को उठाती हैं, और उसे बहस के केन्द्र में लाती है, या ऊँचा या नीचा उठाती गिराती हैं।

जिस तरह मोहन्ती का अपना एक स्वभाव है, एक पद्धति है, तरीका है, धर्म है, मानसिक चारित्रिक बुनावट है, उसी तरह सत्ता का भी होता है। यह बात सबसे पहले समझ लेने की है कि सत्ता की अपनी शक्ल, अपना चरित्र आज तक कभी नहीं बदला और जिसने इसे बदलने की कोशिश की या उसके बारे में सोचा तो वे फिर दार्शनिक रह गये या कि लेखक बन गये, पर उसके साथ, उसके केन्द्र में रहते हुए उसका अंश मात्र भी नहीं बदल पाए। यह सत्ता का दोष नहीं है। सत्ता की अपनी आन्तरिक शक्ति, ऊर्जा और बुनावट है कि उसे ऐसा ही होना है, अगर सत्ता होना है तो ऐसे ही चलना है, अगर चलना है तो इतना ही बदसूरत, अमानवीय होना है, और इसी तरह पर्दे के पीछे होना है। उपन्यास में एक जगह जिक्र है, जहाँ सीज़र कैसियस से कहता है कि इन गरीब, भूखे, नंगों से बचना,। यह तब का यानी आज से लगभग हज़ार साल पहले का सत्य था। मार्क्स भी कहता है कि भूखे नंगों की लड़ाई असली लड़ाई है। और उनके दुश्मन बहुत साफ़ हैं। यहाँ तक कि वे भूखे नंगे भी जब सत्ता में आते हैं तो तत्काल वैसे ही बन जाते हैं जैसे कि वे जिनके ख़िलाफ़ वे लड़े थे। कहने का आशय यह कि दुनिया के इतिहास में, हर युग और हर वेश में, सत्ता एक ही तरह की थी, और रहेगी। इतनी ही वीभत्स, क्रूर, अमानवीय। यह सिर्फ़ उनको पता लगता है जिसकी उससे मुठभेड़ होती है। यह बात दूसरी है कि किसी की उससे मुठभेड़ रोजमर्रा के जीवन में चौराहे के पुलिस, म्यूनिसिपेलिटी के

क्लर्क या मुहल्ले में लोकल नेता के रूप में होती है, और किसी की यानी मोहन्ती जैसे की सत्ता के सर्वोच्च शिखर पर बैठकर, उसका अंग बनकर। तब उसको पता लगता है कि सत्ता ऐसी है तो थोड़ा चौंकने की बात है।

उपन्यास में यह बात मुझे लगातार परेशान करती रही कि क्या मोहन्ती में जो द्वन्द्व है वे नये द्वन्द्व हैं, क्या वह 36 साल की नौकरी मैं निरन्तर इनको नहीं भोगता रहा होगा। और हैं भी कितने मामूली। वे उसके अस्तित्व के, जीने-मरने के संकट के नहीं है, महज एक पदोन्नति के हैं जिसको कि पूरे उपन्यास में वह बार-बार अपने लिए महत्त्वहीन बताता रहता है। तो सत्ता का वह क्रूर और वीभत्स रूप लेखक के यानी मोहन्ती के लाख चाहने पर भी नहीं उभरता, क्योंकि उसके प्रतिपक्ष में जो है, यानी मोहन्ती, वह स्वयं उसी का हिस्सा है, उसे पाने के हर सम्भव समझौते करता है और अपने लिए तर्क भी ढूँढ़ लेता है।

तो पहली बात यह कि उपन्यास का यह आशय कि ऊपर के अधिकारी नेता, मंत्री, वगैरह कितने मूर्ख, संवेदनशील हैं और लाखों-करोड़ों का भविष्य अपनी लालची निकम्मी मुट्ठियों में बन्द किये हैं, उस तरह नहीं महसूस होता जैसा कि होना चाहिए या और जो निश्चित रूप से उपन्यासकार का आशय रहा होगा कि वह इसे दिखाए। बल्कि यह उसके उपन्यास का केन्द्र बिन्दु है। बावजूद सारी बातों के मोहन्ती अपने लिए कोई हमदर्दी, या पीड़ित किए जाने का भाव, या अन्याय भोगते हुए से पाठक को नहीं दिखते, क्योंकि वे खुद उस सत्ता का हिस्सा है और बनना चाहते हैं, सारे समझौते करते हुए।

यहाँ मुझे लगता है कि यदि सत्ता के विरुद्ध एक पक्ष खड़ा होता, उसे चुनौती देता हुआ, मोहन्ती के अन्दर से उभरता हुआ तो यह बात आसानी से सिद्ध हो जाती और पाठक तक पहुँच कर वह उसे पकड़ भी लेता। ऐसा हो सकता था अगर लेखक, मोहन्ती की लेखकीय निष्ठा के (जो कि मोहन्ती में है) बहाने मानवीयता, संवेदना, उदारता आदि को, जो कि लेखकीय निष्ठा के बुनियादी तत्त्व हैं, मुकाबले पर खड़ा करता। उपन्यासकार ने मोहन्ती के इस पक्ष पर एक भी शब्द नहीं लिखा। यह चुप्पी या छुपाने की कोशिश चौंकाने वाली है। मोहन्ती के अन्दर का अधिकारी हर क्षण सजग है, सक्रिय है, उपस्थित है, पर मोहन्ती के अन्दर का लेखक? उस पर क्या बीत रही थी? अगर उपन्यासकार उसे भी उठाता तो शायद सत्ता की वह कुरूपता बेहद निर्मम और नुकीली होकर पाठक को चुभती। पर मैं ऐसा इसीलिए लिख पा रहा हूँ, क्योंकि, जैसा मैंने शुरू में कहा कि मैं जानता हूँ कि मोहन्ती लेखक भी है। मुझे यह एक बिन्दु लगता है, जो यदि उपन्यास में प्रक्षेपित होता, उस तरफ़ से भी बातें आती तो अपने आप ही वे सब द्वन्द्व सामने आ जाते जो मोहन्ती के अन्दर

चलते हैं। सत्ता के मुकाबले मोहन्ती का लेखक भी कुछ करता दिखता और एक तरह का तनाव, एक तरह की चुनौती पाठक महसूस करता।

दूसरी बात, पुस्तक में कोई भी दूसरा चरित्र नहीं है, सिवाय मोहन्ती के। वे सब जो हैं, वे आते-जाते एक से दिखते आदि-आदि की श्रेणी के हैं। पूरा उपन्यास मोहन्ती को ही अपने चरित्र, जीवन के बहाने से कन्धों पर उठाता है। मोहन्ती के जीवन में कुछ भी घटित नहीं होता सिवाय ऑफिस की इन घटनाओं के और चरित्र एक शंकित, अनिर्णयी, बेहद कमजोर से व्यक्ति का सा बनता है, जो अन्ततः कोई और मार्ग न पाकर आख़िरी खुले रास्ते से चुपचाप बाहर निकल जाता है। वह सबसे काम लेता है, किसी का काम नहीं करता, जबकि काम लेते समय वह जानता है कि ये सब इसीलिए है कि उससे कल काम करवाएँगे। बहुत कुछ उसके न चाहने पर भी घटित होता रहता है। वह सत्ता के इन उच्चतम गलियारों में, लगभग भौंचक्का-सा और अपरिचित सा घूमता रहता है, जबकि उसकी पूरी नौकरी उसी विभाग और उसी सत्ता की थी।

मैं कहना यह चाहता हूँ कि, यदि कुछ और चरित्र होते तो मोहन्ती का चरित्र खुलता या मोहन्ती के अन्दर का कोई इतना बड़ा द्वन्द्व युद्ध कोई तनाव, सैद्धान्तिक लड़ाई (जैसे अर्जुन की थी या हैमलैट की थी या कर्ण की सारी जिन्दगी रही) होती, कोई बिन्दु होता जिसके चारों और मोहन्ती का चरित्र घूमता तो उपन्यास में एक और ताकत पैदा होती। आत्मकथा के आसपास सा लगता हुआ यह उपन्यास तब सत्ता बनाम...? का उपन्यास होता, जो अभी नहीं हो पाया। मोहन्ती का चरित्र ऐसा कोई बिन्दु नहीं दे पाया। वह प्रधानमंत्री से यह भी कह जाता है कि 'मुझे अपना आदमी समझिये' । उपन्यासकार चाहता है कि पूरे उपन्यास में पाठक की सहानुभूति और पक्ष मोहन्ती की तरफ रहे, सिर्फ़ इसलिए कि उसे उसकी वैधानिक पदोन्नति खतरे में दिख रही थी बाद में, इसलिए कि उसके काम में सत्ता रोड़े डाल रही थी। एक आम हिन्दी पाठक के लिए ये सब ग़ैरसरोकारी चीज़ें हैं। उसका सरोकार तब बहुत गहरा होता जब मोहन्ती किसी पक्ष को लेकर कोई भूमिका निभाते या फिर उनका दुःख, उनका संकट इतना बड़ा होता जो पाठक को अभिभूत कर जाता। देवदास के नितान्त व्यक्तिगत दुःख की तरह का ही सही। पर यहीं से पाठक को वह अपना लगता। ऐसा भी नहीं हो पाता।

तीसरी बात। क्या उपन्यास पढ़कर पाठक किन्हीं ज़्यादा व्यापक और संवेदनशील संदर्भों से जुड़ता है? जैसे कि 'गोदान' पढ़कर पूरे किसान वर्ग से, या 'आधा गाँव और उदास नस्लें' पढ़कर बँटवारे की त्रासदी से या 'एन्नी फ्रैंक की डायरी' पढ़कर यहूदियों की उस यातना से। क्या 'फूल इमारतें और बन्दर' पढ़कर

पाठक सत्ता और आम आदमी जैसे किसी सन्दर्भ से या सत्ता के अत्याचार, अन्याय, क्रूरता, अमानवीयता जैसे स्थायी तत्त्वों से या एक निरन्तर भेदने वाले और इस समाज देश में जीवित रहने के अभिशाप को भोगने जैसे उठते सवालों से, स्थितियों से जुड़ पाता है? मुझे लगता है कि उपन्यासकार का प्रभाव क्षेत्र इतना व्यापक नहीं है। हालाँकि यह मेरी एक अपनी अपेक्षा है गोविन्द मिश्र से क्योंकि जिस स्तर, अनुभव और संवेदना के वह लेखक हैं, और जिस परिचित जगत के बहाने से उन्होंने मुद्दों को उठाया है, तो शायद उन्हें और बड़े सन्दर्भ रखने चाहिए थे। यह मेरी नितान्त व्यक्तिगत अपेक्षा है जो एक तरह से अपरिचित या अनावश्यक भी हो सकती है। पर उपन्यास ऐसे बड़े जीवन अनुभवों और सन्दर्भों से नहीं जुड़ता।

उपन्यास के पात्र कोशिश करने पर आसानी से पहचान लिए जाते है। इसीलिए एक अतिरिक्त रोचकता उपन्यास में बनी रहती है। धमाका हो सकता था, यदि ये असली नाम हो जाते। पर मैं समझता हूँ कि उसमें कितने कानूनी संकट थे। नरसिंहराव भी इनसाइडर उपन्यास ही लिख सके, आत्मकथा नहीं।

मैंने आपको बहुत लम्बा पत्र लिख दिया, जो सोचा, जैसा पढ़ कर लगा वैसा ही। बिल्कुल ताजा गीली मिट्टी सा प्रभाव लिए मन के साथ। मेरी समझ की अपनी सीमाएँ है- अपने चुनाव हैं इसलिए यह सब आधार रूप से दूसरी तरह का भी हो सकता है। पर जिस स्नेह और अधिकार से आपने मुझे उपन्यास भेजा उसी के वशीभूत उसी तरह मैंने आपको लिख दिया।

मैंने पहले भी आपको 'पाँच आँगनों वाले घर' की विस्तृत प्रतिक्रिया दी थी। पर वह आपको नहीं मिली थी। यह मिली, इस पर दो पंक्तियाँ लिख दीजिएगा।

देखता हूँ तो लगता है कि अच्छी खासी समीक्षा जैसा कुछ कर बैठा हूँ। अपनी औकात और समझ के बाहर की की चीज़।

आपका,

प्रियंवद

10

12.2.2005

आदरणीय गोविन्द जी,

सादर प्रणाम,

अभी उपन्यास ('कोहरे में कैद रंग') ख़त्म किया है। सोचा अभी लिख लूँ तो सब छवियाँ ताजी हैं।

उपन्यास पढ़ने के बाद मैंने ब्लर्ब पढ़ा। उसमें दिया है जीवन के छोटे-छोटे रंग है। सम्भवत: यही सबसे सही व्याख्या है इस उपन्यास की। कोई कथा सूत्र न होकर कुछ लोग, कुछ स्मृतियों और उनसे निकलते जीवन के कुछ शेड्स। सम्भवत: आपने कहीं भी या बहुत ही कम कल्पना का प्रयोग किया है। चरित्रों को विकसित करने का, या कहानियाँ स्थितियों को गढ़ने का प्रयास सम्भवत: नहीं है।

यदि आपकी पूरी रचनाओं के बीच इस रचना की बात करें तो सम्भवत: यह कमजोर ही पड़ेगी। इसलिए नहीं कि लिखा ठीक नहीं है, इसलिए कि यह स्मृति से बहुत जल्दी उतर जाएगी। इसमें जीवन के अर्थ उन पर टिप्पणियाँ, कुछ वक़्तव्य हैं जो अक्सर पाठक के अन्दर बहुत देर नहीं रहते, क्योंकि हो सकता है वह जीवन उसका न हो, वह उन अनुभवों या व्याख्याओं से सहमत न हो। ऐसी स्थिति में उपन्यास निष्प्रभावी हो जाता है, जैसे कि मैं सहमत नहीं हूँ।

कोई कथा-सूत्र या चरित्र (विकसित) अपना प्रभाव नहीं छोड़ता। उपन्यास के लगभग हर चरित्र को ऊपर से छूकर आप निकल गए हैं, सम्भवत: इसीलिए कि आपने उसे उतना ही जाना होगा। सरस्वती के या शुरू के सविता के प्रसंग निश्चित रूप से विस्तार माँगते थे। रेवा का प्रसंग लगभग अनावश्यक है। उसमें लेखक सीधे-सीधे उतर आता है और लम्बी बहसें हैं। सरस्वती का चरित्र बहुत अच्छा गढ़ रहे थे, पूरे प्रसंग बहुत प्रभावी और रोचक थे। अचानक आपने पर्दा गिरा दिया। आगे कभी एकदम से जब मिलें या ऐसा ही कुछ।...उपन्यास में आपने थोड़ी कंजूसी दिखायी।

मैंने इस साल के कई उपन्यास/पुस्तकें पढ़े। बहुत बड़े लेखकों के। असगर वजाहत, मंजूर एहतेशाम, विश्वनाथ त्रिपाठी, काशीनाथ सिंह, आप। हैरानी की बात

मुझे यह लगी कि सारी पुस्तकें लगभग आत्मकथात्मक रूप में, अपनी स्मृतियों में वापस लौटने की हैं। कोई भी रचनाकार आज के जीवन में धँसा हुआ नहीं है। जीवन तो वह लगभग 50-70 साल पहले तक से उठा रहा है। यह अचानक हिन्दी उपन्यास की प्रवृत्ति हुई है। लगभग सबमें स्मृतियाँ हैं, फुटकर चरित्र है, कोई कथासूत्र नहीं है और एक तरह का अतीत व्यामोह है। आपका उपन्यास पढ़ने के बाद मुझे यह दिखाई दिया।

क्या वरिष्ठ लेखक अपने परिवेश, जीवन से कट गये हैं? क्या उनकी पकड़ उस पर छूट गयी है? मेरी अपनी दशा भी यही है। मैं भी एक नौस्टेलजिया में पहुँच जाता हूँ जब लिखता हूँ। यह प्रश्न मुझे परेशान करता है। आप सबकी पुस्तकें पढ़ने के बाद और सोच रहा हूँ।

मुझे उत्सुकता है उपन्यास पर अन्य प्रतिक्रियाओं की। क्या दूसरे लोग इसी तरह सोच रहे हैं? आपके पास प्रतिक्रियाएं पहुंच रही होगी।

मुझे लगता है शायद एक तरह की दार्शनिकता या विराग सा ढलान में हम अपनी उम्र के एक हिस्से में पहुँच जाते हैं। जीवन के अर्थ उसकी एक निश्चित अनुगूँज हम बार बार सुनते हैं। हमारी स्मृतियाँ हमारी सबसे बड़ी मित्र होती है। मैं तो अभी से इस स्थिति में पहुँच रहा हूँ।

इस उपन्यास के कुछ प्रसंग निश्चित रूप से बढ़ने चाहिए थे। लेकिन बात वहीं आ जाती है कि ऐसा हर रचना के साथ होता है। लेखक हमेशा अपने अनुसार ही लिख सकता है। उपन्यास की भाषा, ब्यौरे, चरित्रों के शेड्स सब बहुत प्रभावी है। अपने तरह से एक तरह का प्रभाव भी छोड़ता है। एक सामान्य पाठक इसे अवश्य पसन्द करेगा। अपनी लघुता में उपन्यास में पूरा कसाव है। जीवन की व्याख्याएँ भी सरल और प्रभावी हैं।

मैंने अपना प्रभाव आपको लिखा। वस्तुतः एक रचनाकार के संकट को आपसे शेयर किया है। जो मेरा अपना ज़्यादा है। मुझे इधर की किताबों गें भी दिख रहा है।

उपन्यास की समीक्षा भिजवाएँ। जुलाई बाद में भोपाल आना ही है। तब आपसे बैठकर इत्मीनान से बातें होंगी।

पिछली बार पत्र आपको नहीं मिला था इसलिए कूरियर से भेज रहा हूँ।

आपका,

प्रियंवद

सूरज प्रकाश

1

सूरजप्रकाश
नीटी,
बिहार लेक,
बम्बई-400087

आदरणीय गोविन्द जी,

स्वस्थ होंगे। कल रात ही आपका ताज़ा उपन्यास 'पाँच आँगनों वाला घर' पढ़कर पूरा किया, तहेदिल से बधाई। घर के इन पाँच कोनों/आँगनों के ज़रिये आपने जिस खूबी से चार पीढ़ियों को कथा कही है, सहज, लेकिन दिल में उतरने वाली भाषा, क़िस्सागोई की शैली, बरबस लिखने को मन हो आया।

मैं लगभग पूरे उपन्यास के रचे/गढ़े जाने के दौर का गवाह रहा हूँ। उन दिनों आप जिन सवालों से जूझ रहे थे, जो मूल्यगत प्रश्न आपको मथ रहे थे, वे इस उपन्यास भर में बिखरे पड़े हैं। सवालों के रूप में भी और चिन्ताओं/सरोकारों के रूप में भी, उपन्यास के आख़िर तक, लगता है, आपको कोई हल नहीं मिलें। हैं भी नहीं जवाब इन टेढ़े सवालों के या जो चीज़ें फिर भी आपको मथ रहीं। समाधानों की बात- पीढ़ियों के बीच पसर आये अन्तर की बात उसे, आप भी जानते हैं, किसी पर नहीं थोपा जा सकता। उपन्यास की ही बात करूँ तो बीच की पीढ़ी राजन की पीढ़ी ने दोनों तरफ से दबाव झेले हैं। पिछली पीढ़ी उसे पुराने, सनातन और पड़ताल किये, परखे मूल्यों (जुड़ाव, संयुक्त परिवार आदि की चिन्ता) की तरफ खींचना चाहती हैं तो अगली पीढ़ी पिछली पीढ़ी से कुछ भी नहीं लेना चाहती। वहाँ सिर्फ़ नकार है। मूल्य भी, परम्पराएँ भी। उनके लिए 20 वर्ष की पुरानी चीज़ें भी अस्वीकार्य हैं।

यह बहुत बड़ी विडम्बना है जिसकी कीमत आज हमारी (ख़ासकर आपकी) पीढ़ी को चुकानी पड़ी हैं। पन्ना-दर-पन्ना आपकी यह चिन्ता मूर्तरूप में नज़र आती है। दोषी कौन? क्या रम्मो जैसी बहू जो कोई मूल्य लेकर नहीं आयी। सिर्फ़ महत्वाकांक्षा और 'सबकुछ' अपने नियन्त्रण में लेकर चलने की इच्छा लेकर आयी

है, लेकिन उसके साथ और उससे पहले ओमी भी तो है। या हमारी शिक्षा गलत है या बाहरी दबाव इतने ज़्यादा है? मेरे ख़याल से आपने भी इन्हीं सारे कारणों को ही इस पारिवारिक विघटन का मूल माना है।

उपन्यास के कुछ अंश बहुत मार्मिक हैं–आठवाँ अध्याय जब राजन मुकदमा लड़ने पर लौटता है–विशेष अच्छा बन पड़ा है। कथा सूत्र लगातार सहजता से विकसित होते चलते हैं (लेकिन आपने उपन्यास जिस रुचि, रस और प्रेमभाव से शुरू किया, धीरे-धीरे कथा के बढ़ने के साथ-साथ, अन्त तक पहुँचते-पहुँचते लगता है, लेखक का आक्रोश ही हमें मिलता है) आप उपन्यास को अपने उस रोष से नहीं बचा पाये हैं। इतने अधिक सवाल आपको परेशान कर रहे हैं कि मुक्ति की राह नहीं मिलती। (वैसे भी इन दिनों आप अपनी सभी कहानियों में एक साथ ढेर सारे सवाल उठाने लगे हैं।) शायद आप इन्हीं सवालों के ज़रिए अपनी चिन्ताएँ पाठकों के साथ शेयर करना चाहते हैं। करते भी हैं।

रम्मो के चरित्र में, आपको नहीं लगता, लेखकीय क्रूरता कुछ ज़्यादा ही है। है, अगर ओमी से कॉन्ट्रास्ट ही बनाना था, तो भी उसके प्रति इतना आक्रोश उड़ेलना कुछ ज्यादती लगता है, हालाँकि अन्त में सारी पीड़ा उसी के हिस्से में आती है। विष वही पीती है।

अलबत्ता उपन्यास में गोविन्द मिश्र कहाँ हैं–कभी मोहन में हैं तो कभी राजन में हम तय नहीं कर पाते। लेकिन वे हैं दोनों में। कभी इधर तो कभी उधर। उपन्यास बेहद पठनीय है, साथ ही सोचने को बाध्य भी करता है कि मूल्य इसी दौर में जिस तेज़ी से बदले/गिरे हैं, अन्ततः कहाँ ले जायेंगे हमें, मेरी व्यक्तिगत चिन्ताएँ भी हैं इसके साथ। अभी परसों ही मेरे दस वर्षीय बेहद आज्ञाकारी, होनहार और प्रिय बेटे ने ही पलटकर मुझसे कहा–आपसे कहा न पापा-मुझे बार-बार समझाने की ज़रूरत नहीं है। मैं हक्का-बक्का रह गया। मैं आज 43 साल का होने के बावजूद अपने पिता से इस लहज़े में बात नहीं कर पाया और अगली पीढ़ी की शुरूआत ही नकार और आक्रोश से हो रही है।

परिवार में सब कुशल होंगे। एक अच्छे उपन्यास के लिए पुनः बधाई। मेरा भेजा दूसरा उपन्यास अंश मिल गया होगा।

सादर,

सूरजप्रकाश

मधु कांकरिया

1

कोलकाता

05.06.97

श्री गोविन्द मिश्र जी,

सादर प्रणाम।

इसी पखवाड़े आपकी पाँच पुस्तकें एक साथ समाप्त की हैं–'धीर समीरे', 'अर्थ ओझल', 'तुम्हारी रोशनी में', 'कथा भूमि' एवं 'स्थितियाँ रेखांकित'। ऐसा बहुत कम होता है कि कोई कृति भीतर तक इस हद तक उतर जाए कि मैं तत्क्षण लेखक को पत्र लिखने बैठ जाऊँ। श्री नरेन्द्र कोहली की 'तोड़ो कारा तोड़ो' पढ़कर भी कुछ-कुछ वैसी ही अनुभूति हुई थी।

आपकी कुछेक-चुनिन्दा कहानियों को मैंने डूब-डूब कर पढ़ा है और इस हद तक उद्वेलित हुई थी कि फिर सामान्य होने में कुछ समय लग गया। आज ही, ऑफिस में, मैं एक कहानी पर काम कर रही थी कि महसूस हुआ लिखने के पूर्व ठीक वैसी ही मानसिकता बन नहीं पा रही जो लिखने के लिए अनिवार्य होती है अत: आपकी पुस्तक 'अर्थ ओझल' लेकर बैठ गयी। इस हद तक पुस्तक ने उद्वेलित किया कि फिर मुझसे लिखा ही नहीं गया...एक अजीब क़िस्म की बौनापन की अनुभूति ने जैसे मुझे आ दबाया और साथ ही साथ यह अहसास भी ठहराया कि लेखन हो तो ऐसा हो। आपके लेखन के लिए क्या लिखूँ? एक आस्था सी जगाता है। किसी भी प्रकार के पूर्वाग्रह से मुक्त एक आध्यात्मिकता के क़िस्म का रस आनन्द देता लेखन।

आजकल के जाने-माने लेखकों को पढ़ती हूँ तो मन एक अजीब खिन्नता से भर जाता है कई बार। अपनी संस्कृति को निकृष्ट बताना हर जगह यही सिद्ध करना कि इस देश में अल्पसंख्यकों के साथ हिन्दुओं द्वारा दरिद्रता पूर्ण व्यवहार हो रहा है, या फिर यथार्थ के नाम पर मात्र निराशापूर्ण घिनौने जीवन के वीभत्स चित्र। क्या जीवन से ये तत्त्व-कोमलता, सौंदर्य, मानवता एकदम लुप्त हो गई? ऐसे में आपकी कहानियाँ मानवीय आस्था एवं गरिमा की रक्षा करती है। कृपया मेरे इस प्रकार

लिखने को मेरा बड़बोलापन नहीं समझे। यह मात्र दु:ख एवं निराशा के क्षणों की अभिव्यक्ति है।

यदि आप वागर्थ, सबरंग (मुम्बई, कलकत्ता) वैचारिकी, इतवारी पत्रिका, आजकल और हंस (आगामी अंक के लिए स्वीकृत) जैसी पत्रिकाओं से गुजरते होंगे तो मेरी कहानियों से शायद कभी टकरा जायें।

यदि कभी कलकत्ता आएँ तो कृपया मुझे अग्रिम सूचना अवश्य दे दें। आपके साक्षात् दर्शन करना मेरे लिए परम सौभाग्य होगा क्योंकि आप जैसे लेखकों से ही मैंने लिखना सीखा है।

अपने अमूल्य समय से कुछ समय निकालकर यदि आपने पत्र का जवाब दिया तो आपकी हृदय से आभारी रहूँगी। शायद नया उत्साह एवं प्रेरणा भी मिलें अपने लेखन के लिए।

स्नेहाधीन,
मधु कांकरिया

2

कलकत्ता
23.06.97

आदरणीय श्री गोविन्द जी,

सादर प्रणाम और पत्र के लिए हार्दिक आभार।

जब पिछले पूरे पखवाड़े ही आपका पत्र नहीं मिला- तो मैं कुछ-कुछ निराश सी हो चली थी, यह सोचकर कि ऊँचाई प्राप्त लेखकों को शायद ही नीचे झाँकने का समय मिले।

और अब जब कि आपका पत्र हाथों में है तो मैं अभिभूत हूँ यह सोचकर कि एक महान लेखक सर्वोपरि एवं संवेदनशील एवं कृपालु इंसान ही होता है। समय उसकी सीमा नहीं हो सकती। आख़िर अपने कसे-कसाये व्यस्त जीवन से भी समय निकालकर मेरे अकिंचन पत्र का जवाब दिया आपने! और यही नहीं मुझ जैसी आपकी अनन्य पाठिका को भी सहयात्री का महत्त्व देकर (मैं अभी अपने को लेखिका नहीं ही मानती हूँ) आपने मेरी इसी विश्वास की पुष्टि की है कि सचमुच

बड़ा व्यक्ति वही है जो अपने बड़प्पन से छोटे व्यक्ति को भी बड़े होने का अहसास करा दे।

'वागर्थ' के मई अंक में प्रकाशित आपका यात्रा वृतान्त तो मैंने सबसे पहले पढ़ा। मैं पिछले पाँच-छ: वर्षों से आपकी कहानियाँ पढ़ रही थी, लेकिन खुदरे रूप में, आपकी पुस्तकें हाथ ही नहीं लगी थीं और इस बार तो थोक भाव से पढ़ा है। मैंने आपको और अभी तक स्वयं को आपके प्रभाव से मुक्त नहीं कर पाई हूँ। मुक्त इस आशय से कि इन दिनों जब भी कुछ लिखती हूँ, दिमाग़ में आपकी कहानियाँ वर्णित पात्र तैरने लगते हैं और अनायास ही कलम हाथ से छूट जाती है। मन करता है लिखना-विखना छोड़कर सिर्फ़ पढ़ती रहूँ, आपको ही। 'अर्थ ओझल' की कई कहानियों को तो मैंने कई-कई बार पढ़ा है। और यह महसूसा है कि आपकी कहानियाँ मुझे सात्विकता की ओर ले जा रही है।

बहुत पूर्व गोर्की का एक लेख पढ़ रही थी मैं, 'साहित्य कैसा हो?' आज विशेष तो कुछ याद नहीं है, सिर्फ़ इतना ध्यान आ रहा है कि उन्होंने लिखा था कि सच्ची कहानी वही है जिसे पढ़कर इंसान एक बेहतर इंसान बन जाए उस इंसान की तुलना में जो तुम्हारी कहानी पढ़ने के पूर्व था। (यही बात मैंने अपनी एक कहानी के सन्दर्भ में श्री राजेन्द्र यादव को लिखी थी, क्योंकि मेरी एक कहानी का अन्त उन्हें रास नहीं आया था।)

लिखने में संकोच हो रहा है (डर है कि कहीं आप मेरे वक़्तव्य को मेरी नारी सुलभ-अतिभावुकता या आरती उतारने जैसी मानसिकता से न जोड़ ले।) लेकिन यह सच्चाई कि आपकें साहित्य से गुजरते हुए मुझे प्राय: ऐसी प्रतीति हुई है कि ईश्वरीय अंश से सम्पन्न व्यक्ति ही ऐसा साहित्य सृजन कर सकता है, कि अन्तत: साहित्यकार अपने अन्तर का समस्त सौंदर्य, विराट करुणा एवं व्यापक मानवीय चेतना ही तो अपने साहित्य में उड़ेलता है, कि एक सुन्दर इंसान ही सुन्दर साहित्य रच पाता है।

आपने पत्र क्या दिया मेरा लालच कई गुना बढ़ा दिया। कहाँ तो आपके हाथों लिखी चिट्ठी पाने का भी भरोसा नहीं था, कही अब यह कामना बलवती होने लगी है कि आपकें सम्मुख बैठकर आपकी ही बातें करूं कि आपके विराट अन्तर्व्यक्तित्व की एकाध झलक तो पा ही लूँ। क्या कभी-आपके हृदय में अपने किसी आदर्श एवं प्रिय लेखक को लेकर ऐसी कामना नहीं जगी? यदि आपके साथ-सचमुच ऐसा हुआ होगा तो शायद आप मेरी इस स्वाभाविक आकांक्षा का सम्मान ही करेंगे।

आपके साथ-साथ शैलेश मटयानी को भी इधर मैंने जमकर पढ़ा है। उनकी भी कई कहानियाँ स्मरणीय बन पड़ी है। आपकी 'लाल-पीली ज़मीन', 'वह अपना चेहरा' एवं 'रगड़ खाती आत्महत्याएँ' की खोज में हूँ। अपनी आत्मकथा लिखने की यदि आपकी कोई योजना हो तो अवश्य लिखियेगा हम जैसे पाठकों को बेहद खुशी होगी, आख़िर डायरी तो आप लिख ही रहे हैं।

मेरा प्रथम कहानी संग्रह 'अन्तहीन मरूस्थल' इसी महीने प्रकाशित हो रहा है। यूँ ही लिखने का मन किया इसलिए आपको लिख रही हूँ, वैसे आप जैसे सिद्ध साहित्यकार द्वारा अपनी कहानियाँ पढ़वाने की ऐसी कोई महत्वाकांक्षा नहीं है मेरी। लेकिन यदि कभी सौभाग्य से मेरे लेखन पर आपकी प्रतिक्रिया मिल गई तो यह मेरी उपलब्धि ही होगी।

पत्र लम्बा हो गया है आपके उदात्त साहित्यिक व्यक्तित्व से प्रभावित होकर मैंने स्वत: ही यह छूट ले ली है आपसे। जवाब मिलेगा, ऐसा विश्वास भी जन्म ले रहा है। घर में सबको प्रणाम।

स्नेहाधीन/मधु कांकरिया

3

कलकत्ता
05.07.97
आदरणीय श्री गोविन्द जी,
सादर प्रणाम, हार्दिक आभार आपके एक और पत्र के लिए।

आत्मीयता से भरपूर इस पत्र से गुजरते हुए पहली अनुभूति यही हुई कि ज़िन्दगी कई बार बिना माँगे की कितना कुछ दे डालती है। अभी महीने भर पूर्व ही जब मैं 'फाँस', 'अर्थ ओझल', 'पागला बाबा', 'मायकल लोबो' जैसी कहानियों से डूब-उतर रही थी, तब क्या क्षणांश के लिए भी सोचा था कि सद्य: भविष्य में ही इतना सार्थक संवाद मेरा उस साहित्यकार से बन पाएगा जिसने पहली बार मेरे हाथों की कलम ही कँपा दी थी। (ऐसी तीखी बौनेपन की अनुभूति तो तब भी नहीं हुई थी जब मैं टौलस्टौय, हैमिंग्वे, गोर्की, कामू आदि से गुजरी थी। शायद भाषा की विभिन्नता भी कारण रहे हों)। यों अपने बौनेपन की अनुभूति से तो मैं सदैव ही आक्रान्त रही हूँ और अब यह ललक जाग रही है कि आपसे संवाद बना रहे।

कल 'इंडिया टुडे' में आपकी नवीनतम किताब का विज्ञापन देखा था। उसके पूर्व कथादेश में, आगामी अंक के लेखकों में गोविन्द मिश्र प्रथम पंक्ति का प्रथम लेखक। पहले भी अच्छा लगता था, लेकिन अब! अब तो मन गौरव से भर जाता है आपके पत्र क्या मिल गए, जैसे कितनी बड़ी नियामत मिल गई हो, जैसे कि मैं अब बाकी लोगों से थोड़ा ऊपर उठ गई हूँ। शायद मानव प्रकृति हर श्रेष्ठता को अपने से जोड़कर देखना पसन्द करती है। आप मानव मन के चितेरे, बख़ूबी समझ सकते हैं। इस प्रकार अधिकार जमाने की हमारी लालची प्रवृत्ति का।

यह अहसास कि आपने सामान्य धरातल के मेरे पत्र को स्वीकारा है, मुझे आत्म-गौरव से भर देता है, कि गोविन्द मिश्र जैसे साहित्यकार ने मुझे सहयात्री माना है। बस अब और क्या चाहिये। आपने लिखा कि कभी-कभी लगता है, आपकी अच्छी से अच्छी, बड़ी से बड़ी भावनाएँ बेकार होती है, कि दैनिक दिनचर्या ही सत्य होती है। मुझे तो लगता है गोविन्द जी कि मुझ जैसे लोगों के लिए तो भावनाएँ ही सबसे बड़ा सत्य होती हैं। जीवन तो यूँ भी गुज़र ही जाता है। पर अनुभूतियों के ये कुछ अनुपम क्षण ही तो जीवन को सुन्दर, जीने योग्य बनाते हैं। वरना दैनिक दिनचर्या में रखा क्या है। अनुभूतियों और भावना से रहित जीवन क्या गंधहीन पुष्प-सा नहीं लगता है?

आपका पत्र मिलते ही मैंने सोच लिया था कि एकदम तुरन्त जवाब नहीं लिखूँगी क्योंकि अतिभावुकता मेरे व्यक्तित्व का काला पक्ष है। और तुरन्त जवाब देने में यह ख़तरा तो बना ही रहता है कि कहीं भावनाओं के अतिरेक में वह कुछ न लिखा जाए जो सत्य होते हुए भी अतिरंजना का सा आभास दे। यूँ अपनी अभिव्यक्ति के प्रति मैं जबर्दस्त रूप से ईमानदार हूँ फिर भी आपके पत्र से लगा कि मेरे पिछले पत्र ने 'सारी प्रशंसा बुलबुले की तरह बह जायेगी...' 'मेरे बारे में बड़ी-बड़ी बातें' जैसे जुमले उछालने का मौका तो आपको दे ही दिया।

गोविन्द जी, अपने तीनों ही पत्र काफ़ी सोच-समझकर एवं सँभलकर ही लिखे हैं मैंने। क्योंकि एक साहित्यकार के समक्ष स्वयं को पूरी निष्ठा एवं ईमानदारी के साथ ही अभिव्यक्त करना होता है। मैं फिर कहूँगी कि अपने पहले पत्र में यदि आपको लेकर मैंने 'ईश्वरीय अंश' जैसे शब्दों का प्रयोग किया भी तो सिर्फ़ इसी कारण कि मैंने वही अनुभव किया जो साहित्यकार गोविन्द मिश्र ने 'धीर समीरे', 'तुम्हारी रोशनी में', 'अर्थ ओझल' एवं 'कथाभूमि' के द्वारा मुझे अनुभव कराया। जो अनुभव हो, उन्हें क्या ईमानदारी से अभिव्यक्त नहीं करना चाहिए।

आपने मुझे एक बार फिर नवाजा है, यह छूट देकर कि मैं जब भी मन करें अपनी रचनाओं को आपके पास भेज दूँ- आपकी प्रतिक्रिया जानने के लिए।

साहित्यकार गोविन्द मिश्र और ऐसी उदारता भरी छूट! क्या लिखूँ! यदि सचमुच जो महसूस कर रही हूँ, वही लिख दूँ तो फिर आपको कुछ कहने का मौका मिल जाएगा। खैर, फिलहाल यही कि आपकी उदारता का सिवाय आपके पत्रों के, मैं कभी अनुचित लाभ नहीं लूँगी।

'संवाद अनायास' और 'निर्झरणी' की खोज में हूँ। 'हुज़ूर दरबार' बस पढ़ना शुरू भर किया है। पठनीय एवं सरस होते हुए भी अभी तक यह पुस्तक आपकी साहित्यिक यात्रा के शिखर की सी नहीं लगती है। 'लाल पीली ज़मीन' मिल गई है। इन दिनों क्या लिख पढ़ रहे हैं? बताएँगे! क्योंकि श्रेष्ठ साहित्य- मुझे पता है- आपके जीवन का पर्याय है।

यहाँ के ग़ैर साहित्यिक वातावरण में जीवन की उदासी, परेशानियों एवं तनावों के बीच आप जैसे साहित्यकार का पत्र क्या देता है मुझे? यदि इसके शतांष का भी अन्दाज़ा आप लगा सकें तो भी शायद नहीं सोच पाएँगे कि आज की शाम कितने पुण्य इकट्ठे हुए होंगे आपके खाते में, कि यह प्रतीति कि–कोई है जिसके साथ हम अपने विचारों, भावों एवं अनुभवों की सूक्ष्म दुनिया को share कर सकते हैं–जीवन में ढेर सारी रोशनी, आशाएँ और मिठास उड़ेल देती है। अशोक कु. सुनील कु. घर की फर्म है। मैं मारवाड़ी व्यवसायी परिवार से हूँ। पिछले आठ-नौ वर्षों से Comp. Training Centre चला रही हूँ, लेकिन अब मन उखड़ रहा है, बन्द करने की सोच रही हूँ। थोड़ी बहुत Lectureship करूँगी बस। एक चौदह वर्ष का बेटा भी है। पत्र की प्रतीक्षा में।

स्नेहाधीन

मधु कांकरिया

(सन्दर्भ : गो.मि. की विविध पुस्तकें)

4

पी-17, मनमोहन बोस स्ट्रीट,
कलकत्ता-7000006

20.09.97

आदरणीय श्री गोविन्द जी,

सादर प्रणाम/पूरे 24 दिन के पश्चात् आपका पत्र मिला, हार्दिक आभार। आपने लिखा, 'मान लेता हूँ कि आपके जैसा–अन्तरंग भावाकुल-पत्र मैं नहीं लिख सकता'- आपने सही लिखा है। एकदम सही लिखा है। मेरे पत्र (विशेषकर पिछले दोनों पत्र) आजकल कहाँ से कहाँ जा रहे हैं मैं स्वयं महसूस कर रही हूँ, क्योंकि मेरे पत्र न तो भावातिरेक में लिखे जा रहे हैं और न ही बिना सोचे-समझे/और जब तक गहराई से अपने पत्रों एवं आप पर विचार करती हूँ तो भी पूरी ईमानदारी से यही पाती हूँ कि मेरे ये पत्र मेरे आज के जीवन के सबसे बड़े सत्य हैं।

उन दिनों जब एक के बाद एक आधुनिक लेखकों की पुस्तकों ने मुझे जबरदस्त निराशा में धकेल दिया था, तब पता नहीं कहाँ से आपकी 'अर्थ ओझल' हाथ लग गई और बाद में एक के बाद एक कृतियों ने उस साहित्यकार को पहले प्रणम्य और फिर उनके पत्रों की निष्छलता, मासूमियत, सादगी, जीवन के अन्य स्वीकार्य भाव एवं सबको अपने समकक्ष देखने की उदारता/सहानुभूति स्नेह से उन्हें प्रणम्य से आगे भी कुछ और बना दिया तो उसमें किसी का भी दोष नहीं। पत्र भावाकुल ज़रूर रहे हैं पर उन्हें किशोर उम्र की भावुकता से नहीं जोड़ा जाए। मेरा विवेक तो यही कहता है कि जब कभी भी किसी श्रेष्ठतर/तेजस्विता का स्पर्श किसी साधारणता को मिलता है तब शायद ऐसा ही होता है। सन्तुलन और स्थिरता धीरे-धीरे ही आ पाती होगी। हाँ, यदि मैं चाहती हूँ कि ऐसी श्रेष्ठता/तेजस्विता का संसर्ग जीवन में निरन्तर बना रहे, तो मुझे स्वयं भी ऊँचा उठना होगा। पर कैसे? कहाँ से लाऊँ वे ऊँचाईयाँ? जब तक इसका जवाब नहीं मिल जाता, आपको मेरे इसी प्रकार के विस्तृत भावाकुल पत्रों को झेलना ही होगा।

आप यदि अपने पत्रों में स्वयं को कितना भी साधारण, हताश सिद्ध करने की चेष्टा क्यों न करें, लेकिन मेरे हृदय पर आपके समग्र साहित्य (कमोवेश समग्र ही) एवं आपके आत्मकथ्य (प्राय: प्रत्येक कहानी संग्रह में ही आपने आत्मकथ्य/लेखकीय सोच) लिखे है एवं आपके पत्रों ने जो प्रभाव छोड़ा है क्या मैं उन्हें झुठला दूँ? क्या मैं नहीं जानती कि कितना जीवन रस मैंने आपसे लिया है/ले रही रही हूँ। आपके साहित्य से गुज़रने के बाद एक स्पष्ट परिवर्तन मैं अपने सोच में पा रही हूँ। पहली बार मुझे लग रहा है कि मेरे में लेखकीय संस्कारों की नींव अब डल रही है। आपने अपने किसी साक्षात्कार में कहा था लिखूँगा भी वही जो अन्तरंग से फूटेगा। मुझे लगा, मुझे अपने बहुत से सवालों का जवाब मिल गया है क्या-क्या गिनाऊँ। एक जगह आपने कहा, संवेदना को विचारों तक जाना ही चाहिए। आपके ये सभी वक्तव्य मेरे मार्गदर्शक बन गए हैं। 'पाँच आँगनों वाला घर' ने तो जो दिया वर्णनातीत है। आपकी कुछेक कहानियाँ को छोड़ दूँ तो अकेले आपने जो दिया उसकी तुलना किससे करूँ? अब आप ही बताएँ, हृदय पर इतनी कृतज्ञता/मुग्धता का बोझ रखूँगी अगर पत्र न लिखूँगी, और लिखूँगी तो पत्र भावाकुल नहीं तो क्या बौद्धिक होंगे? (मैंने आपके लिखे का बुरा नहीं माना है, हरगिज़ नहीं माना है, लेकिन मेरी भावाकुलता को कहीं आप किशोर उम्र की भावाकुलता से जोड़ दें...इसीलिए इतना स्पष्टीकरण) क्योंकि मुझे यह डर हमेशा रहता है कि कहीं आप मुझे गलत न समझ लें...कि कहीं मेरी भावना को आप हल्के नज़रिये से न देखने लगे।

अभी पिछले सप्ताह कमलेश्वर आये थे कलकत्ता, साहित्यिक गोष्ठी थी। चूँकि रविवार था, और उनके प्रति एक प्रकार की उत्सुकता भी मैं अनुभव कर रही थी। जिस प्रकार उन्होंने स्वयं को इमरजेन्सी के दौरान बेच डाला था, इस कारण मैं भी पहुँच गई थी, बस एक नमूना- उनके साथ हुई बातचीत का, कि किस प्रकार हमारे महान साहित्यकार जनमत को गलत दिशा दे रहे हैं।

कमलेश्वर–'बाबरी मस्जिद जैसी कोई ऐतिहासिक घटना यदि सचमुच में हुई होती तो तुलसीदास ने अपनी रामचरितमानस या विनय पत्रिका में इसका ज़िक्र अवश्य ही किया होता...क्योंकि यह सब (रामचरित मानस आदि) करीब 90 वर्ष बाद लिखा गया है।'

मेरा जवाब- अकबर के समय की दो महत्त्वपूर्ण पुस्तकें–'आइने अकबरी' एवं 'अकबरनामा' में उस समय के सभी दिग्गज़ों का ज़िक्र है लेकिन उसमें तुलसीदास जी का कहीं वर्णन तक नहीं है, तो क्या यह मान लिया जाए कि तुलसीदास अस्तित्व में ही नहीं थे।

बहस और भी कई बिन्दुओं पर चली थी और वे किसी भी प्रश्न का संतोषजनक उत्तर नहीं दे पाए थे, तो गोविन्द जी जब ऐसे 'महाप्रभुओं' के आलोक में आपको देखती हूँ तो मुझे जानते है क्या महसूस होता है? मुझे महसूस होता है–पृथ्वी शेषनागों पर नहीं आप जैसे लोगों के ऊपर ही टिकी हुई है। (कृपया गोविन्द जी, मुझे चरन-भाट न समझ लीजिएगा पर जब तक मन को उड़ेल नहीं देती, मुझे चैन नहीं पड़ता) हाँ एक सुखद अनुभव भी वहाँ हुआ। एक लेखिका थी, नुपूर अशोक, मुझे अच्छी लगती है। उससे मैंने पूछा, "क्या तुमने गोविन्द मिश्र को पढ़ा है"। उसने कहा–हाँ, प्रायः-प्रायः सभी पढ़ा है उनका, बहुत अच्छा लिखते हैं।

कल धीरेन्द्र अस्थाना का पत्र मिला, जनसत्ता (बम्बई) के विशेषांक (2) के लिए उन्होंने स्वीकृति दी है मेरी कहानी–'वापस नहीं आऊँगा' के लिए। जानते हैं गोविन्द जी, यह मेरी वही पहली कहानी है जिसे आपके व्यक्तिगत सम्पर्क में आने के बाद मैंने लिखा है और जिसको आरम्भ करते वक़्त मेरे हाथ अनायास ही नमन की मुद्रा में उठ गए थे और पूरी कहानी के दौरान मेरी चेतना में आप दस्तक देते रहे थे।

आपने ऐसा क्यों लिखा, "मैं लिखना नहीं, जीना चाहता था?" आपके लिए तो लिखना ही ईश्वरीय कार्य है। हाँ, आपके लेखन में तपिश हो, कसक हो, गहन पीड़ा के अकुलाते स्वर हों, शायद इसलिए पूरी तैयारी के साथ आपके जीवन को इस प्रकार बना दिया गया है कि वहाँ मनुष्य नहीं, उनके पदचिन्ह है। आप जैसे प्रतिभा संपन्न, देवत्व युक्त साहित्यकारों को जब इतनी वेदना मिली है तो हमें क्या अधिकार है अपनी पीड़ा को इतनी अहमियत देने का? जिस प्रकार विश्वास करके आपने अपनी अन्तर्व्यथा की परत को मेरे समक्ष खोला है, गोविन्द जी जिस अपनेपन के साथ आपने मुझे लिखा है मैं स्वयं को उस लायक बनाऊँगी। आप किस प्रकार मेरे ऊटपटांग प्रश्नों का भी जवाब दे डालते हैं। आपके पत्र सही माने में मुझे हमेशा यही एहसास दिलाते हैं कि अयोग्य व्यक्ति को भी किस प्रकार मित्र का सम्मान दिया जाता है। सच आप बहुत-बहुत अच्छे हैं। मुझे ऐसा सम्मान/सुकून/सन्तुष्टि/शान्ति पहली बार मिली है और हैरानी की बात वह भी गोविन्द मिश्र जैसी शख़्सियत से शायद इसलिए जब नियत समय से देरी हो जाती है और मुझे पत्र नहीं मिलता है तो घड़ी-घड़ी मेरी आँखें भर आती हैं और लोगों से भरे हमारे घर में मुझे कोई कोना भी ऐसा नहीं मिलता जहाँ मैं स्वयं को सँभाल लूँ। ऐसे में जानते हैं गोविन्द जी मैं किस प्रकार स्वयं को सहेजती हूँ, मैं सोचती हूँ मेरे को स्थिरप्रज्ञता को साधने

का अवसर दिया गया है। कुछ देर मन शान्त रहता है लेकिन जैसे ही पिछले पत्रों की कोई पंक्ति स्मरण हो आई कि फिर वही अकुलाहट। मैंने 19 सितम्बर को भी बेहद हिचकिचाहट के साथ ही आपको फ़ोन किया था लेकिन आप बड़ौदा के लिए निकल चुके थे। गोविन्द जी, क्या सम्भाव/स्थिरप्रज्ञता को सचमुच जीवन में साधा जा सकता है?

गोविन्द जी! 'मैं लिखना नहीं जीना चाहता था' आपके इस वाक्य में मैं अपने अन्तर की अनुगूँज सुनती हूँ। जब भी जीवन असह्य हो जाता है मैं रात-रात तक स्वयं को अध्ययन में डूबोकर रखती हूँ। और जब उससे उकता जाती हूँ तो लिखने बैठ जाती हूँ। लेकिन इस प्रकार की बैचेनी/छटपटाहट को मैं अपनी व्यक्तिगत कमज़ोरी ही मानती हूँ। क्यों मुझमें एक अलग क़िस्म की सी (कुछ-कुछ शायद आध्यात्मिक सी ही...यदि मैं सही पहचान पाई हूँ तो) छटपटाहट हमेशा बनी रहती है, क्यों जीवन में हमेशा एक ऐसे व्यक्ति की तलाश रहती है जिससे और अधिक कुछ नहीं बस एक प्रकार का भावनात्मक सम्बल मिलता रहे, जीवन के ठण्डेपन को उतप्त रखा जा सके, जीवन की लड़ाई लड़ी जा सके। कोई पत्र कुछ भावनात्मक अपील के कुछ शब्द, एक स्निग्ध दृष्टि, बस और क्या चाहिए...जीवन कट ही जाएगा।

आपने लिखा 'आइए तो सोच-समझ कर'। नहीं गोविन्द जी गृहस्थी के स्थूल सुखों की अब कोई कामना अन्तर में नहीं है, यदि ऐसा ही कुछ होता तो रूकावट भी क्या थी। मेरे अन्तर में एक सन्यासिन ही बैठी हुई है, हाँ कभी-कभी इस सन्यासिन के हृदय में भी कभी-कभी एक लगन जागती है, किसी उच्च कोटि के गहरे मित्र के प्रति।

प्रभाकर जी के साथ सम्बन्ध न तो एकदम औपचारिक ही हैं और न साथ-साथ उठने-बैठने वाला ही। जब भी ज़रूरत हुई, लेखन को लेकर, उन्हें उपलब्ध ही पाती हूँ।

आपके सुझाव के अनुार अज्ञेय और यशपाल ('झूठा सच') पढ़ना शुरू किया है। बहुत मानसिक सन्तुष्टि मिल रही है। बीच-बीच में इसी प्रकार सुझाव देते रहिएगा। 'गाँधी-वध और मैं' सोमवार को रजिस्ट्री से भेज रही हूँ। आपका आत्मकथ्य किस पत्रिका में प्रकाशित हो रहा है? 'संवाद अनायास' कलकत्ता में नहीं मिल रहा है। प्रकाशक को लिखने में क्या वो भेज देंगे?

30 सितम्बर को 15 दिन के लिए दक्षिण भारत, कन्याकुमारी, मैसूर वगैरह जा रही हूँ, भाई सुनीलकुमार के परिवार के साथ। आप पत्र समय पर लिख दीजिएगा कृपया। मेरे योग्य कोई कार्य हो तो अवश्य लिखिएगा। मुझे करने में बेहद आनन्द मिलेगा।

स्नेहाधीन

आपकी,

मधु कांकरिया

पुनश्च: लिफ़ाफ़े पर पता अंग्रेज़ी में लिखें। अहिन्दी प्रदेश है। इस कारण पत्र देरी से पहुँचता है।

5

कलकत्ता

03.02.98

बहुत-बहुत आदरणीय गोविन्द जी,

सादर प्रणाम,

इन दिनों आपकी चिन्तनशील पुस्तक 'संवाद अनायास' में मैं पूर्णतः डूबी हुई, अभिभूत परितृप्त- यह पत्र लिख रही हूँ। काफ़ी मेहनत के पश्चात् यह पुस्तक हासिल हुई, वह भी कलकत्ता पुस्तक मेला में। मैं इसे 'साहित्यिक गीता' कहना पसन्द करूँगी। कई चीज़ें जो किस कदर धुंध के रूप में मेरे अन्दर थी, अब किस कदर स्पष्ट हो गई है, नहीं बता सकती। यह सोचकर मन में आक्रोश जागता है कि कहाँ इतनी कचरा-कचरा पुस्तकों का इस कदर प्रचार किया जाता रहा...वहीं इतनी अनमोल पुस्तकें। मैं इस पुस्तक को हर पृष्ठ से गुज़रते आपको नमन करती रहीं। आपकी हरेक पंक्ति ने मुझे बल दिया। आपकी 'साहित्य का सन्दर्भ' से भी गुज़रने को बेताब हूँ, कलकत्ता में (पुस्तक मेला भी है)...यह पुस्तक कहीं भी नहीं उपलब्ध है, कृपया बताइये इसे कैसे सुलभ किया जाए।

पिछले दिनों अज्ञेय को भी भरपूर पढ़ा समग्र कहानियाँ, आत्मकथ्य इत्यादि। ठीक आपकी तरह कहीं-कहीं उससे भी गहरे अज्ञेय मेरे भीतर उतरते गये। अज्ञेय को पढ़ने का सुझाव भी आपका ही था। कृपया कुछ और सुझाव भेजें। गोविन्द जी और यदि आप अतिरिक्त दबाव महसूस न करें तो लेखन सम्बन्धी सुझाव भी।

और सबसे संतोषजनक बात यही कि एक मानवीय चिन्तनशील युगदृष्टा तेजस्वी एवं ऋषितुल्य साहित्यकार के रूप में जो छवि आपको निरन्तर पढ़ते हुए बनी थी। (करीब-करीब आपकी हरेक कृतियों ने ही उस छवि को बरकरार रखा, सिवाय कुछेक कहानियों एवं 'उतरती हुई धूप' सरीखी पुस्तकों को छोड़कर)। वह छवि इस पुस्तक को पढ़कर कुछ और गहराई। आप मन को बहुत-बहुत भाये। शायद मुझे कुछ अनकहा छोड़ देना चाहिए लेकिन अनकहा ही तो ज़्यादा है। जीवन के प्रति आपका दृष्टिकोण श्री बल्लभ जी से कहीं गहरे, स्वाभाविक, सहज-ग्राह्य एवं पूर्णता तक पहुँचाने वाला है। 'मुझमें बहते जैनेन्द्र' वाली बात भी बहुत भाई। सचमुच दिवंगत साहित्यकार, वरिष्ठ साहित्यकार आनेवाली पीढ़ी में बहते हैं। कई बार आपके विचार को पढ़ते हुए मैं इतनी समरूप हो जाती हूँ। कि मुझे यह अहसास कुछ अजीब सा बाध्य कराता है जैसे कि मैं अपनी Individuality ही खो रही हूँ या कि बड़े व्यक्तित्व का प्रभाव मुझ पर हावी हो रहा है। लेकिन यदि सचमुच ऐसा होता तो फिर बल्लभ या कुछ अन्य साहित्यकार जैसे राजेन्द्र यादव (उन्हें भी मैंने पढ़ा है) पढ़ते मैंने ऐसा क्यों नहीं महसूसा है- वही समरूपता।

गोविन्द जी, इसी पुस्तक मैं आपने एक जगह लिखा है– 'निरंकुश संवेदत्लात्मक उबाल बाढ़ की तरह व्यर्थ बहाव ही है'। आपकी इन पंक्तियों के लिए आभारी हूँ। इन्होंने मुझे बहुत कुछ सिखाया है। किसी पर भावनात्मक दबाव/उबाल डालना भी अनुचित है। अपनी आँखों के आँसू को अपनी ही हथेलियों से पोंछने की सामर्थ्य एवं ताकत भी व्यक्ति को अपने भीतर धधकती ऊर्जा, दीप्ति एवं शक्ति के स्त्रोत से ही जुटानी चाहिए। अपने भीतर की धुँध बाहर आ सके, उसके लिए और भी भीतर का ही काम आएगा न! लेकिन पता नहीं क्यों गोविन्द जी, दुर्बल क्षणों में हमारे चिन्तन का स्तर भी न जाने क्यों दुर्बल हो जाता है और हम टकटकी लगाने लगते हैं उस बाहरी स्त्रोत की ओर, रोशनी की चाहत में। बहुत पहले एक बार मैंने अपनी डायरी में प्रेम की मौलिक परिभाषा कुछ इस प्रकार बताई थी–जिसकी छवि आँखों के झिलमिलाते आँसुओं में भी कौंध जाए वही उसका पात्र है। आपने लिखा–कुछ चाहना नहीं चाहिए। शायद आप सही हों, लेकिन जीवन के अनुभवों को बाँटने की चाहत, परस्पर जीवन को रोशनी से भर देने की चाहत, जीवन जो पग-पग पर अँधेरा देता है उसे बाँटने की चाहत, ऊपर उठने की ललक, आँच देने और लेने की चाहत और सबसे ऊपर जीवन के अर्थ को तलाशने की चाहत, उच्चतम अनुभूतियों की चाहत...क्या इन्हें झुठलाया जा सकता है। सिर्फ़ एक सैद्धांतिक आदर्श के नाम पर? जवाब अपेक्षित है। टालेंगे हरगिज नहीं।

आपने पूछा है, आपके जीवन में सब कुछ ठीक चल रहा है न! क्या जवाब दूं। बस इतना ही कह सकती हूँ कि जब परिस्थितियाँ निरन्तर प्रतिकूल रहें तो वे अपनी आक्रामकता खो देती है। क्योंकि व्यक्ति प्रतिरोधात्मक शक्ति विकसित कर लेता है। बस यही समझ लीजिये।

इन दिनों सभी कुछ उलट-पुलट चल रहा है। आफिस का तनाव, हर चार-पाँच साल बाद पाती हूँ कि जमे हुए पाँव उखड़ रहे हैं...फिर नयी चेष्टा, फिर कुछ नया जमाव-नये सिरे से, नये की चेष्टा, मेहनत। कम्प्यूटर लाईन, जहाँ हर वक़्त स्वयं को अपडेट करते रहने का कम्पलशन। आप बैकडेटेड हुए नहीं कि आउट कर दिए जाएँगे। तो मन दौड़ता है साहित्य की ओर। प्रोफैशन की माँग कि कम्प्यूटर की नीरस भारी-भरकम पुस्तकें पढ़ी जाएँ। व्यक्तिगत जीवन में बेटा वय-संधि की ओर बढ़ता, खंडित परिवार का दूषित जन्मा। हमेशा मन में डर कि कहीं पैतृक परिवार के अवगुण इसमें न आ जाएँ। तो अतिरिक्त सुरक्षा एवं लाड़-प्यार देने की ललक। यूँ बहुत-बहुत संवेदनशील एवं समझदार। और उसका इतना अधिक समझदार होना भी मुझे कई बार आहत कर देता है। जिन प्रश्नों का सामना मैंने किया, आज भी कर रही हूँ। (मारवाड़ी परिवार की होने के नाते कुछ ज़्यादा ही) उसे अपने स्तर पर वह भी झेल ही रहा है। बहुत मन होता है उससे पूछूँ क्या कभी पिता की कमी उसे महसूस नहीं होती, लेकिन साहस नहीं कर पाती। हाँ, ईश्वर ने दिया भी बहुत कुछ है। पुत्र प्रतिभा-सम्पन्न है। बिना ट्यूशन के भी (Class VIII में है) rank Holder रहता है। दोनों भाईयों का भरपूर स्नेह है मुझ पर एवं पुत्र पर भी। छोटे भाई की पत्नी भी बहुत अच्छी है। माँ से ज़रूर मुझे वह भावनात्मक सहारा कभी नहीं मिल पाया जिसे मैं हमेशा तलाशती रही। माँ में कठोरता और अहं बहुत है। पिता से ज़रूर मिला था। लेकिन माँ का योगदान- यूँ जीवन में कम नहीं है, विशेषकर मुझे आर्थिक रूप से कुछ हद तक सुरक्षित करने में। बस पारिवारिक स्तर पर सब ठीक-ठाक है, बेशक छोटे-मोटे आघातों को आप नज़रअन्दाज़ करते चलें। एक कोर्ट केस भी इन दिनों जबरदस्त सिरदर्द बना हुआ है। यूँ पिछले आठ वर्षों से चल रहा है, लेकिन अब फाइनल स्टेज पर है। एक समय मैं शेयर मार्केट में बहुत सक्रिय थी। अब दिन प्रतिदिन लुढ़कता मार्केट और पहले का किया इन्वैस्टमैंट कई बार जबरदस्त तनावग्रस्त हो जाती हूँ क्योंकि दोनों भाईयों ने मुझे कुछ ज़्यादा ही बुद्धिमती समझ लिया था और पूरी छूट दे दी थी और शुरू में मैंने अच्छा किया भी था। लेकिन बाद में सारा इन्वैस्टमैंट पानी हो गया। तो गोविन्द जी, यह है तस्वीर। कई बार यह सोचकर सन्तोष कर लेती हूँ कि शायद ईश्वर ने मुझे लेखिका बनाने के लिए इतनी जबरदस्त अनुभव सम्पदा मेरी झोली में डाली है।

आपके पत्र की सबसे महत्त्वपूर्ण बात सबसे अन्त में उठा रही हूँ। क्योंकि मैं इसे बहुत ही नाज़ुक एवं संवेदनशील पा रही हूँ। नाज़ुक एवं संवेदनशील इसलिए कि बात आपने उठाई है। काश, आप देख पाते कि अभी भी लिखते मेरे हाथ किस कदर प्रकम्पित हो रहे हैं। श्री गोविन्द जी मेरी मन:स्थिति का अनुमान तो शायद आप लगा ही नहीं पाएँगे। इस कारण बात दूसरे ढंग से ही शुरू करती हूँ। मैंने 'आवारा मसीहा' कई बार पढ़ी थी। एक बायोग्राफ़ी की यह इमेज है मेरे मन में। श्री विष्णु प्रभाकर ने 'आवारा मसीहा' में शरदचन्द्र को जिस ऊँचाई तक उठाया है, क्या मेरी लेखिनी कर पाएगी ऐसा? और यदि मैं अपने साहित्यकार के प्रति ही वैसा न्याय नहीं कर पाई तो स्वयं की आत्मग्लानि, पीड़ा को छोड़ भी दिया जाय तो क्या वह चीज़ जिसे मैं अपनी अभी तक की जिन्दगी की सबसे बड़ी उपलब्धि मान रही हूँ और जो मेरा सचमुच भावनात्मक संबल है मेरे हाथों से नहीं झर जाएगी। और जिस वर्तमान मानसिकता में मैं अभी हूँ क्या मैं कोई तटस्थ तथ्यपूर्ण एवं औब्जैक्टिव विश्लेषण कर पाऊँगी। गोविन्द जी, पता नहीं आप स्वयं को छोटा करवाने में क्यों तुले हुए हैं। और वह भी मेरे हाथों! आपके साहित्यकार ने मुझे न सिर्फ़ आलोड़ित एवं संस्कारित किया है, वह मुझे अपने अदम्य बहाव में बहा भी रहा है। वरना क्या मुमकिन था मुझ जैसी पृष्ठभूमि की महिला का आपको इस कदर लिखना। हाँ, इस पत्र में मैं जरूर स्वयं को कुछ स्थिर, भावनाओं के अनियन्त्रित प्रभाव से कुछ-कुछ मुक्त पा रही हूँ। (आप खुश हो रहे होंगे) तो गोविन्द जी, एक बार पुनर्विचार कर लीजिए। कहीं ऐसा न हो कि मैं आपको निराश करूँ और उस निराशा में मेरी वह अमूल्य चीज़ भी मुझसे छूट जाए। मेरा डर या स्वार्थ आप जो भी समझें- मुझसे मेरे रास्ते की सबसे बड़ी बाधा है। यदि कर सकते हैं तो पहले मुझे निडर या निस्वार्थ कर दीजिए। तब मुझे उस ऊँचाई तक प्रतिष्ठित करने की चेष्टा कीजिए, गोविन्द जी। आपको लेकर मैं किस हद तक स्वार्थी हो जाती हूँ आप नहीं सोच सकते। बायोग्राफ़ी लिखने के लिए एक तटस्थ एवं निस्वार्थ आत्मा का होना ज़रूरी है। आपको एक नई कहानी भेजी है। 'अक्षरा' का कार्ड भी अभी मिला है। असमंजस में हूँ। यदि बाद वाली कहानी आपको जमती है तो वैसा लिखिएगा नहीं तो फिर 'शून्य होते हुए' को कसना शुरू करूँगी, लेकिन डर है कि कहीं कसने की बजाये उसे और बिखेर न दूँ।

पत्र शीघ्र देने का आग्रह तो फिर भी करूँगी। आजकल आप 'बहुत-बहुत स्नेह' एवं 'आपका' नहीं लिखते हैं, क्यों? मुझे उन शब्दों से गुज़रना अच्छा लगता था। लिख दिया करिये, झूठ-मूठ का ही सही।

स्नेहाधीन,

आपकी

मधु कांकरिया

6

कलकत्ता
24.09.03

आदरणीय एवं प्रिय श्री गोविन्दजी,

अभिवादन।

एक अरसे बाद इस बार कोलकाता में आपसे पुन: मिलकर फिर यह अहसास हुआ कि आप अभी भी मेरे वही विश्वसनीय और प्रिय मित्र है जिन्हें मैं कभी लम्बी-लम्बी चिट्ठियाँ लिखा करती थी। बीच में जाने क्यों लगने लगता था कि मेरा वह मित्र तिरोहित हो गया है और उसकी जगह किसी गम्भीर साहित्यिक गुरू ने ले ली है। पर इस बार आपका प्रीतिकर सान्निध्य और अन्तरंग वार्ताओं ने फिर मुझे यह विश्वास दिलाया कि जीवन की घिस-घिस और जटिलताओं ने भी आपको नहीं बदला है। आपमें अभी-भी मुझसे कहीं ज़्यादा ताज़गी और जीवन को सिर्फ़ अपने बूते जीने का जीवट बचा है।

आपसे मिलकर मैंने उन सारी घटनाओं को अपनी डायरी में नोट किया एवं कुछेक घटना अपने बड़े भाई और पुत्र को भी सुनाई।

सच एक सिद्ध साहित्यकार का सान्निध्य वैसा ही प्रेरक और ऊर्जस्वित रहता है। काश मैं बार-बार आपसे मिल पाती।

फिर भी एक मलाल रह ही गया–काश, थोड़ा और समय आपके सान्निध्य में बिता पाती। कितना कुछ सीखने और ग्रहण करने को मिलता है।

भोपाल में यदि कोई साहित्यिक कार्यक्रम हुआ और मुझे सूचना मिली तो अवश्य जाऊँगी आपसे मिलने के निमित्त ही।

लिखना जारी है। आपको एक कहानी और एक यात्रा-वृतान्त भेज रही हूँ। 'सलाम आख़िरी' उपन्यास के लिए राजकमल को लिख दिया है।

आप अपने सुझाव और पठनीय पुस्तकों के बारे में बतलाते रहिएगा। इस बार यदि कोलकाता आने का कार्यक्रम बने तो पहले सूचना दे दीजिएगा।

मैं अभी जीवन की जो उदासी है उसी के भँवर में फँसी हुई हूँ। देखना है कब छँटता है यह कुहासा।

आपकी,

मधु

7

कलकत्ता

30.05.2004

प्रिय श्री गोविन्द जी,

अभिवादन,

आपकी पुस्तक 'मुझे बाहर निकालो' मुझे मिल गई थी, पुस्तक की हर कहानी को दुबारा पढ़कर मैं आपको पत्र लिखने की सोच ही रखी थी कि आपका पत्र मिल गया।

आपके कहानी संग्रह की प्रथम झलक से ही मैं आश्वस्त हो गई कि इसकी हरेक कहानी मेरी पढ़ी हुई थी। कहानी ही नहीं, मैंने किस पत्रिका में पढ़ी थी वह भी स्मृति में कौंध गया। देख लीजिए, गोविन्द जी, कि कहानियाँ हम पढ़ते है और चेतना में वे फिर मिट जाती हैं जबकि कई कहानियाँ न सिर्फ़ चेतना में टँगी रहती हैं वरन् अपने इतिहास और पृष्ठभूमि के साथ किसी इबारत की तरह हमारे भीतर खुद जाती है। 'मुक्ति' कहानी पढ़कर आपकी माँ और आपकी पारिवारिक पृष्ठभूमि पूरी तरह मेरे सामने फैल गई। कुछ पंक्तियों- 'जीवन में तो कभी इतना सुन्दर नहीं दिखा वह शख्स....ने फिर उद्वेलित किया। गोविन्द जी, आप माने या न माने पर मैंने लिखना आप लोगों से ही सीखा है। आज भी मैं लोगों को गर्व से बताती हूँ- गोविन्द जी ने ही सबसे पहले कहा था- क्या लिखा जाना है, सिर्फ़ यह जानना ज़रूरी नहीं, क्या नहीं लिखा जाना यह जानना ज़्यादा ज़रूरी है। और दूसरी बात आपने यह कही थी- कम लिखो पर अच्छा लिखो। मुझमें अब एक प्रकार का धैर्य आ गया है। जल्दी छपने की लालसा अब नहीं रही।

हाँ, इस संग्रह में जो नयी कहानी पढ़ी, वह थी, 'शिकार' इसे मैंने पहले नहीं पढ़ा था, बहुत अच्छी लगी थोड़ी हटकर। बहुत पहले पढ़ी आपकी कहानी- 'फाँस' याद आ गई। हृदय परिवर्तन की कहानी। मुझे कई बार लगता था कि ऐसी ही

संवेदनामूलक कहानियाँ साहित्य से पाठकों को जोड़ती हैं। कई बार जब बड़ों-बड़ों की उच्च बौद्धिक तापमानों से भरी, बोझिल कहानियों को पढ़ती हूँ तो झल्ला जाती हूँ कि इन लोगों ने आम जनता को-साहित्य से दूर कर दिया है। आपका साहित्य न सिर्फ़ Classes के लिए बल्कि masses के लिए भी है। 'लहर' कहानी मुझे सर्वाधिक प्रिय लगी।

आत्मा को कचोटने वाली कहानी है- 'मुझे बाहर निकालो'। आपकी अन्य कहानियों से नितान्त भिन्न। भाषा के स्तर पर भी एक बदलाव आपमें देख रही हूँ। भाषा और भी सहज, सरल और प्रवाहपूर्ण हुई है। शायद भीतर की उदात्तता ने भाषा को और भी प्रांजल बना दिया है।

आपके आगामी उपन्यास की प्रतीक्षा है। मेरा भी एक कहानी संग्रह 'बीतते हुए' अभी हाल ही में राजकमल प्रकाशन से आया है। मैं आज ही अशोक महेश्वरी को लिख रही हूँ कि इसकी एक प्रति वे आपको भेज दें।

और सुनाइए, आपकी माँ कैसी हैं। इन कहानियों को पढ़ते हुए उनकी छवि आँखों के सामने घूमती रही। और आपका ख़ूबसूरत घर अब कैसा है, उतना ही सुन्दर, साफ़ शफ़्फ़ाक या कोई तब्दीली आई है? और हाँ हरसिंगार कैसा है? आपकी पत्नी अब कैसी है? भोपाल में ही है या बम्बई वगैरह। इस बार कोलकाता में आपका जो अल्पकालीन सान्निध्य मिला, वह सचमुच एक यादगार अनुभव रहा। मेरा बेटा अब मुझसे दूर साउथ इन्डिया चला गया है। शुरू-शुरू में तो एक जबरदस्त वैकुअम हो गया था, पर अब मन ठहर गया है। कोलकाता आने का कार्यक्रम है क्या...लिखिएगा। पत्र दीजिएगा।

आपकी

मधु

बसन्त त्रिपाठी

62, वैभव नगर,
दिघोरी, उमरेड रोड,
नागपुर-440034

आदरणीय गोविन्द मिश्र जी,

अभिवादन स्वीकार करें।

आपका उपन्यास 'धूल पौधों पर' पढ़े हुए लगभग तीन-साढ़े तीन घण्टे हो चुके हैं। पहले मैंने सोचा था कि उपन्यास पढ़ने के तुरन्त बाद आपको पत्र लिखूँगा, लेकिन मैंने ऐसा नहीं किया ताकि तुरत प्रभाव का कुहासा छँट जाए, फिर, आपको पत्र लिखते हुए मैं फिर से साफ़-साफ़ चीज़ों को देख सकूँ। इसके लिए उपन्यास के प्रभामण्डल से मुक्त होने की ज़रूरत थी और फिलहाल मैं कह सकता हूँ कि उसके प्रभामण्डल से मुक्त हूँ।

इस उपन्यास की सबसे अच्छी चीज़, जो मुझे लगी वह यह कि यह साधारण चीज़ों, भावों और घटनाओं की कथा है लेकिन इन साधारण चीज़ों को, उसे जीने वाले पात्र, अतिरिक्त सतर्कता और तार्किकता के साथ लेते हैं। मुझे याद नहीं आ रहा है कि पिछले कितने दिनों से हमने साधारण चीज़ों पर बात करना बन्द कर दिया है। हम असाधारण चीज़ों को तलाशते हैं, उसे खींचकर विमर्श के घेरे में लाते हैं फिर उसे चींथ कर तहस-नहस करते हैं या फिर साधारण घटनाओं को बिना किसी ठहराव के ट्रेन की तरह गुज़र जाने देते हैं। इस उपन्यास में ऐसा नहीं है। एक भाव जो प्रेमप्रकाश और उस अनाम लड़की के भीतर अलग-अलग रूप में आकार लेता है उससे उनका संवाद भी अलग-अलग होता है। इसे मैं साधारण इस अर्थ में कह रहा हूँ कि यह ऐसा साश्वत भाव है जो पहले भी साहित्य में रहा है और आगे भी रहेगा, लेकिन संवाद का जो प्रारूप है वही उसे असाधारण बना देता है।

इसके अलावा भी कई-कई चीज़ें हैं जो देर तक अपने विन्यास में बनाये रखती हैं। एक तो, यह एक परिवार की, या ज़्यादा साफ़ रूप में कहें तो एक युवा दम्पत्ति की कथा है- युवागुरु और उसकी पत्नी। यदि घटनाओं की अलहदगी को छोड़ दें तो यह अधिकतर भारतीय परिवारों की गाथा है- चेतना का दमन और देह का समर्पण; लेकिन प्रेम इसके प्रतिपक्ष को संरक्षण देता है, उसे विकसित और पल्लवित करता है। हमने दुनिया की बड़ी-बड़ी क्रूरताएँ देखी हैं, उस पर पर्याप्त विचार भी किया है लेकिन उन तमाम पारिवारिक क्रूरताओं को, संवाद का विषय नहीं बनाते जिसके सीधे-सीधे वाहक हम होते हैं। क्या यह चुकी हुई बौद्धिकता है या सुरक्षा में जीने की आदत और चाहत? उपन्यास का यह जो पक्ष है, पारिवारिक क्रूरता के तमाम पक्षों का चित्रण, वह खास मायने रखता है। युवा गुरु अपनी पत्नी को मारता-पीटता नहीं है। सास यद्यपि चिड़चिड़ी है लेकिन समाज में 'भयानक स्त्री' के रूप में नहीं है और ससुर तो मानो गऊ हैं लेकिन वे अपनी बहू को प्रताड़ना देने से बाज़ नहीं आते। क्यों? क्योंकि बहू की प्रताड़ना कोई मुद्दा ही नहीं है। यह तो परिवार का स्वीकृत-दायित्व है। मुर्गे-मुर्गियाँ जैसे कटने के लिए ही पैदा होती हैं और बढ़ती हैं वही कुछ स्त्री का मामला भी है। परिवार के भीतर की न दिखाई पड़ने वाली क्रूरताओं के घाव बहुत गहरे हैं। उसने लम्बे समय तक चेतना को विकसित ही नहीं होने दिया और आज भी उसके वर्चस्व में कोई ख़ास उतार नहीं हुआ है। पत्नी की भावनाओं को कतई न समझने वाला पति देह की प्राप्ति को अपना अधिकार समझता है और जब-तब एकांत में और बाद में सार्वजनिक तौर पर भी, अपनी अप्राप्ति की घोषणा करता है। यह कितना शर्मनाक है। लेकिन है, न मालूम कब तक रहेगा।

दूसरी बात जो मुझे बहुत महत्त्वपूर्ण लगी, वह धर्मशास्त्र के पाखण्ड को रखने बल्कि उसे चीरने की कोशिश। धर्म को हम, एक ख़ास तरह से और ख़ास तैयारी के साथ बहस में उतर कर, स्वीकृत या अस्वीकृत तो करते हैं लेकिन व्यावहारिक जीवन में उसकी उपस्थिति को शायद हम समझने की कोशिश नहीं करते कि कैसे वह लगभग आतंक की तरह हमारे व्यक्तित्व को निगल जाता है। पिछले दिनों धर्म पर, साम्प्रदायिकता पर, बड़ी बहसें हुईं। मध्यकाल को, प्राचीन भारत को, धर्म की नैतिकता और अनैतिकता को सेक्युलरिज़्म की ज़मीन पर गवाही के लिए बुलाया गया। काश, मनुष्यों को भी बुलाया गया होता और उसकी श्रद्धा के भीतर अवस्थित आतंक की पहचान की गई होती। युवागुरु, नौकरी छोड़ने के बाद, और कुछ भी करता तो उसे सम्मान नहीं मिलता, लेकिन वह धरम-करम के रास्ते पर है, और उसे

ग्राहक मिलते भी हैं। बहुत पहले एक पाकिस्तानी लेखिका के उपन्यास 'कुफ्र' की याद ताज़ा हो गई। (लेखिका का नाम मुझे फिलहाल याद नहीं आ रहा है लेकिन उनका एक अन्य उपन्यास 'मेरे आका' काफ़ी चर्चित हुआ था।)

इस उपन्यास का शिल्प भी मुझे काफ़ी रोचक लगा। कथा और उसकी मनोवृत्तियाँ बिल्कुल अलग-अलग दिखाई पड़ती हैं और उपन्यासकार भी अपने बयान के लिए उपन्यास के भीतर खड़ा होता है। इस तरह इस उपन्यास में तीन रास्ते हैं जो समानान्तर चलते हैं। उपन्यास कभी एक पर, कभी दूसरे पर और कभी तीसरे पर आगे बढ़ता है। मुझे यह जोखिम भरा लगता है क्योंकि कथा में एक गति आ जाए और वह हाईवे पर दौड़ने लगे तो उसे दूसरे ट्रैक पर ले जाना खतरनाक भी हो सकता है। क्योंकि इससे गति में जो ठहराव आएगा, क्या उसे फिर से प्राप्त किया जा सकता है? इस शिल्प का प्रयोग करने वाला कोई भी लेखक पहले ही गति को यथावत् बनाये रखने की घोषणा नहीं कर सकता, यह अलग बात है कि आपने उसे पा लिया। तो इस मायने में यह जोखिम शिल्प तो है ही, लेकिन यही पाठक को साधारण घटनाओं से संवाद करना भी सिखायेगी। 'सिखायेगी' कहना शायद सही नहीं है, पाठक अपने जीवन से जिस भी स्तर पर संवाद करता है उसे यह शैली सम्मानित करती है।

उपन्यास को पढ़ते हुए एक और जिज्ञासा बराबर मन में बनी रही। जो युवागुरु अपनी पत्नी को घृणित लगता है, और इतना घृणित कि, उसके पास आते ही उसे मितली आने लगती है वही निशा के तमाम दैहिक आकांक्षाओं की पूर्ति करता है और निशा का उसके प्रति घृणा का भाव बिल्कुल नहीं है बल्कि वह उसे सुदर्शन ही लगता है। यानी देह का भाव सीधे मन से जुड़ा है। युवागुरु की पत्नी का उसके प्रति नकारात्मक भाव और इसके जायज कारण हैं, युवागुरु को लिजलिजे पात्र में बदल देता है जबकि निशा के लिए वही युवागुरु सौम्य है। तो क्या सौन्दर्य मन के भीतर है? वस्तु में, उसका अपना कोई सौन्दर्य नहीं होता? इसका सिरे से उत्तर ढूँढे तो कई 'हाँ' और कई 'ना' की एक लम्बी श्रृंखला उत्तर के रूप में सिर झुकाये खड़ी हो जायेगी। मुझे लगता है कि उन तमाम 'हाँ' और 'ना' से हमें लम्बी जिरह करनी होगी लेकिन अनिर्णय फिर भी रह जाएगा।

इस उपन्यास में ज़्यादा फैलाव नहीं, जो ज़रूरी भी नहीं, लेकिन गहराई बहुत है–मनुष्य के भीतर के तल को छूने की कोशिश और अच्छी बात यह कि जो विशिष्ट हैं अपनी सोच या हरकतों में; उनके नाम हैं- प्रेमप्रकाश, युवागुरु (मैं फिलहाल इसे नाम ही माने ले रहा हूँ), हरभजन, लेकिन जो साधारण हैं उनके नाम

नहीं हैं–वह, सास या ससुर (निशा इस मामले में अपवाद है, काश आप उसे भी अनाम ही रहने देते) पत्नी या प्रेमिका या मुख्य पात्र- लड़की का अनाम रह जाना एक गहरे अर्थ को सूचित करता है।

उपन्यास एक निर्णय पर अचानक ख़त्म हो जाता है। यदि उपन्यास को, पात्रों को किसी परिणति पर पहुँचाकर ख़त्म करते तो इसके साथ शायद सबसे बुरा करते। मुख्य बात तो निर्णय लेने में है। निर्णय एक बार ले लिया गया तो फिर चीज़ें आकार लेनी शुरू कर देंगी। आपने इसी मोड़ पर उपन्यास को रोका है। उपन्यास के ख़त्म होने के बाद भी कथा बहुत देर तक साथ चलती रहती है। जैसे गाड़ी यदि स्पीड में हो और न्यूट्रल में डाल कर बन्द कर दिया जाए तो भी वह ढुलकती रहती है।

इस उपन्यास की कथा देर तक मन में ढुलकती रहती है। इसके लिए आप मेरी बधाई स्वीकारें।

- बसन्त त्रिपाठी

❑❑